愛される続ける会社から学ぶ

応援ブランディング

渡部直樹
Naoki Watanabe

同文舘出版

はじめに

2016年1月12日、私はクラウドファンディングに挑戦しました。

きっかけは、ちょうどその1年前、地元・和歌山縁《ゆかり》の武将である真田幸村が主人公のNHK大河ドラマ『真田丸』が放映されるのを知ったことから始まります。主演は『半沢直樹シリーズ』で人気を博していた堺雅人さんということもあり、ドラマが始まる1年以上前から地元は色めき立っていました。

当時、私は前職の会社で新規事業を担っており、残業で一緒になった同僚たちとの雑談のなかで偶然そのことを知りました。そのなかのひとりがスマホケースの印刷事業を担当していたこともあり、「幸村をデザインしたケースなら売れるかも……」という軽いノリから話が次第に盛り上がっていったのです。

その時、私のなかにある地元への想いと大河ドラマがひとつにつながりました。

「単なるスマホケースではなく、地場の伝統産業をいくつか組み合わせた製品をつくれば、大河ドラマの機運と相まって地元の産業が盛り上がるのでは」と考えたのです。

そして、日本三大レザー産地である紀州産レザーを使ったスマホケースをつくり、それを日本三大漆器のひとつである紀州漆器の木地職人による桐箱に納めた製品を完成させ、クラウドファンディングという仕組みを使って世に発信しました。

クラウドファンディングとは、プロジェクトを立ち上げた人に対して、不特定多数の人から購入や寄付、金融といった形で資金を供与いただく仕組みです。私は商品を購入していただくタイプの「Makuake（マクアケ）」をプラットフォームに選びました（プロジェクトの内容は「すまほぶくろ」で検索ください）。

プロジェクトの目的は、伝統産業を組み合わせた製品の販売を通じて、地場産業を活性化させること。

当時、クラウドファンディングはまだ黎明期でしたが、社内外の多くの方々に支えられ、全国から目標金額の４００％以上の資金を支援していただき、プロジェクトを成功に導くことができました。

また、「日経ＭＪ」など、様々なメディアで取り上げていただいたことで、協力会社に新たな仕事が舞い込むなど、地場産業を盛り上げるという一定の目的は達成できたと思います。

実は、このクラウドファンディングでの気付きが本書を執筆するきっかけにつながっています。

１つ目の気付きは「応援の力」です。

クラウドファンディングでは、エールを送ってくださった方、商品を購入してくださった方、さらにまわりに紹介してくださった方など、様々な形でプロジェクトを後押ししていただきました。

なかでも驚きだったのは、友人や知人など身近な方からの応援が、そのまわりにいる方々の応援につながり、その輪が同心円上に波及していったことです。それこそ北は北海道から南は九州まで、これまで一度も会ったことのない方々から応援していただいたことには驚きを隠せませんでした。

またそれとは逆に、不特定多数の人に向けて発信するクラウドファンディングでは、厳しい意見や批判にさらされることも少なくありません。そんな時、応援していただいている方々の声が力となり、自分が持つポテンシャル以上の力が引き出されたのも、「応援の力」のお陰だと実感しました。

2つ目の気付きは「ブランドの力」です。

この商品（スマホケース）は、当時2万7000円で販売しました。「そんな高額で大丈夫か？」という社内からの声をよそにプロジェクトが公開され、あれよあれよという間に目標金額に達したのは、公開からわずか3時間ほどの出来事でした。

しかし、その後の販売では、それ以下の値付けをすることができず、苦戦を強いられます。たとえクラウドファンディングで成功しても、これでは事業として失敗です。

この時、社内では、高い値付けが苦戦を強いられている原因だという声が上がっていました。当然、商品の販売なので価格の問題は大いにあります。しかし、私はもっと根源的な部分に着眼していました。

それは、「ブランディングにおける一貫性の大切さ」です。

それまで私は、いくつもの中小企業のブランディングをお手伝いしていたので、商品のブランド力を高めるための施策は行なっていました。

たとえば機能面で言うと、高級ブランドと同じ品質のレザーを使用していることや製作しているレザー工房や木工房のこれまでの実績を伝えること、情緒面では真田幸村縁の地である和歌山県九度山《くどやま》町とタイアップし、NHKや真田幸村の子孫にあたる方に商品の公認をいただくなどの施策です。

ただ、この商品を企画した私と販売している会社は幸村とは縁もゆかりもなく、商品と会社をつなぐストーリーはありません。私はその部分を甘く見ていたのです。

つまり、せっかくいただいた「応援の力」も、「ブランディングにおける一貫性」が機能していないと、クラウドファンディング中だけの一過性のものになってしまうことを、この時に痛感したのです。

ただ、それさえあれば、まわりから応援されることで持続可能なブランドに成長していけることも感じていました。なぜなら、商品と一貫性のある会社がクラウドファンディングを活用しているケースでは、さらなる飛躍を遂げていることが多かったからです。

それを実証するため、クラウドファンディングへの挑戦を果たした翌年に、私はエイドデザインを設立し、多くの中小企業のブランディングをサポートしていきました。

その実践のなかで、ブランドが応援されるために必要なエッセンスを抽出し、**体系的にまとめたのが「応援ブランディング」**です。

本書は、「応援」と「ブランド」を渾然一体として捉え、まわりから愛され、応援されるブランドをつくるためのものです。もちろん、机上の空論ではなく、実際に応援されている全国のブランドの事例を紹介しながら、その手法をわかりやすく解説しています。

第1章では、2022年のブランディング事例コンテストで準大賞とSDGs審査員特別賞をダブル受賞した事例を、その背景からブランド構築の様子、そしてその後の課題に至るまで詳らかに書かせていただきました。まずはこの章で「応援ブランディング」の大きな流れをつかんでいただければと思います。

第2章では、「応援の力」がブランドにもたらすメリットやブランドの定義、ブランディングでつまずくパターンなどをお伝えします。それらを踏まえた上で、第3章から第5章で応援されるブランドをつくるための体系的なステップを学んでください。

そして最終章となる第6章では、「ブランドが応援されるための8か条」ということで、応援されるブランドに必要な考え方や心構えを説いています。

本書は、**これからブランディングに取り組みたいという中小企業や小規模な会社の経営者に向けたもの**です。本文中でも説明していますが、「応援ブランディング」では属人的な要素を否定していないため、正直なところ大企業には向いていないと思います。

最初にお伝えしておくと、応援されるブランドづくり自体は決して難しいものではありません。中小企業でも小さなお店でも、それこそ個人事業主でも、本書のステップ通りに取り組むことで誰でもその土台をつくり上げることができます。

ただし、ブランドイメージはすぐには浸透しないため、効果を実感するまでにはある程度の時間が必要です。実際そのような理由で、ブランディングを後回しにされている方も多いのではないでしょうか。

たしかにブランディングは、重要度は高いけれども緊急度は低い戦略です。だからと言って後回しにしていると、自社が意図しないイメージがお客様の頭の中にこびり付き、それを払拭するのに余計な時間がかかってしまいます。

ゆえに、「いずれ取り組むのであれば、1日でも早く取り組んで欲しい」というのが私の願いです。

「応援ブランディング」は時間こそかかりますが、その分得られるリターンも大きくなります。

なぜなら、応援されるブランドになるということは、お客様から愛され、選ばれ続けることだからです。

それにより集客にかけるコストが少なくなり、利益率が自然と向上していきます。また、まわりから応援されることで従業員がやりがいを感じ、そんないきいきと働く姿を見た人たちからは「こんな職場で働いてみたい」と思われるようになり、採用効率も高まっていきます。

それだけではなく、応援されるブランドになると、ステークホルダーから適切なフィードバックを受け取れるため、ブランドの価値を時代に合わせてアップデートしていくことができるのです。

つまり、**応援されることで、一過性のブランドではなく、持続可能なブランドになることが保証される**のです。

「まわりから愛され、応援されるようなブランドをつくりたい」
「小さくても自分が思い描いている理想のブランドをつくりたい」
「自分たちの価値を認めてくれるお客様と向き合っていきたい」

そんな方はぜひ本書を手に取り、唯一無二のブランドづくりにご活用ください。この本をきっかけに、あなたのブランドが愛され、応援されることを祈って――。

『愛され続ける会社から学ぶ　応援ブランディング』もくじ

第2章 中小企業が目指すべき「応援されるブランド」の姿

第3章 「応援されるブランド」のつくり方
①フューチャー（未来）

第4章 「応援されるブランド」のつくり方
②フラッグ（旗）

第5章

「応援されるブランド」のつくり方

③ファン

第**6**章

ブランドが応援されるための8か条

カバー・本文デザイン　ホリウチミホ（ニクスインク）
カバー・本文イラスト　別院伸樹
本文DTP　エイドデザイン

第1章

地方の小さな会社の「ブランディング」物語

和歌山の小さな不動産会社がつくるストーリー

和歌山市に本社を構えるイエステージグループは、宅地分譲開発事業を行なう株式会社イエステージ、不動産仲介事業を行なう株式会社イエステージ・ｋａｉ（カイ）、ガーデン・エクステリア（お庭と外構）事業を行なう株式会社マチデコラボの3社を展開する企業グループです。

なかでも宅地分譲開発事業は、グループの代表である和田靜佳《ただよし》さんが陣頭指揮を執り、一定の植樹を条件とした分譲や、街並みを美しくするためお庭と外構に一定の条件を付けた分譲など、明確なコンセプトを打ち立てて販売してきました。

そして2020年、「あそぶ・たのしむ・つながる、セーフティな街」というコンセプト（ブランド・アイデンティティ）のもと、近しい価値観を持つ住民を集め、いざという時に助け合えるコミュニティ形成にまで力を入れた分譲地「リンク・リング・タウン栗栖《くるす》」の販売を開始します。

そして、そのプロジェクトの内容が評価され、2022年ブランディング事例コンテスト（主催：一般財団法人ブランド・マネージャー認定協会／後援：経済産業省 関東経済産業局・農林水産省・中小企業庁・特許庁・環太平洋大学）にて、ブランディング準大賞とＳＤＧｓ審査員特別賞をダブル受賞しました。

イエステージグループは前述のように3つの法人に分かれていますが、決して大きな企業ではなく、グループ全体で15人という地方によくある小さな会社です。

本章では、そんな小さな会社が取り組む大きな挑戦の軌跡をありのままにご紹介します。なお、「応援されるブランドのつくり方」は第3章から詳しく掲載していますので、本章ではブランドづくりの流れやその時々での葛藤や課題を肌で感じていただければと思います。

【ハリー・ポッターの街並みから学んだ街づくりの本質】

株式会社イエステージは地方にありがちな〝単なる〟不動産会社ではなく、まちづくりカンパニーとして地元で注目を浴びている不動産会社です。

「単なる」という部分にスポットを当てたのには理由があります。

大手デベロッパーが行なう大規模な土地開発とは異なり、地方の不動産会社が行なう宅地分譲開発は、未だ「土地を切り売りして終わり」という販売をしているのが現実です。美しい街並みをつくろうというような考え方はなく、「早く、高く、土地が売れればいい」という商業主義のもと、売りやすいサイズに土地を分割して販売していることがほとんどです。

その結果生み出されるのは、**計画性のない無秩序な街並み**です。あなたのまわりでも、そのような街並みを見かける機会が多いのではないでしょうか？

イエステージグループの和田さんが、街並みに着眼するきっかけとなったのは20歳の頃まで遡ります。

スコットランド・エディンバラの街並み

1994年、イギリスでの留学中に訪れたスコットランドの首都・エディンバラの美しい街並みを見て、思わず息を呑んだことから始まります。

エディンバラはハリー・ポッター生誕の地としても有名な街。その魅力は、過去と現代がうまく混ざり合った部分にあります。ニュータウンと呼ばれる150年以上前の産業革命時代の街と、オールドタウンと呼ばれるさらに歴史のある建築物が、現代の建物とうまく調和し混在しているのです。

和田さんがイギリスから帰国後の1995年、「エディンバラの旧市街と新市街」が都市計画の最高傑作として、世界遺産に登録されたことを知ります。

そこからエディンバラの街並みについて詳しく調べたところ、古都の魅力を守るため、住民の努力や街独自のルールがあることがわかりました。

エディンバラの街並みが美しかったのは、単に古い建物が保全されているだけでなく、そこに住む人たちが特別なルールをつくり守ってきた結果であり、**不動産価値の維持向上は、住民自身の取り組み方で変わってくる**ことを学びます。

そこから日本の古都である京都や倉敷についても調べると、同じように独自のルールがあり、それを行政と住民が協力して守り、街の魅力を維持していたことを知るのです。

その時、和田さんの頭のなかで点と点がつながります。

「エディンバラの街づくりの本質を、地元の分譲地でも適用できるのでは」と。

当時はまだ数は多くはありませんでしたが、そうした取り組みで街の価値を上げている事例が日本にもあることを知り、それを地元で実現させたいという思いを胸に、株式会社イエステージを立ち上げたのです。

【千里の道も一歩から～分譲地プロジェクトまでの軌跡～】

和田さんはもともと、不動産業にはまったく関心がありませんでした。関心がないというより、毛嫌いしていたというのが本当のところです。というのも、父親が不動産業を営んでいたこともあり、小さい頃から傍目にも「強引そう、怖そう、しつこそう」という不動産営業特有のネガティブな印象が強かったからだと言います。

実はイギリスへの留学は、不動産業とは別の道を探すためのものでした。しかし、そこで気づいたのは、意外にも新しい街づくりの理想形だったため、運命めいたものを感じたそうです。

帰国後、いくつかの職を経験したのちに毛嫌いしていた不動産業界に飛び込み、父親の下で8年間修業し、２００９年3月に独立して株式会社イエステージを設立。「不動産業界をさわやかに革新する」というミッションを掲げ、自らが理想とする街づくりへの第一歩を踏み出します。

ただ、そうは言っても宅地分譲事業には大きな資金が必要です。そのため、専務である藤原豊和さん（株式会社イエステージ・ｋａｉ代表）とともに不動産仲介取引の実績を上げていきました。そしてまわりからの協力もあり、宅地分譲事業は設立から2年目の２０１１年に実現します。

最初の分譲地である**「フォレスト冬野」**のコンセプトは、シンボルツリー1本を含む3本以上の植樹と敷地緑地率20％以上に同意いただく「植樹条件付き分譲」でした。この分譲地は立地がよかったため販売はうまくいったものの、街づくりにおけるコンセプトは場当たり的でその立案の難しさを知ります。

そこから紆余曲折を繰り返しながらも着実に前へ進み、次の分譲地である**「宮前ちょっといいプロジェクト」**に着手することになりました。

しかし、その土地を取得し開発を始めた時点で、近辺に同じ規模の分譲地が2箇所立ち上がることが判明します。しかも両方とも地元最大手の住宅会社が売主というだけでなく、自社の分譲地が一番の後発という劣勢でのスタートを余儀なくされたのです。

この分譲地の取得は銀行からの借り入れで行なっていたため、失敗すれば即会社が倒産します。毎日、夜中になると気になっては飛び起き、そこから分譲地の販売戦略を朝まで考えるという日々を繰り返しながら、和田さんは2つのコンセプトにたどり着きます。

地元ビルダー４社合同のオープニング記念イベント（宮前ちょっといいプロジェクト）

ひとつは最初の分譲地を進化させた**「植樹条件」**です。これはのちにガーデン・エクステリア事業を任せることになるガーデンデザイナーの小嶋邦彦さん（株式会社マチデコラボ代表）との出会いにより、美しい街並みをつくることができました。

そしてもうひとつは、**地元ビルダー4社のモデルハウスを分譲地内に建築する**というものでした。

競合の分譲地は住宅会社が販売していたため、2箇所とも建築条件付きでの土地販売です。建築条件付きとは、一定の期間内に指定した建設業者で家を建てるという条件が付いた土地のこと。

イエステージでは住宅の建築は行なっていないため、販売する土地には建築条件がなく、お客様は好きな住宅会社で家を建てることができました。

それを強烈に訴求するため地元ビルダー4社に参画してもらい、分譲地内にモデルハウスを建ててもらったのです。

もちろん、それを実現するには様々なハードルをクリアする必要がありました。

そもそも地元のビルダーを複数社集めるということは、**商圏が被っている直接的な競合を集めるということ**です。同じ商圏でビジネスをしていると、大なり小なりのいざこざがあります。事実、付き合いのあった地元ビルダー10数社に参画を募りましたが、色よい返事をくれたのはその内の4社だけでした。プロジェクトは呉越同舟のなかでのスタートでしたが、和田さんを中心に密なコミュニケーションを繰り返すことで、これまで横のつながりがなかった地元ビルダー同士の交流も生まれ、徐々に一体感が生まれてきたと言います。

その結果、「好きな住宅会社で家を建てられ、街並みも美しい」という競合との差別化に成功しただけでなく、**参画してくれた地元ビルダー4社との相乗効果で、競合の分譲地より先に土地を売り切る**ことができました。

大手が行なう住宅展示場ではなく、地元の不動産会社が分譲する土地に、本来競合である地元ビルダーが複数社集まり、モデルハウスを建築することは全国でも類を見ない取り組みだったため、この分譲プロジェクトは地元の建築業界でちょっとした話題を呼んだようです。

【大きな飛躍からの大きな課題 ～販売条件では美しい街並みは維持できない～】

そして2016年、リンク・リング・タウンシリーズの第一弾である「リンク・リング・タウン宇田森《うだもり》」の分譲開発を開始。この街の特長は、一邸一邸のお庭や外構に販売条件を設けた「ガーデン・エクステリア条件」にあります。簡単に説明すると、家のお庭や外構をつくる時のルールを定め、そのデザインや施工をイエステージのグループ会社が担うというものです。

ひとつの会社が街全体のバランスを考え、お庭や外構のデザインをすることで、その連続性が織りなす美しい街並みを形成するというのがこの街のコンセプトでした。

たとえば、分譲地内のすべての家が塀を設けないオープン外構とし、お隣さんとの塀は道路から１メートル後退させることで街全体を広く感じることができます。さらに全邸宅の道路側には四季折々の植物がデザインされているため、一般的な分譲地とは比べものにならない美しい街並みが実現したのです。

この分譲地での取り組みで、イエステージの街づくりのグレードが一気に上がったものの、大きな課題も見つかりました。

それは、この分譲プロジェクトの特長でもある「ガーデン・エクステリア条件」です。

この条件は、あくまで土地を購入する時の販売条件に過ぎないため、土地が転売された時にはその効力が及びません。つまり、**街並みの美しさを維持できるかどうかは住民次第**となるのです。

また、条件を確認した上で土地を購入したにもかかわらず、そのルールを守らない人も出てきました。それにより、条件を守ってくれた住民への説明に多くの時間を割く必要が出てきたのです。

「植樹条件」から「ガーデン・エクステリア条件」に飛躍させ、美しい街づくりに向けて一歩一歩着実に歩みを進めてきたイエステージですが、ここで〝美しい街並みの持続性〟という大きな課題と向き合うことになりました。

【ブランドの関係者を増やす～遠くへ行きたいからみんなで行く～】

そこから1年半後、いよいよ今回の分譲プロジェクトである「リンク・リング・タウン栗栖」の開発が始まります。当初は立地や諸条件が前回の分譲地（リンク・リング・タウン宇田森）と似ていたため、コンセプトを変えず、そのまま引き継いでいくという流れが社内に醸成されていました。

しかし、同じ時期に「人づくり、まちづくりカンパニー」というイエステージグループの新たな成長イメージを掲げたなかで、現状維持の街づくりに和田さんは違和感を覚え始めます。

そこで、リンク・リング・タウン栗栖の新たなコンセプト立案のサポートをエイドデザイン（筆者の会社）に依頼いただき、私はブランドマネージャーとしてプロジェクトに参画することになりました。

また、このプロジェクトでは、ランドスケープや建物にも関与した総合的な街づくりを視野に入れていたため、エクステリアCADソフトのトップメーカーである株式会社ユニマットリックの空間デザイン部門に協力を仰ぎ、これまでのコンセプトをさらに飛躍させる分譲地開発に取り組むことになります。

それに加え、前回と同様に地元ビルダー数社に声がけし、プロジェクトへの参画を募ったのです。

応援されるブランドのポイントは、ブランドに関わる人を増やすことにあります。

〝早く行きたければひとりで行け、遠くへ行きたければみんなで行け〟

関係各社を集めたキックオフミーティング

これはアル・ゴア元米副大統領がノーベル平和賞授賞式典の演説で引用し、有名になったアフリカのことわざです。

ひとりであれば、早く進むことはできるかもしれませんが、ひとりの体力には限界があります。そんな時、同じ目標に向かう仲間がいれば、互いに助け合い、より遠くに行くことができるでしょう。

これはブランドにおいても同じです。**ブランドに関わる人を増やすことで、より高い目標を目指すことができます。**

ただ、そのためには全員が同じ方向を向いていないといけません。イエステージでは、**全スタッフを巻き込んでブランド戦略を策定するだけでなく、プロジェクトのキックオフなどの要所要所で関係各社との密なコミュニケーションも行なっています。**

もちろん、関係者が増えることで意思の疎通には時間がかかることは多いです。

しかし、その手間を惜しみ自社だけで進めれば、た

ど り 着ける場所は限られてしまいます。事実、今回のプロジェクトにおいても、関係各社のサポートがなければ実現しなかった部分も多くありました。

応援されるためには、周囲を巻き込み、ブランドの関係者を積極的に増やすことが重要なのです。

【近隣分譲地と差別化ポイントがない　～ブランドコンセプトの大切さを知る～】

今回の分譲地プロジェクトのブランド戦略では、建築基準法やその他関連法令などで定められた範囲で進めなくてはいけません。また、分譲地内につくる公園は最終的に地元自治体への寄付となるため、その後管理していく行政との連携も必要となります。

つまり、**今回のブランド戦略には現実的な落としどころがある**ということです。

そのため、アイデアを拡散させるフェーズはグループ全体で行ない、そこで出たアイデアが法的に実現可能なのかを見極めるフェーズは、代表である和田さんを中心としたプロジェクトチーム（開発、法務、エクステリアの各担当者）で進めることになりました。このプロジェクトでは、拡散と収束のフェーズを交互に繰り返しながらブランド戦略を立てていったのです。

はじめに現状を把握するため、競合とお客様、自社の分析から始めました。

競合は近隣で販売している分譲地6箇所を分析し、さらに区画数や土地面積など様々な角度から比較した上で販売条件がより近い3箇所に絞り込みます。そのなかには、自社分譲地の東側にある小学校を挟んだだけのとても近い競合分譲地もありました。

この分析で明らかになったのは、**学区や駅までの距離などの生活環境が似通った近隣分譲地とは、地理的な要素だけでは差別化がしづらい**という点でした。

もちろん、そのようなことは開発担当者や営業部門のスタッフは理解していましたが、グループ全体では把握できていません。

そこで、この分析結果をグループ内で共有したことにより、**「独自性のあるブランドコンセプト（ブランド・アイデンティティ）が必要だ」**という認識が強化されていったのです。

【自分たちの強みと弱みは？～強みをとがらせ、弱みを補強する～】

次に行なったのは、お客様と自社の分析です。

まずお客様の分析では、顕在化されたニーズと潜在的なニーズを探ります。その結果、**「家族が安心・安全に暮らせる環境」「感性と価値観が合う安らげるコミュニティ」「次世代につなげる資産価値」**という3つに集約されました。

そして自社の分析では、強みと弱みを棚卸しします。自社の強みは、これまでのプロジェクトで培った**「価値観の近い人を集めるコンセプト設計力」**。それに対して弱みは**「分譲地独自のルールを定めるためのノウハウが乏しい」**ことでした。

前述の通り、「ガーデン・エクステリア条件」は、あくまで土地の販売条件のため、街並みの美しさを

プロジェクトチームでのワーク風景

守り続けるという点において大きな課題を抱えていました。分譲地独自のルールを恒久的に守ってもらうには、**行政に認可してもらう「建築協定」の必要性**を改めて痛感します。

建築協定とは、建築基準法を超えた高度な基準を設け、それを行政が認可することにより、住む人が変わっても適用される分譲地独自のルールのことです。これにより資産価値の維持・向上と美しい街並みが担保されます。

この建築協定は、分譲地のコンセプトを永続的に守るために必要不可欠な要素でしたが、そのノウハウに乏しいことが自社の弱みとして明らかになったのです。

しかし、スタート時点でそれが明確になったことが、ブランドを構築する上でプラスに働きました。

なぜならその弱みを補うため、イエステージの法務担当が他府県で行なわれていた建築協定の事例を丁寧に調査し、行政との話し合いを重ねた結果、リンク・リング・タウン栗栖の建築協定を認可してもらうことができたからです。

協定で定めた内容は、造成区画や地盤高の変更不可、垣および柵などは道路境界線から０・５メートル以上後退した位置に設置、建築物の色彩制限、敷地内の緑化率15％以上、広告物の制限などです。この建築協定に対して、分譲地内で運営委員会を設置し、住民自身で自分たちの街の景観を守っていきます。

加えて、前回の分譲地よりも進化させた〝ガーデン・エクステリア条件〟を土地の販売条件にすることで、お庭の専門家が個々の邸宅だけでなく、街全体を考えながらランドスケープをデザインしていくことができます。

ブランド戦略を立てる時には、自社の強みに目を向けますが、**同時に弱みを補強することにも着手する必要がある**のです。

【自社の強みを発揮できる場所を探る～強みを決めるには自分たちの覚悟が必要～】

競合とお客様、そして自社の分析を行なった後は、他社にはない自社の強みを発揮するポジションを考えていきます。そのようなポジションのことを**「市場機会」**と言います。

リンク・リング・タウン栗栖の機能面での強みは、いずれも近隣の分譲地にも当てはまるものばかりで差別化ポイントにはなりません。そのため、お客様の潜在的なニーズを洗い出し、そのなかで自社が提供可能な独自性のある価値を絞り込んでいきました。

その時に選んだのが**「災害時でも安心できる街」「未来につながる美しい街並み」「協調性のある良質なコミュニティ」**という情緒的なキーワードです。

しかし、自分たちで選び出したキーワードであるにもかかわらず、市場機会をなかなか絞り込めず時間だけが過ぎていきました。

実は市場機会を決め切れないことは、ブランド戦略を立てる上でよくあることです。

その理由は、「市場機会を決めること＝自分たちが本当にその価値を提供できるのか？」という覚悟が問われることと同義だからです。

とくに今回のように、まだ自分たちが経験したことのない未知の価値を提供する時には、その傾向が顕著に現われます。イエステージのプロジェクトチームは各分野の専門家であるがゆえに、その提供価値の難しさがわかっていたのです。

そしてチーム内での長い話し合いの結果、全員の覚悟が決まり、それらのキーワードを組み合わせた**「お庭を含めた美しいランドスケープとコミュニティが育まれる安心・安全な分譲地」**という市場機会に決まりました。

【考えるのは理想のお客様ではなく、典型的なお客様 ～価値観と感性を深掘りする～】

そこから、その市場機会を価値に感じてくれるであろうお客様像を考えていきます。

分譲地は夫婦で購入を検討されるケースが多いため、より詳細なイメージをグループ内で共有できるよう、お客様像は夫と妻それぞれで設定していきました。

この時、もっとも重要視したのは**リアリティ**です。

「こういう人たちに住んで欲しい」という理想のお客様像をイメージすることも大切ですが、プロジェクトの最初のゴールは分譲地を販売することです。**理想を追い過ぎるあまり、市場には存在しないお客様像をつくってしまっては何の意味もありません。**それどころか、その後のブランディング施策がまったく効果のないものになってしまいます。

そのため、「職業」「年収」「貯蓄」「現在の居住地」などの情報を絞り込む時には、想像だけに偏らず、現実的なジャッジができる営業部門の意見をベースに進めていきました。それと同時に土地購入に際して、家族のなかで誰が購入の決定権を持っているかという「家族内の力関係」などの、目には見えない要素も考えていきます。

また、市場機会を具体化させていく際、「コミュニティ」というキーワードが出ていたため、「性格」「価値観」「趣味」「好きな服装」「好きなブランド」「好きな家のデザイン」など、あらゆる角度から光を当て、お客様の価値観や感性を明らかにしていきました。

その理由は、見知らぬ人同士が集まり、新しいコミュニティをつくるためには、**もともとその人たち自身が持ち合わせている価値観や感性が大きな影響を及ぼす**と考えたからです。

【自社の新たなポジションを探る～従業員の誇りと自信を高める～】

お客様像を決めた後は、お客様が価値に感じるであろう分譲地のポジショニングを決めていきます。

ポジショニングとは、お客様が他社の分譲地と比較した際、リンク・リング・タウン栗栖を選ぶ理由となるポジションを取ることです。

そのためには、「選ばれる理由＝選ばれる価値」を整理していく必要があります。

まず、機能面での価値は**「統一感のある街並み（建築協定）」**と**「建築条件なし分譲」**とし、街並みとしての美しさが保たれつつ、好きな住宅会社で家を建てられるというポジションを取りました。

そして心で感じる価値は**「街並みがおしゃれ」**と**「いざという時に助け合えるご近所力」**とし、お庭を含めたランドスケープデザインと防災コミュニティの形成というポジションに狙いを定めたのです。

また、このプロジェクトを機にＳＤＧｓ（２０１５年に国連サミットで採択された持続可能な開発目標）11番目の目標である「住み続けられるまちづくりを」をグループの目標として掲げ、行政ではなく自分たちが主導して街づくりを行なうという意識をチーム内で醸成していきました。

このような社会的意義のある目標を掲げることは、ブランドとしての価値を高めることにつながります。しかし、和田さんが一番に考えていたのは、「自分たちは社会的に価値ある仕事（街づくり）をしている」という自信と誇りを従業員に持ってもらうためだったと言います。

このように応援されるブランドはお客様だけを見るのではなく、**従業員が自らの仕事に対して働きがいを感じられるような価値を設計していく**ことにもあるのです。

【自分たちの覚悟が問われる瞬間～ブランドがお客様に約束すること～】

ポジショニングを決めた後は、お客様像で設定した夫婦が、リンク・リング・タウン栗栖に期待していることを絞り込んでいきます。

- **津波の被害に遭いにくい立地**　・**交通量が少なく、静かで子育てしやすい環境**
- **建築条件なしで好きな家を建てられる**　・**家族でゆったりと過ごせる快適なお庭**
- **おしゃれな街並み**　・**感性や価値観が近いご近所さん**
- **市街中心部へのアクセスのよさ、整った生活環境**

そして、競合の分譲地より優れた自社の強みを次の３つに集約させました。

- **街並み形成にまで踏み込んだ分譲実績**
- **心を豊かにするデザインされたお庭の提案力**
- **感性と価値観の近い人を集めるコンセプト設計力**

その上で、自分たちイエステージが提供したい独自の価値を考えたのです。

・美しくデザインされたランドスケープ
・建築協定による持続可能な美しい街並み
・防災コミュニティづくり

これらの情報をもとに、グループ全体でブランド・アイデンティティ（ブランドコンセプト）を考えていきました。ブランド・アイデンティティとは、ブランドが伝えたい価値をわかりやすくコンパクトに言語化したものです。

実は最初のワークでは「防災に遊びを、幸せの革新」という案が選ばれていました。

いったんはこれに決まりましたが、社内で話し合いを重ねるなか、「防災という直接的かつ重いキーワードを使うことで、被災した経験を持つ人たちにつらい記憶を思い出させてしまうかも……」という懸念材料が出てきたのです。その打開案として、「防災ではなく、心理的にハードルの低いアウトドアから始めればいいのでは？」「アウトドアで遊びながら防災知識が学べると家族全員で楽しめるのでは？」というふうに発想が広がっていきました。

その後、**「発災時に役立つアウトドアのイベントを分譲地の住民を集めて行なうことで、いざという時に自然と助け合えるコミュニティ形成につながる」**という仮説にたどり着くことができました。

それらのプロセスを経て、**「あそぶ・たのしむ・つながる　セーフティな街」**というブランド・アイデンティティが導き出されていきます。

リンク・リング・タウン栗栖（街並 3D アニメーション）

しかし、そのブランド・アイデンティティは簡単に決まったものではありません。

事実、和田さんはその言葉に決まろうとしたまさにその時、プロジェクトチームのメンバーにこう問いかけました。

「自分たちはブランド・アイデンティティ通りの価値を、本当にお客様へ提供できるのか？」と。

そう問われた時、メンバー全員がブランド・アイデンティティを打ち出す意味についてハッと気付かされます。その意味とは、**ブランド・アイデンティティ通りの価値を提供しなければ、お客様を裏切ることになり、しかもその価値を創り出すのは他ならぬ自分たち**だということです。

その瞬間、プロジェクトチームの覚悟が決まり、アウトドアから防災へアプローチするという、これまでの分譲プロジェクトから大きく飛躍した社会的意義のある新たなコンセプトが誕生しました。

【断わられる勇気を持つ～真の顧客だけに絞り込む～】

ブランド・アイデンティティが策定されたのを機に、様々なブランディングツールの制作に入ります。今回の分譲プロジェクトでは、通常の分譲地販売とは異なり、まだ完成していない街並みとブランドのコンセプトである防災コミュニティの形成という部分をイメージしてもらう必要がありました。そのため、紙ベースのツールは必要最小限に留め、用途に応じた様々な動画の制作に力を注ぐことにしたのです。

たとえば、なぜこのような街づくりをしているのかという代表（和田さん）へのインタビュー動画、分譲地の概要を説明するインタビュー動画、３Ｄアニメーションで作成した街並みを見られる動画、その街並みにナレーションを入れた動画、ＳＮＳなどで使用するコンセプト動画など多岐にわたります。

また、この分譲プロジェクトでは、他の分譲地ではあり得ないお客様との接点がありました。それは**土地を購入する前に行なう「個別の趣旨説明会」**です。

この説明会では、契約前にプロジェクトチームの各担当者（開発・法務・エクステリア）から分譲地のコンセプトを詳細に説明します。

分譲地のコンセプトを説明したことで、建築協定が面倒という方やお庭に植物を植えたくないなど、夫婦で意見が分かれるケースもありました。もちろん、そのような人たちは契約には至りません。

一般的な分譲地販売では、１日でも早く売ることが目的となっていますが、今回のプロジェクトでは、分譲地のコンセプトのひとつである「発災時に助け合えるコミュニティ」を成立させるため、コンセプトに共感してくれる価値観の近い人たちだけを集める必要があります。

それゆえに誰かれかまわず販売するのではなく、本当に分譲地のコンセプトを理解してくれているのかを、個別の趣旨説明会で確かめた上で契約を進めていきました。

プロジェクトチームのメンバーが一人ひとりのお客様と向き合い、個別に説明していく趣旨説明会は非常に時間のかかる接点です。しかし、**この手間を惜しまないことがブランドのコンセプトを守る**ことにつながっていきました。

【コミュニティ形成をサポートするイベント～ブランド体験の大切さと継続の難しさ～】

リンク・リング・タウン栗栖は、スタッフの頑張りや関係各社のサポートもあり、目標としていた期日よりも早く完売することができました。

それと同時に分譲地内のコミュニティ形成を促進するため、イエステージが所有する土地にイベントスペースを整備し、コロナが落ち着くタイミングを見計らった上でイベントを開催しました。

災害時に自然と助け合えるコミュニティ形成を目的とした第１回目のイベントは、「オリジナル防災バッグ体験会」です。

「コミュニティをつくるのは住民の皆様同士。自分たちはそのきっかけをつくる。とにかく住民の皆様に

オリジナル防災バッグ体験会（イベントスペースにて）

楽しんでいただく」というかけ声のもと、リンク・リング・タウン栗栖の住民を招いたイベントを開催しました。

ひとつ目のゴールは**「住民の皆様がお互いの顔と家族構成を知ること。そして気持ちよく挨拶を交わすこと」**、２つ目のゴールは**「防災への意識や知識を楽しみながら高めること」**です。

イベントを開催する前には、イエステージがセレクトした防災グッズの入ったバッグを各世帯にひとつずつ配布しており、イベント時にそのグッズの実演や説明を防災士が行ないました。

その後は、火起こし体験や防災食の試食会、子ども向けのお菓子のつかみ取りや焚き火コーナーでの焼きマシュマロ体験など、家族全員が楽しめるだけでなく、住民の方々の紹介を交えるなど、コミュニティ形成を手助けする内容を第一に考えてイベントを実行しました。

２日間に分けて行なったイベントに参加した住民からは、「隣の家の人を知っていたら、いざという時に頼れる」「他の分譲地にはない取り組みだと思った」「顔見知りになることで、いざという時に助けを求められるし、自分自身も助けようと思った」というような感想をいただき、大成功のうちに幕を閉じることになったのです。

また、建築協定について聞き取ると、「緑化率などが決められていて、それが家の建築に対してどの程度の影響があるのかがわからなかった。だけど、外構のプランニングと提案を見て納得して進められた」「不安はそれほどなかったが、街並みが不明な状態で契約をして、後から家が建ってきてやっとよいものだと思えた」など、次回のプロジェクトへの課題も見えてきました。

そうして、この分譲プロジェクトのブランディングに関する一連の取り組みやその成果が評価され、２０２２年ブランディング事例コンテストで、ブランディング準大賞とＳＤＧｓ審査員特別賞のダブル受賞につながったのです。

【未来を見据えたブランディング～今のプロジェクトは次のプロジェクトのため～】

イエステージの和田さんが、新しいプロジェクトを始める前に言うことがあります。

それは**「今のプロジェクトは次のプロジェクトのため」**という言葉です。

一つひとつのプロジェクトに対して真剣に向き合うことで、必ず次のプロジェクトにつながってくるという意味を込めて従業員を鼓舞しています。

実際に、2011年に初めての分譲開発となった「フォレスト冬野」から始まり、「宮前ちょっといいプロジェクト」、「リンク・リング・タウン宇田森」、「リンク・リング・タウン栗栖」は、それぞれのプロジェクトが次のプロジェクトのブランディングに寄与しています。

簡単な植樹条件付きから始まったイエステージの分譲コンセプトは、いまや全国でも類を見ない災害時に自然と助け合えるコミュニティ形成にまで踏み込んだ分譲コンセプトに進化しました。

その背景には、**街づくりを通して地元を元気にしたい**という和田さんの思いがあります。

人口が28年連続で減り続け、大学などの進学で県外に出た若者のUターン率は全国ワースト2位、さらに年々発生確率が高まっている南海トラフ地震は地元が抱える深刻な問題です。

これらの問題に対してイエステージグループにできることは、若者が帰ってきたくなるような、災害にも強い魅力的な街をつくること。これらの問題にアプローチすることが、イエステージの街づくりの起点とモチベーションになっています。

では、「リンク・リング・タウン栗栖」でブランディングのゴールは達成できたのでしょうか?

答えは「いいえ」です。この街のコミュニティ形成にはまだまだ関わっていかなくてはいけませんし、今後の新たな街づくりにおいて、イエステージにしか挑戦できないことがあります。

ただ、ひとつの企業にできることは限られています。

先程の和歌山における問題は、実は多くの地方が抱えている問題です。

イエステージと同じように街づくりに対し志のある人たちとともに、日本の様々な地域において小さくてもいいので魅力的な街をつくっていくこと。それにより、本当の意味での持続可能な街、持続可能な日本ができるのではないでしょうか。

イエステージグループは、これからもブランディングの歩みを止めません。

【今後のブランディングの課題】

今回のブランディングの要となったのが、**契約前に行なった「個別の趣旨説明会」と、住民を対象にした「コミュニティ形成をサポートするためのイベント開催」**でした。

まず、個別の趣旨説明会では、分譲地のコンセプトを一人ひとりに丁寧に伝えることで、価値観の合わない人は去って行き、コンセプトに共感する人にだけ購入してもらうことができました。

それにより、いざという時に助け合えるコミュニティ形成の土台ができたと言えます。

この部分においては、和田さんをはじめとするプロジェクトチームである開発、法務、エクステリアの各担当者が分担して取り組んだことにより、滞りなく進められました。

しかし、今回のプロジェクトで大きな課題となったのは、**イベントを開催する時の責任者とその予算取りをどうするか**ということでした。

とくに今回はブランド戦略を立てた直後からコロナ禍に入り、住民を招いたイベントは当初考えていたスケジュールよりかなり時間が経ってから行なわれました。

〝鉄は熱いうちに打て〟と言いますが、ブランド戦略を立てた後にそのような中だるみの期間があったため、「イベント内容をどうするのか」「どのような規模で行なうのか」「イベントの企画やその責任は誰が担うのか」といったことを決めるのに相当な時間を要したそうです。

これはイエステージに限らず、人的リソースの限られた中小企業にありがちなブランディングの課題でもあります。

小さな会社の場合だと、ブランディングの専任者であるブランドマネージャーの担い手がいないというケースが少なくありません。

また、適任者がいたとしても、すでに他の業務を行なっているため、兼務で任命しても、もともとの業務のほうがその人にとっての優先順位が高く、ブランディングに費やせる時間が限られてくるのです。

予算取りに関しても、ブランディング特有の課題と言えます。

売り上げに直結するセリング（売り込み）やマーケティングとは異なり、**ブランディングは数値化できる成果が見えにくいため、どの程度の予算を確保すればいいのかという指標が立てにくい**のです。

たとえば、販売を目的としたイベントであれば、「100人集客すれば何％の人が購入し、さらにそのなかから何％の人が何年間リピートしてくれる」というようなことを数値化することができます。

しかし、今回のようなブランドイメージを構築するイベントでは、かけた費用に対しての短期的なリターンが見えないため、予算取りをどうするのかで悩まれる方も多くいらっしゃいます。

とくに分譲地の場合、ブランドで選ぶというより、まずは立地が第一です。いくらブランド力が高まったとしても、それを優先して土地を選ぶというケースは少ないでしょう。

立地の次は販売条件、価格、販売会社のブランド力というふうに続いていきます。

当然の話ですが、イエステージのように「植樹条件」や「ガーデン・エクステリア条件」、そして今回のような「建築協定」など、土地に対して条件を付ければ付けるほど、買い手の母数は少なくなるため、一般的には売りにくくなっていきます。

事実、今回の趣旨説明会では街のコンセプトを説明した後、契約寸前の何人かに断られたそうです。

短期的な目線で考えると、土地に対して何も条件を付けず、売りやすいサイズに切り分けて販売することが、売り上げを上げることにつながります。

しかし、イエステージグループのミッションは、そのような旧態依然とした不動産の販売方法ではなく、不動産業界をさわやかに革新し、美しい街づくりを行なうことです。

先のような条件を付けることで確かに買い手の母数は少なくなりますが、**いまや時代のニーズは多様化しており、自分の価値観に合ったモノやサービスが選ばれる**ことが多くなっています。

そんななか、「切って売って終わり」という土地販売をする不動産会社と、美しい街並みをつくることでお客様の不動産価値の維持・向上を目指すだけでなく、防災の視点から分譲地内のコミュニティ形成にまで関わってくれる不動産会社では、いずれが選ばれるかは言うまでもありません。

ただし、そのようなブランドイメージやブランドポジションを確立するには、時間と手間、そしてコストがかかってきます。

ブランディングは短期的なマーケティング施策ではなく、未来への投資です。ゆえにその予算取りをどのように捉えるかが、イエステージだけでなく、中小企業にとって大きな課題と言えるでしょう。

これはイベントだけでなく、ブランディングの専任者を置く際にも人件費という観点から同じことが言えます。そのためには、**売り上げなどの定量的な成果だけでなく、対外的なブランドイメージや社員のモチベーションアップなど、定性的な成果も合わせ見て総合的な効果を考えることが必要**です。

ブランディングの予算配分は中小企業における悩みのタネですが、自社が掲げるミッションや経営理念を実現するには未来への投資は欠かせません。

とは言え、短期的な成果への投資も同じくらい大切なので、どちらかに偏り過ぎないようバランスを取りながら考えていくことが、ブランドの持続的な成長につながるのではないでしょうか。

【応援されるブランドをつくるには２割の共感者が必要】

応援されるブランドをつくるには、まずブランドが提供する価値を理解してくれそうな従業員に絞り込み、自らの熱を伝えることから始めます。

全体に周知する段階で社内に２割ほどの共感者が必要というのが和田さんの経験則です。

その割合の理由は、全員が理解できるような一般化した価値であれば、それはすでに市場に浸透しており、飽和状態にある可能性が高いからです。そのため、最初の段階ではブランドの価値を理解できない人が多いほど、そのブランドは成長する可能性が高いとも言えます。

事実、今回の分譲プロジェクトにおいても、最初の共感者はその程度の割合だったそうです。

そして、その後には**ブランドの価値をビジュアルや行動に落とし込み、社外へ伝えていくブランディングの実務者が必要**となります。もちろん、共感者と実務者は同一人物でもかまいません。

それと同時進行で、社内外におけるブランドの共感者を少しずつ増やしていきます。徐々に共感者の母数を増やしていくのです。そのためには、**従業員やお客様を含めたステークホルダーだけでなく、地域や社会がよりよくなるような未来を描き、見せ続けること**。

それこそが応援されるブランドを牽引する経営者の役割なのです。

第1章のまとめ

- ☑ 千里の道も一歩から。ブランドは一足飛びには構築できない。
- ☑ 応援されるブランドになるためには、ブランドの関係者（ステークホルダー）を積極的に増やす。
- ☑ ブランド戦略では、自社の弱みを補強することにも着手する。
- ☑ 従業員が働きがいを感じられるようなブランドの価値を設計する。
- ☑ ブランドの価値を創り出すのは自分たち。まわりに発信するには覚悟が問われる。
- ☑ 真のお客様を絞り込むためには、断わられる勇気を持つ。
- ☑ ブランディングは未来への投資。予算取りは定性的な成果も鑑みる。
- ☑ 地域や社会がよりよくなるような未来を描き、ステークホルダーに見せ続ける。

第2章

中小企業が目指すべき「応援されるブランド」の姿

中小企業は、なぜ応援される必要があるのか？

本項では、「中小企業は、なぜ応援される必要があるのか？」を説明する前に、私たちのビジネスを取り巻くマクロな環境と応援の種類について考えていきたいと思います。

【一億総コモディティ化時代の幕開け】

総務省のまとめによると、2023年1月1日現在、日本の人口は1億2242万人余り、14年連続で人口が減り続けているだけでなく、減少数、減少率ともに拡大しており、調査を始めた昭和43年から初めて全都道府県で人口が減りました。

ちなみに2022年から2023年にかけての人口減は約80万人、ピークだった2008年の1億2808万人と比べると約566万人も減っています。

……このように書くと、「それでもまだ日本には1億2000万人以上いるんだ」と楽観視してしまいそうですが、こう言い換えるといかがでしょうか？

日本では毎年、鳥取県、島根県、高知県、徳島県、福井県、佐賀県、山梨県クラスの県（人口）が消えてなくなっています。

１年間に80万人の人口が減るという現状は、このくらいインパクトがあることなのです。

ちなみに私が住んでいる和歌山県の人口は約90万人なので、１年に9割の人がいなくなるという計算になります。もちろん、年間80万人の減少はひとつの県ではなく日本全体で起こっているため、その変化や兆候に気付かない人も多いでしょう。

しかし、塵も積もれば……ではないですが、このまま人口減少が推移すれば、２０５６年には日本の総人口は1億人を切って９０００万人に割り込むと推計されています。

変化が緩やかなため、危機が迫っているのに気付かない。

これは「ゆでガエル現象」と呼ばれるもので、人口減少に関しては、私たちが考えている以上の危機であることを認識しておく必要があります。

なぜなら、人口が減れば物理的に消費量も減るからです。

そうすると、いままで普通に売れていたものが次第に売れにくくなり、価格や品質以外に活路を求めるようになります。目に見えるデザインを整えたり、心に訴えかける情緒的な強みを差別化要因にすること、そう、いわゆるブランド化です。

しかし、デジタル化が進むなか、見た目だけをお化粧した〝一見ブランド風の商品やサービス〟は誰もが簡単につくれるようになりました

たとえば、Amazonで「スマートフォンケース」と検索してみてください。たくさんの商品が候補として上がってきますが、デザインだけを見て老舗ブランドと区別をつけられる人はいるでしょうか。おそらく難しいと思います。

また、ブランドにまつわるストーリーも、ChatGPTをはじめとする生成AIの進歩とともに、それらしい言葉や文章を簡単につくれるため、今後コモディティ化していくことに間違いはありません。

コモディティ化とは、高い付加価値を持っていた商品やサービスの価値が下がり、一般化してしまうことを言います。要は、他社と同じ価値に思われてしまうのです。

同じ価値であれば当然、安いものから順番に選ばれるため、コモディティ化は価格競争の始まりとも言われています。

つまり、ブランドといえども簡単に一般化してしまう、総コモディティ化時代の幕開けがもうすぐそこまで来ているのです。

【企業のマーケティングはすでに見透かされている】

私たちは日々生活をする上で、様々なマーケティング情報に晒されています。

たとえば、SNSを開くとソーシャルメディアマーケティング、YouTubeを見ていると動画マーケティング、仕事でメールを使う人はメールマーケティングなど、あらゆるシーンで半ば強制的にそれらの情報を受け取らされているのです。

そして、繰り返しそれらのマーケティング情報に晒されることで、多くの人はある能力を手に入れました。それはマーケティングに対するリテラシー。

要は**「何がマーケティングで、何が真実なのか」直感的に識別できるスキルを手に入れた**のです。

また、そのスキルを手に入れられなかった人はどうなったのでしょうか。

マーケティングへの嫌悪感が高まり、**それらの情報に対するアレルギー反応を起こす**ようになりました。そのような人たちは、マーケティング臭がきつい情報を自然と避けるようになったのです。

現代経営学の父ピーター・ドラッカーいわく、「マーケティングの究極の目標は、セリング（売り込み）を不要にすること」。にもかかわらず、それらの情報に晒され続けた私たちは、マーケティングをただのセリング（売り込み）として感じていることのほうが多いのです。

マーケティングに対するリテラシーが高まり、一方でアレルギー反応を起こす人もいるなか、企業発のマーケティングは、ますます効きにくい時代に入ってきています。

とくに今後の消費を牽引するＺ世代（１９９０年代半ば〜２０１０年代生まれの世代）は、物心のついた頃からインターネットに触れていて、ＳＮＳが当たり前の世代です。誰もが発信力を持つなかで、企業発の情報を鵜呑みにするようなことはありません。

これまでのように企業が芸能人や有名人を起用して商品をおすすめしたとしても、Ｚ世代は他の世代と比べてあまり買わないことがわかっています。

つまり、**企業発の情報を求めてもいないし、信じてもいない**のです。

【どれだけ叫んでも、小さな会社の声は届かない】

アメリカの市場調査会社ＩＤＣによると、２０２５年の段階で世界に流れるデジタルデータの総量は約１７５ＺＢ（ゼタバイト）に到達するという予測があります。

ＺＢという単位は私たちが生活する上でまず使うことのない単位なので、馴染みのあるＧＢ（ギガバイト）に置き換えてみると、１７５兆ＧＢ。仮にスマホで月間10ＧＢのデータプランを契約していたとすると、約１兆４５００億年間分のデータ容量ということになります。

ほかのイメージで言うと、**１ＺＢは世界中の砂浜の砂粒を集めた数**とも言われます。

つまり、２０２５年には地球１７５個分の砂浜の砂粒と同じ数のデジタルデータが世の中に出まわっているのです。もうこの数になると無限大と言っても過言ではないでしょう。

もちろん、大量のデータを活用することで私たちの暮らしが豊かになるというメリットもあります。

しかし、ことビジネスのシーンにおいて考えるとデメリットしかありません。なぜなら情報を発信する時の分母が無限大なのです。大企業ならともかく、小さな会社の声はどんどん届かなくなっていくことは簡単に予想されます。

そんなとんでもない量の情報が流れるなか、比較的届きやすい情報があります。

それは**自分の半径５メートル以内の人からの情報。**そう、家族や友人、知人、趣味でつながる仲間など価値観の近い人からの情報です。

まとめると、これからは**１億総ブランド化時代に突入し、ただ単にブランド化するだけでは選ばれない**状態に陥っていくことが予想されます。さらに、マーケティングに対するリテラシーとアレルギー反応を起こす人たちが増えるだけでなく、膨大なデータが世の中に溢れるなかで、小さな会社の声は次第に届かなくなるのです。

そこから抜け出すひとつの方法は、**お客様から応援されるブランドになること。**

そうすることで、**ブランドを応援してくれる人からの自発的な発信が企業発の情報の後押し**となるだけでなく、応援してくれる人の半径５メートル以内の価値観の近い人、つまり**企業が届けたい人に声を届けることができる**のです。

【応援の種類と応援の定義】

応援の力について話を進める前に、まずは応援の種類について整理しておきたいと思います。

ちなみに、あなたが考える応援とはどんなものでしょうか。

たとえば私の場合で言うと、子どもが通う塾へ送り迎えするのも応援ですし、習い事の発表会を見に行くのも応援、友人がお店を出す時に花を贈るのも応援です。

ここでは、そんな応援の種類をライトな順に整理していきます。

まず一番取っつきやすく、誰もが一度は経験したことがあるのは**「声援」**だと思います。ひいきにしているスポーツチームの試合や好きなアーティストのライブ、もっと身近なところで言うと子どもの運動会などで、「頑張れ！」と声をかける行為が声援です。

声援という行為では、短い言葉で相手を鼓舞することができます。この声援には、SNSやブログ、動画などの投稿に対して、ポジティブなコメントや「いいね！」を押すデジタル上でのアクションも含まれます。

次に、社会的な活動や被災地などに対して自分の力を使う**「ボランティア」**、同じく金銭的な支援を行なう**「寄付」**も応援です。

ここからが本書における応援の定義に関係してくる領域です。

私たちがビジネスを行なう上で一番の応援は、やはり商品やサービスを**【購入】**してくださることでしょう。左ページの図で言うと、一番下の階層①となります。

この購入には、クラウドファンディングやふるさと納税のような支援に近い応援購入と、その商品やサービスが必要であったり気に入ったから手に入れる通常購入があります。

いずれにしても、その商品やサービスに〝好感〟を持ってもらわないと購入されませんが、一度だけであればハードルはさほど高くありません。セリング（売り込み）で十分対応できる領域です。

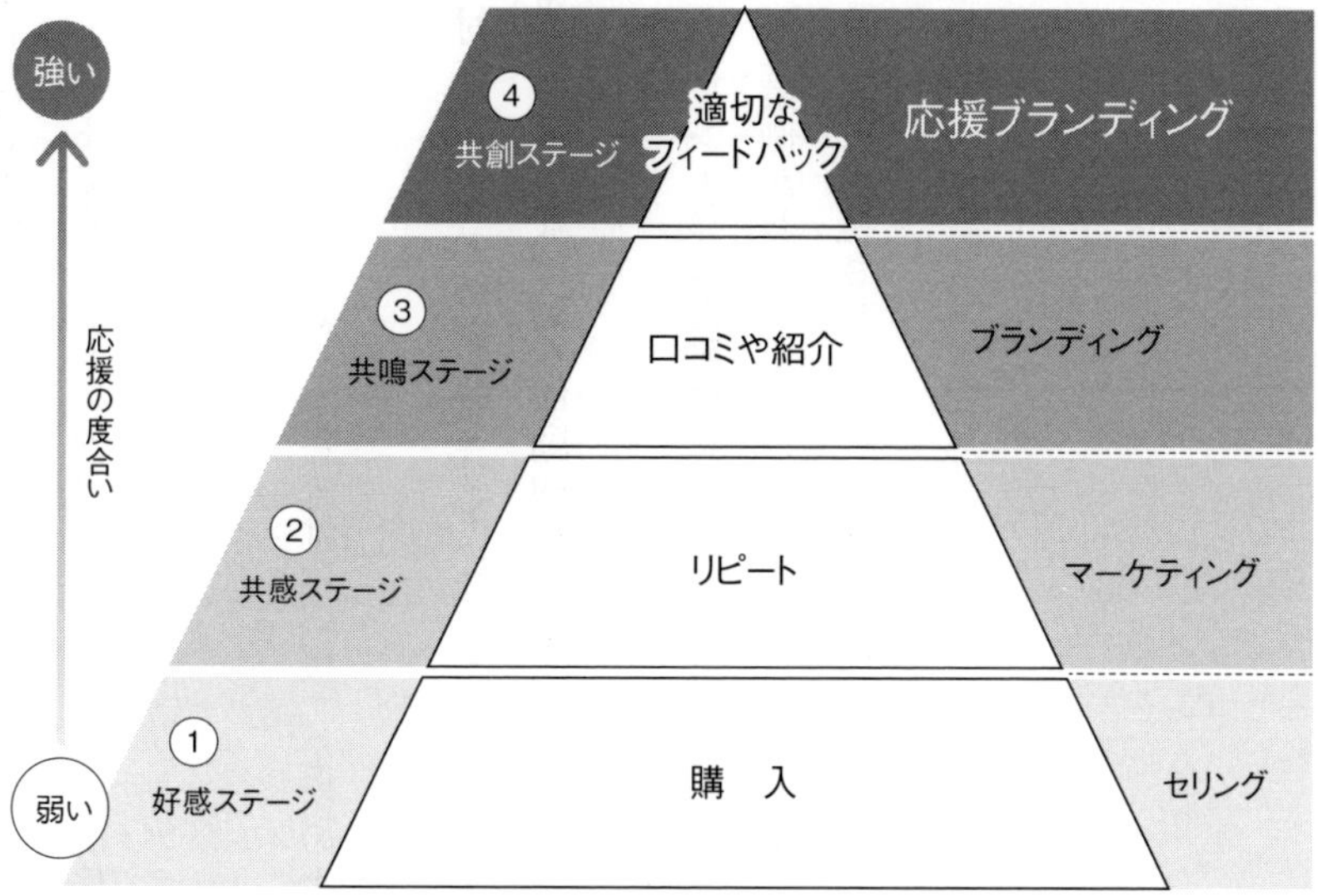

その次の階層②は、一度購入した商品やサービスを再び購入していただく【リピート】です。

リピートはその商品やサービスにある程度〝共感〟してもらわないと発生しないため、マーケティング（売るための仕組みづくり）が必要となってきます。

さらにひとつ上の階層③は、商品やサービスを購入した上で、ポジティブな意見をまわりに広めてくれる【口コミ】やまわりの人に対して積極的にすすめてくれる【紹介】です。

ちなみに口コミは、デジタル上でレビューを書いたり、リアルな場でまわりに口頭で伝えることも含まれます。

この階層まで上がると、その商品やサービスに対して〝共鳴〟していないと行動が生まれないため、ブランディングの領域に入ってきます。

そして一番上の階層④では、対象ブランドに対して改善点や評価、アイデアを伝えてくれるなどの**【適切なフィードバック】**が行なわれます。

ここまでくるとお客様自身がブランドの関係者という意識を持ち、ともに新たな価値を創るという〝共創〟の精神が生まれているため、応援ブランディングの領域となります。

これらを総合し、本書では「応援」を次のように定義します。

〝対象ブランドの商品やサービスを購入したり、口コミやまわりの人に紹介するなど、ブランドにとってポジティブな行動を能動的に起こすこと〟

ポイントは〝**能動的に**〟という部分にあります。

企業側がお願いするのではなく、お客様が自ら考え、ポジティブな行動を起こしてくれるようになることが真に応援されるということなのです。

ブランドを成長させてくれる応援の力

ブランドは自分たちの力だけで成長させるのではなく、お客様から応援されることでその成長速度を加速させることができます。

ここからは、なぜブランドがお客様から応援されることで成長するのか、また、お客様の応援はブランドにとってどのようなメリットがあるのかについて詳しくお伝えしていきます。

【応援してくれるお客様に集中することで利益率が高まる】

「応援されるブランド」と言うと、すべてのお客様に応援されているような印象を受けますが、実際に応援してくれる人の数は多くはありません。

いずれのブランドでも**最初はごく少人数の応援**から始まります。

人数は少なくても、売り上げなどの貢献ベースで分析すると、その大部分が応援してくれる人たちで占められていることが多いのです。

あなたはこんな話を聞いたことはありませんか？

「売り上げの80％は、20％の商品から生み出されている」
「成果の80％は、20％の社員が生み出している」
「成果の80％は、20％の業務時間で生み出されている」

これはイタリアの経済学者ヴィルフレド・パレートが発見した冪乗則《べきじょうそく》で、「80対20の法則」と呼ばれるものです。冪乗則と言うとわかりづらいので、ここでは経験則と表現します。

経験則とは、実際に起きていることから規則性を見出したことによって生まれたものですが、もちろんすべての現象において当てはまるものではありません。

ただ、こと顧客別の売上構成で考えると、多くの業種においてこの法則が当てはまります。

たとえば私で言うと、前職で70店舗以上の代理店を通して印刷事業を任されていましたが、その代理店の売上比率をデータ化したところ、売り上げ上位２割の代理店で全体の約７割の売り上げを上げていることがわかりました。80対20ではありませんが、おおよそ先の法則に近い数値に落ち着きます。

応援されるブランドを目指すということは、言葉を変えると、**売り上げ上位20％のお客様に寄り添うということです**。その人たちのブランドに対する満足度をさらに高めていくのです。

「新規客に販売するコストは、既存客に販売するコストの5倍かかる」というマーケティングの「1：5の法則」にもあるように、新規客に売るより、既存のお客様に再び購入してもらうほうが圧倒的なコスト削減につながり、その結果、利益率が自然と高まります。

さらにそのお客様は、すでにブランドのことを気に入って応援してくれている人です。

当然、**ひとりのお客様が企業にもたらす価値（売り上げ）の総量が増えます。**マーケティング用語で言うと、**Life Time Value（顧客生涯価値）が高まる**のです。

それだけではありません。あなたのブランドの売り上げを支えてくれているお客様に集中するということは、あなたのブランドの価値を一番理解してくれている人と密に接するということです。

つまり、あなたのブランドのことが好きな人たちにだけ力を注ぐのです。考えただけでもワクワクしてきませんか？

【応援は自然と広がっていく】

あなたの家族や親しくしている友人、趣味の仲間のことを少し思い浮かべてみてください。

考え方や価値観など、あなたと共通している部分はありませんか？

実際に私がビジネスやプライベートで仲良くしている人たちを思い浮かべてみると、まるっきり価値観が違ったり、まったく共通点のない人はいませんでした。

そもそも価値観が異なる人や共通点のない人と、仲良くなる機会は少ないですよね。

お互いに共感できるものや通じるものがある人が自然と集まり、仲間をつくることを**「類は友を呼ぶ」**、**近年は略して「類友《るいとも》」**と言ったりします。

考え方や価値観の近い人が集まる「類友」は、ソーシャルネットワーク研究でも「人間は同じような属性を持った人とつながりやすい」ということが証明されています。

実はこの「類友」、よく考えてみると自然に起こりやすい現象です。

たとえば、家族の場合だと物理的に一緒に過ごす時間が長いため、基本的な考え方や価値観が似てくることが多いと思います。とくに物事の善悪など倫理的な面で言うと、両親の影響を受けている人が多いのではないでしょうか。

次に学生時代にできた友人について考えてみましょう。

とくに専門性の高い学校の場合、同じような夢を目指していることが多いため、自然と仲良くなることが多いと思います。かくいう私自身も、デザイン系の学校へ進学したため、グラフィックデザインの仕事に就いている友人が多くいます。

それだけでなく、同じ仕事をしていたり、同じ趣味や同じ遊び、生活スタイルが似た人たちは自然と引き寄せ合います。これはスピリチュアルな話ではなく、単に人は共通点のある人と仲良くなりやすいですし、そもそも生活スタイルが似た人たちとは物理的に出会いやすいのです。

また、**私たちは自分と価値観が似た近しい人たちの声を信頼**します。

たとえば、次の3つのなかで一番購入する確率が高いのは誰からでしょうか？　ちなみにAという商品は同じ内容だと仮定してください。

・初めて会った営業マンから、Ａという商品をすすめられた
・顔見知りから、Ａという商品をすすめられた
・家族や親しい友人から、Ａという商品をすすめられた

おそらく購入する確率がもっとも高いのは、家族や親しい友人からのおすすめですよね。

もちろん家族や友人は信頼できるということもありますが、そもそも自分と価値観が近いため、すすめられた商品やサービスがマッチする可能性が高いのです。さらに家族や友人は接する機会が多いため、すすめられる機会も多くなります。

加えて「類友」は、考え方や価値観が似た人が集まるだけでなく、生活レベルが近い人が集まる傾向もあります。

たとえば、高校や大学時代の友人であれば偏差値で区切られていますし、同じ職場であれば給与水準は同じ、お金のかかる趣味でつながっているのであれば、否応なしに生活レベルが関係してきます。

つまり、ブランドを応援してくれる人は**価値観の近い人に声を届けてくれるだけでなく、自分と同じ生活レベルの人に絞ってくれている可能性が高い**のです。

【応援されることでモチベーションが維持できる】

まわりから応援されて嫌な気持ちになる人は少ないと思います。たいていの人は応援されることで、うれしくなったりモチベーションが高まるのではないでしょうか。

モチベーションを日本語に訳すと、何かの行動をする時に意欲となる動機付けのこと。ひと言で言うと**「やる気」**です。

やる気は、**「内発的なやる気」と「外発的なやる気」**に分解することができます。

まず、「内発的なやる気」とは、文字通り自分の内から湧き上がる意欲のこと。たとえば、明確な目標や働きがいを自らが持つことでやる気を維持することができます。

「外発的なやる気」とは、自分以外の他者からの刺激によってやる気が保たれるというもの。たとえば、給与のアップや昇進、人から褒められることなどにより、やる気が維持されます。

一般的に「外発的なやる気」は、自分にとっての損得が明確なため、短期的な成果が得やすい反面、長期的なモチベーションの維持にはつながりにくいと言われています。それに対し「内発的なやる気」は、自分自身が目標を持って行動することにより欲求が満たされるため、モチベーションが長期的に維持されやすい傾向にあります。

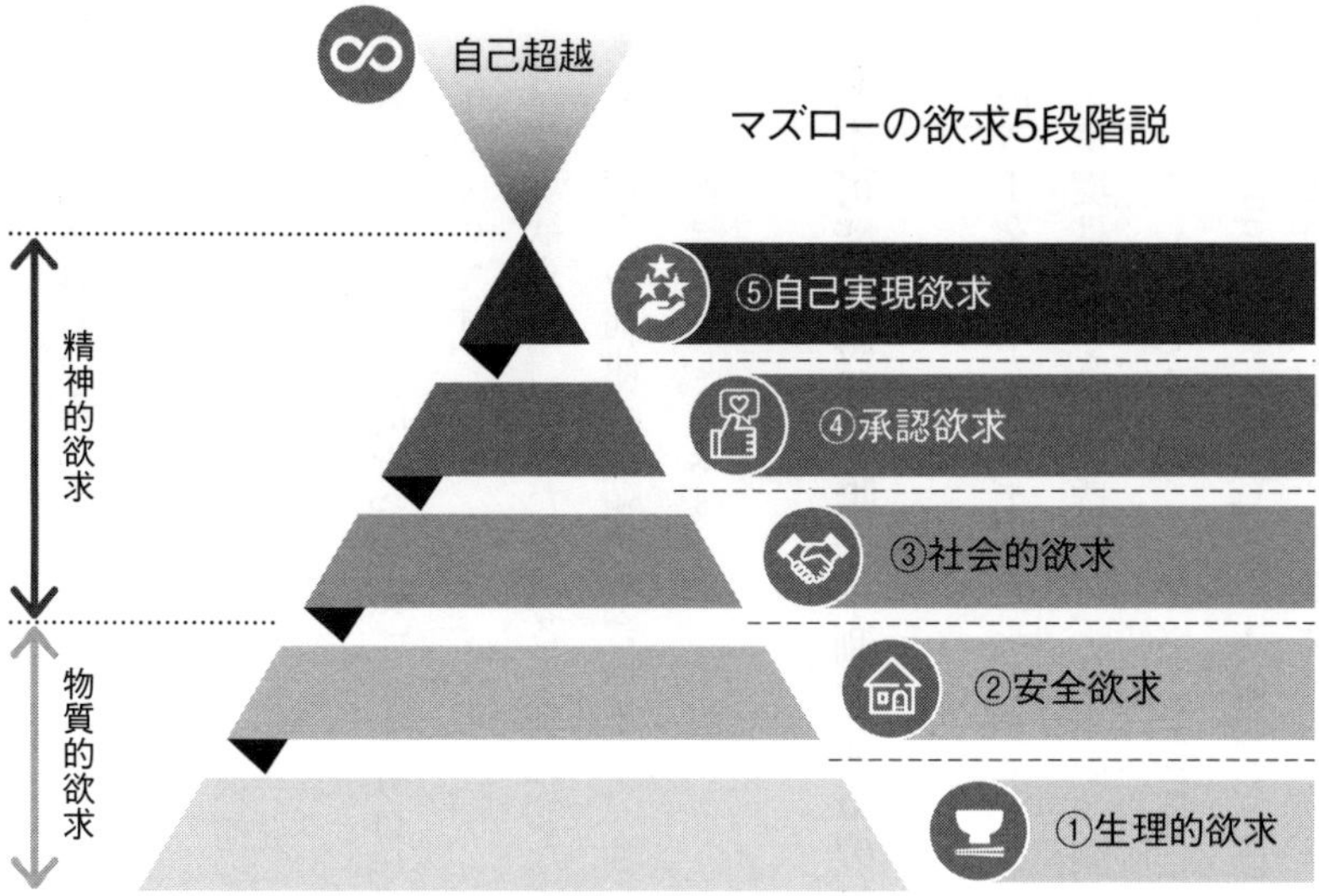

ただし、「内発的なやる気」は、その人自身が気付かないといけないため、外部から高めることは非常に困難だと言われています。実際のところ、従業員の「内発的なやる気」を高めるのに苦労されている経営者も多いのではないでしょうか？

実は、応援には**「外発的なやる気」から「内発的なやる気」を導き出す力がある**のです。

上の図をご覧ください。これは人間の欲求を5つの階層に分けて説明した心理学理論「マズローの欲求5段階説」です。

「外発的なやる気」は、他者から認められたいという④の承認欲求に当てはまります。

一方、「内発的なやる気」は、自分にしかできないことを成し遂げたいという⑤の自己実現欲求です。

まず、自分たちのブランドがお客様から応援されることで、他者から認められたいという④の承認欲求が満たされていきます。

しかも応援されるということは、ただ認められているのではなく、**お客様から必要とされている状態、いわば信頼されている**のです。

そのような状態になることで、「外発的なやる気」が自然と高まり、自分のことを信頼してくれるお客様に対して、「自分にしかできないことは何だろうか」と考え始めます。

それこそが「内発的なやる気」の入り口であり、そこを突き進んでいくと⑤の自己実現欲求へとつながっていくのです。

自己実現欲求は、字面だけ見ると利己的な印象を受けますが、本来の意味は自分の願望を実現することであり、個人の利他的な願望も含みます。さらに自己実現欲求が満たされると、それらを超えた自己超越欲求へと高まっていきます。

【予測不可能な時代で唯一予測できるのは応援の力】

生成AIを始めとするデジタルテクノロジーの進化や消費者ニーズの多様化など、私たちを取り巻くビジネス環境は先行きが不透明で、将来の予測が困難な時代に突入しています。

いわゆるVUCA（ブーカ。「Volatility（変動性）」、「Uncertainty（不確実性）」、「Complexity（複雑性）」、「Ambiguity（曖昧性）」）と呼ばれる時代です。

そんななか、**唯一予測できるのが〝応援の力〟**です。

２０２１年のコロナ禍、朝日新聞の「天声人語」に次のような記事がありました。


ＪＲ三鷹駅（東京）から歩いて5分。雑居ビルの地下1階に「中華そば みたか」はある。10人も座れば満席の小さなラーメン店だ。

全国の飲食店と同じくコロナという強い逆風にさらされた。

最大の試練は春と夏に出された緊急事態宣言で、お酒を出せなくなったこと。

いわゆるラーメン居酒屋で、夜になれば客たちはビールを楽しむ。

宣言下で1日7ケース分あった注文が消え、客足も遠のいた。

「自分で3代目。経営して12年目ですが、売り上げが半減するのは初めてでした」と店主の橋本重光さん(40)。

支えは常連客だった。

「ビールの代わりに」と、あえてサイダーやノンアルコールビールを注文して助けてくれる人。

「店がなくなったら困る」と毎回お釣りを受け取らない人もいた。

お土産用の麺を買って帰る客も絶えない。

橋本さんは「コロナ下で人情の連鎖が心に染みました」と話す。

２０２１年12月27日付　朝日新聞朝刊より一部抜粋

このラーメン居酒屋さんだけでなく、コロナ禍では全国で同じような応援消費が行なわれたと思います。私も少額ながら、地元で立ち上がった飲食店を応援するクラウドファンディングで支援をさせていただきました。

この応援消費という行為は、言葉を変えると左ページの図にある**「イミ消費」**と言えます。消費者のニーズは「モノからコト」「コトからトキ」、そして時代は消費することに対してイミ（意味）まで考えるようになりました。

イミ消費は、社会的意義のある活動を応援するという意味もありますが、もっとシンプルに**「自分にとって大きなイミ（意味）を持つブランドだから応援する」**ということでもあります。

先程の新聞記事にもありましたが、そのお店がなくなったら自分が困るのです。好きなブランドが苦境に立たされていれば応援する。これは予測するまでもなく、人としてもっともシンプルで当たり前の行動ではないでしょうか。

ブランドが苦境に陥っていなくても応援する心は同じです。

自分にとって大きなイミ（意味）を持つブランドだから、購入（消費）というカタチで応援したり、まわりに紹介したり、ブランドが脱線しそうになっている時には苦言を呈したり、適切なフィードバックをしたりします。

そのようなイミ（意味）をブランドに付加することが、応援されるブランドにとっては必要不可欠な要素であり、その**イミを持ったブランドこそが応援され、愛され、そして選ばれ続ける**のです。

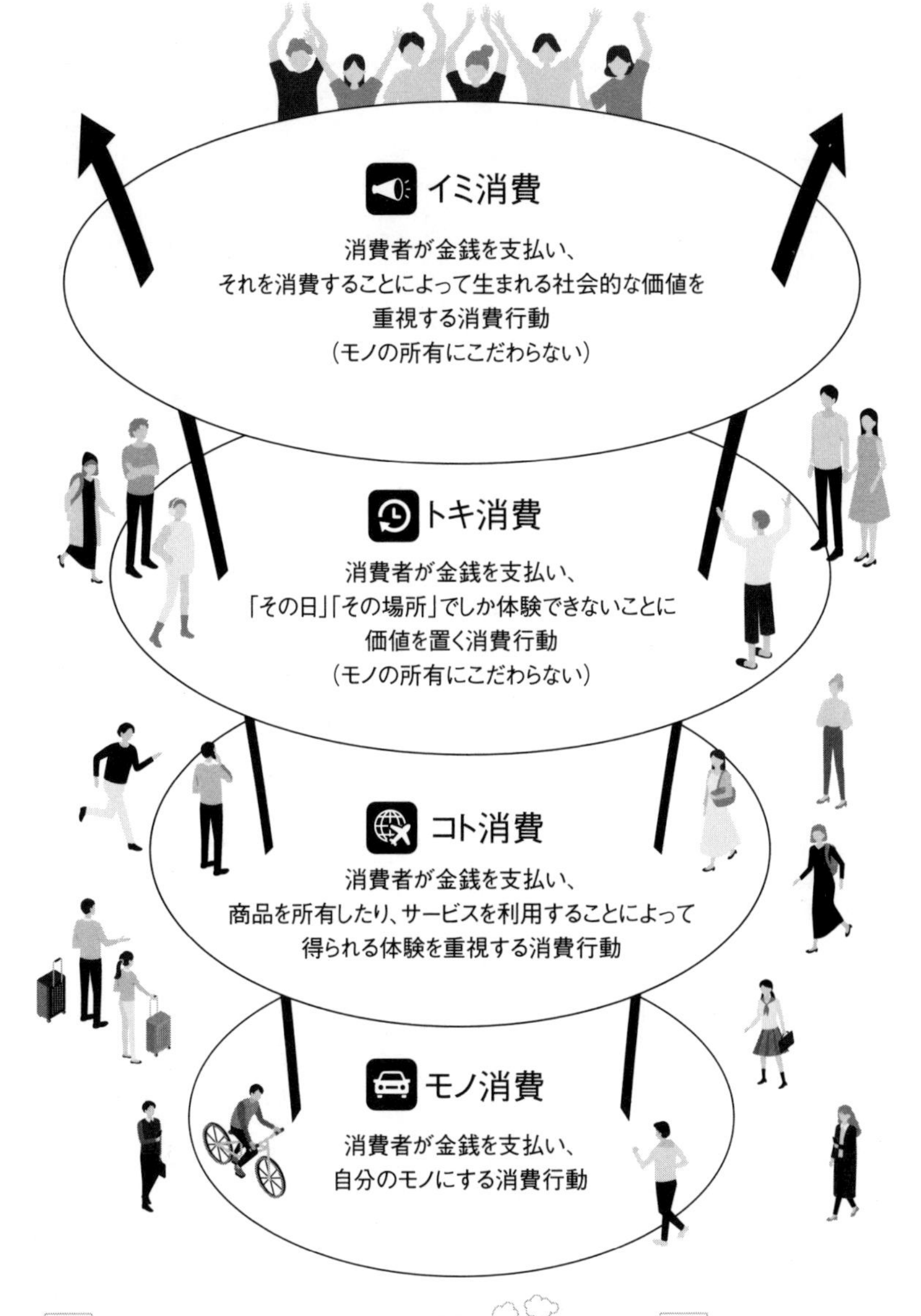
イミ消費
消費者が金銭を支払い、
それを消費することによって生まれる社会的な価値を
重視する消費行動
（モノの所有にこだわらない）
トキ消費
消費者が金銭を支払い、
「その日」「その場所」でしか体験できないことに
価値を置く消費行動
（モノの所有にこだわらない）
コト消費
消費者が金銭を支払い、
商品を所有したり、サービスを利用することによって
得られる体験を重視する消費行動
モノ消費
消費者が金銭を支払い、
自分のモノにする消費行動

【お客様の声に耳を傾け、ブランドの価値を進化させる】

ブランドと言うと、一度決めたことを変えずに続けているというイメージを持っている人が多いのではないでしょうか?

とくに伝統あるブランドに対しては、そのような印象を持っている人が多いと思います。

実はブランドには、**変えてはいけないもの(不易《ふえき》)と変えていくもの(流行)**があります。

たとえば、室町時代後期から5世紀にわたり続いている和菓子の名店・虎屋の場合、「本当に美味しいものを誠実につくること。一生懸命に和菓子を極めること。それ以外に変えてはいけないものはない」と断じています。

それを証明するかのごとく、1980年にはフランス・パリへ出店、2003年には新業態の「TORAYA CAFE(トラヤカフェ)」を六本木ヒルズに出店するなど、伝統企業にもかかわらず革新的なことにチャレンジしています。

〝不易〟はブランドの核となるもの。**「なぜ、自分たちのブランドは存在しているのか」というブランドの使命**です。ここは絶対に変えてはいけません。もしも簡単に変えられるようなもの、あるいは変えても違和感がないものであれば、それはブランドの使命ではない可能性があります。

一方〝流行〟は、時代の変化とともに変えていかなくてはいけません。

たとえば、皮革製品やアクセサリーなどを扱うフランスの高級ブランドであるエルメスは、１８３７年の創設時、馬車の鞍などを製作していました。当時の交通手段は馬車であり、さらにブルジョワ階級にとって馬車に贅をこらして飾ることは格別なステイタス・シンボルだったのです。

その後、交通手段が馬車から車へ変わり、これからは小旅行が流行ると予測した後のエルメス3代目エミール・エルメスは、旅行にも使えるサック・オータクロアと呼ばれる鞍入れ鞄（ケリーバッグの原型）の製作を始めます。

徐々に鞍よりも鞍入れ鞄の注文が多くなってきたこともあり、エミールは鞍づくりから鞄づくりへシフトすることを、兄である2代目のアドルフ・エルメスに提言しました。しかし、馬具職人としての誇りを持つアドルフはそれを拒み、引退してしまうのです。

その後3代目を継いだエミールは、女性たちが外で働くようになってモノの価値が変わってきたことを知ります。

そこからエルメスは鞄やハンドバッグ、財布づくりを始め、馬具専門店から脱却し、時代の大きな波を乗り越えることができたのです。

エルメスはいまでも馬具をつくっていますが、それだけに固執して変化を拒んでいたとすれば、現在のような成長を遂げていなかったでしょう。

いまや消費者のニーズは複雑かつ多様化しており、小さな会社では的確なニーズをキャッチすることは困難です。

そんな時には、エルメスのように**市場（お客様）の声に耳を傾けることで、時代にフィットしたニーズを読み取り、ブランドの価値を進化**していくことができます。

さらに応援されるブランドであれば、お客様からブランドのことを考えた適切なフィードバックを受け取ることもできます。そして、そのフィードバックをブランド側が受け入れることで、そのお客様は前にも増して応援してくれるようになるでしょう。

応援してくれるお客様からフィードバックをいただき、それを元にブランドの価値を進化させることで、さらなる応援が生まれる。

これこそが応援がもたらす好循環なのです。

事例　お客様の声から新たな価値を生み出すレストラン「La Paix」

お客様の声に耳を傾けるという文脈において、知っておいていただきたいブランドがあります。そのブランドとは、東京・日本橋からフランス料理で日本らしさを世界に発信するミシュラン一つ星のフレンチレストラン「La Paix（ラペ）」です。

La Paixとはフランス語で〝平和〟という意味。同店では、心を込めたサービスでフレンチの楽しさを伝え、穏やかな心を持って、人と人との温かなつながりを大切にされています。

そんなラペからは、お客様の声に耳を傾けたことによって生まれた共創の事例をお伝えします。

●お客様からの要望と生産者の悩みを解決するために生み出したスペシャリテコース

同店のオーナーシェフを務める松本一平さんは、東京・六本木にあるフレンチレストラン「ヴァンサン」で5年間修業した後、単身でベルギーへ渡り、ミシュラン一つ星レストラン「レッソンシェル」で研鑽を積みます。帰国後、東京・四番町の「オーグードゥジュール」のスーシェフとしてお店の立ち上げから関わり、その2年後に姉妹店となる「オーグードゥジュール・メルヴェイユ」のシェフに抜擢され、10年間で日本橋の名店に育て上げました。

現在の「ラペ」メンバー（左から３人目がオーナーシェフの松本さん）

そして２０１４年10月、「日本・調和・心・つながり・五感」という5つのフィロソフィーをコンセプトとした「ラペ」をオープン。たちまち東京でもっとも予約が取れないモダンフレンチとして有名になります。また、２０１８年にはミシュランガイドで一つ星を獲得。以降は星を維持するだけでなく、２０２２年にはサステナビリティを積極的に推進するレストランに付与されるミシュランのグリーンスターも獲得されました。

そんなラペの特長とも言えるのが、季節のスペシャリテコースです。

通常のフレンチレストランでは、シェフのおまかせコースがほとんどですが、ラペでは苺づくし、鮎づくし、栗ときのこづくしなど、季節ごとに食材のテーマを決めたコース料理を提供しています。なかでも7～9月にかけて提供する桃づくしコースは、「夏と言えばラペの桃コース」とファンから予約が殺到するほど絶大な人気を誇るスペシャリテコースです。

そんな桃づくしのコースはオーグードゥジュール・メルヴェイユ時代、「桃づくしのコースを食べたいので、一度つくってくれないか？」とお客様からリクエストされたことから生まれました。

通常、シェフのおまかせコースがあるため、一般的にはそういうリクエストはただのわがままと捉えられ、受け入れないシェフが多いそうです。

しかし、松本さんは自分自身への挑戦だと考え、お客様からのリクエストに応えて「おいしい」と言わせたいと思い、桃づくしコースに取り組みました。そして、そのコースをリクエストしたお客様から高い評価をいただいたそうです。

「そんなに喜んでいただけたのであれば、ぜひ他のお客様にも食べてもらいたい」と考え、試験的にコースとして出したところ、瞬く間に評判に。そういう背景もあり、夏のスペシャリテコースとして検討し始めた時、以前相談されたある桃農家のことを思い出したそうです。

その農家は、虫やモグラ、野生動物がいる自然な環境をつくり、それらをうまく循環させることによって、味のよい桃をつくれる栽培方法を編み出し、そのやり方を広めていました。ただ、それだと自然が生み出すものなので、形の悪い桃がたくさん出てしまうそうです。

味はよくても形が悪いので農協には出荷できず、それらの桃はすべて廃棄しているという話を思い出した松本さんは、その農家の桃を使った「桃づくしコース」を提供することを決めました。

形の悪い桃でも、スープにしたり、ピューレにしたり、コンポートにするなど、加工して料理のコースとして組み合わせれば、それらの料理で使う桃の全量を買い取れるので、農家も桃を廃棄せずに済み、フードロス防止につながります。ちなみに、当時はまだフードロスという言葉は、一般的ではありませんでした。

松本さんはフードロスに取り組もうと思ってやったわけではなく、たまたまお客様からの要望と目の前にいる生産者さんの悩みを聞き、意義のある桃を生産しているのであれば何とかして力になりたいと思い、取り入れただけでした。

お客様からの要望と生産者さんの悩みを解決するために創り出したコース料理が、いまではお店の名物コースとなり、フードロスの減少という社会的価値まで生み出しました。それがサステナビリティの取り組みとして評価され、ミシュランのグリーンスターとして認められたのです。

●コロナ禍を乗り切ったステークホルダーとの共創

2018年にミシュランの一つ星を獲得した後も、順調に成長を続けるラペに新型コロナの流行という試練が訪れます。2020年3月頃から徐々にキャンセルの連絡が入り始め、「どこまで続くんだろう……」と松本さんは不安に駆られる日々を過ごしたそうです。

そんな時、普段取引をしている生産者の方から贈り物が届きます。

その箱のなかには「出荷がみんなキャンセルになったので、ラペの皆さんで食べてください」というお手紙が添えられていました。そこで松本さんは、はっと気付きます。

「自分たちは注文を止めることができるが、生産者さんは自然が相手なので、野菜や肉が育っていくのを止めることはできないじゃないか」と。

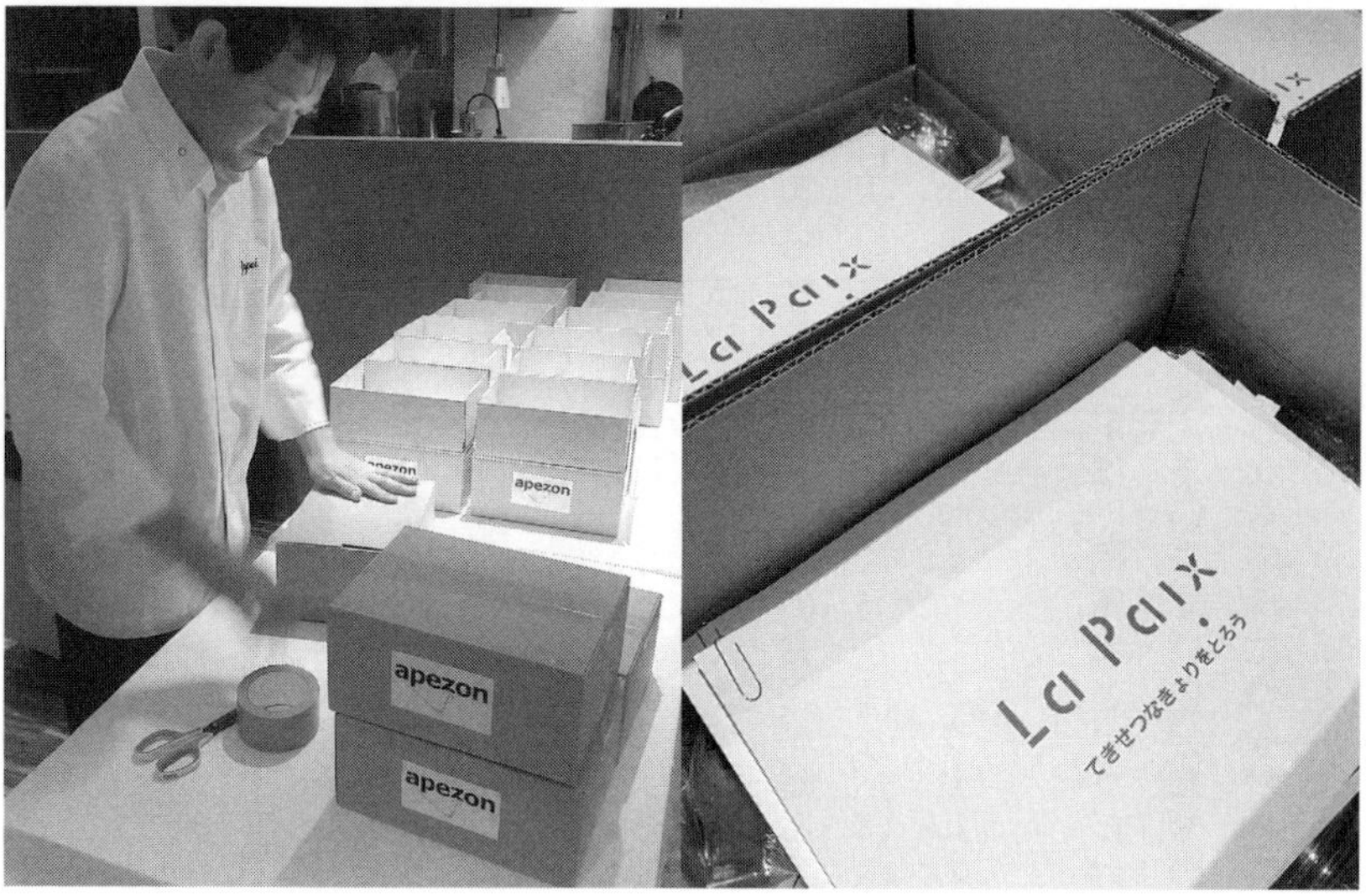

「お楽しみラペボックス」の配送前

そこから自分たちと生産者さん、そしてお客様の全員が幸せになれるような道はないのかを考え、思い付いたのが、「ご自宅でラペのコースを楽しんでいただけるセットをつくり、それをお客様へ配送する」というものでした。

それがコロナ禍を乗り切った「お楽しみラペボックス」です。

これをつくることで、生産者さんから少しでも食材を仕入れることができます。また、ラペボックスを買われたお客様から生産者さんへ直接注文が入ればと考え、その料理で使った食材を直接買えるＱＲコードを付け、コロナ禍をみんなで乗り切ろうとしたのです。

このように、応援されるブランドは自社だけの利益ではなく、ステークホルダーすべてがＷＩＮになる方法を考えるのです。それにより自社ブランドに大きな信用残高を築くことができます。

結果、１セット２万円のラペボックスは週１００

セットずつ注文が入るようになり、月の売り上げを損益のラインまで回復することができ、ラペと取引先はコロナ禍を乗り切ることができました。

また、感動するのは同業者への対応です。

当時はどの飲食店も大変な時期であり、ラペボックスがうまくいっていることを知ると、同業者から「どうやってやってるんですか?」とよく相談されたそうです。

そんな時、松本さんは配送のやり方などを教えるだけでなく、管理していたフォーマットのデータを「コピペして使ってくれていいですよ」と言って渡していました。

その理由を松本さんに伺うと、次のように話されました。

「他のレストランも、生産者さんとのつながりがあるじゃないですか。なので、うちと同じようにコースの配送をやってくれたら、そのお店が頼んでいる生産者さんも活性化するかなと思ったんです。それであれば少しでも早く始めてもらったほうがいいので、私たちがつくったフォーマットごとお渡ししました。ですので、当時はうちでつくったエクセルのデータがかなり出まわっていたと思います(笑)」

応援されるブランドは、同業者というだけですべてを競合と考えるのではなく、時には同じ業界を盛り上げる仲間として捉えています。自分たちのことだけでなく、業界全体を考える姿勢がまわりに伝わることで、顧客からのさらなる応援につながっているのではないでしょうか。

「ブランド」「ブランディング」の定義

それでは、ここからブランドの話に移ります。まずは、ブランドという言葉の語源から始め、ブランド、ブランディングの定義をわかりやすく説明していきます。

【応援されるブランドは経営者が燃えないとつくれない】

ブランドという言葉は、古い北欧の言葉で焼き印を意味する「Brandr（ブランドル）」が語源とされています。もともとは放牧していた牛などの家畜に焼き印を押し、「この牛は自分のもの」という所有権を表わしていました。その後、「私が育てました」という生産者の識別になり、いまでは「肉質が違います」という競合との差別化を表わす意味合いを持っています。

しかし、私は応援されるブランドという文脈においては、もうひとつの語源である**「burn」（燃える）**が相応しいと考えています。

なぜなら、**応援されるブランドは経営者の心が燃えないとつくれない**からです。

応援されるブランドになるまでには年単位の時間がかかります。しかもブランディングにはゴールがなく、事業が続く限り継続して取り組んでいかなくてはなりません。

そのためには、まず経営者が覚悟を決めること。

すなわち経営者自身の心を燃やさなくてはいけないのです。経営者が燃えると、その炎は従業員たちの心に火をつけ、自然とお客様にまで燃え広がっていきます。


そして**燃える炎のイメージは、クールさと熱さが混在する〝青い炎〟**です。

炎は温度の高さによって色が変化します。赤色がもっとも低く約1500度、黄色は約3500度、白は約6500度、そして青い炎は約10000度と変化していくのです。

なぜ、青い炎なのかというと、応援されるブランドを牽引する経営者には、時に相反する二面性が求められるからです。

- **熱量が高く、冷静さもある**
- **ロマンチストであり、リアリストでもある**
- **楽観的であり、悲観的でもある**

大きくは論語とソロバンをバランスよく舵取りすることです。

江戸時代後期の農政家・二宮尊徳翁（二宮金次郎）は、相反する二面性のバランスを取る大切さを次のような言葉で表現しています。

〝道徳なき経済は犯罪であり、経済なき道徳は寝言である〟

道徳だけでビジネスを継続することは困難ですし、逆に道徳がなくお金儲けだけを突き詰めると空虚なビジネスになり下がります。

応援されるブランドは、社会に対してのサステナビリティ（持続可能性）だけでなく、自社ブランドのサステナビリティ（しっかりと利益を出して事業を持続させる）という両翼で、ビジネスという大海原を飛び続けなくてはいけないのです。

【本書におけるブランドの定義】

あなたは「ブランド」と聞いて、何を思い浮かべますか？

ルイ・ヴィトンやグッチというようなブランド名そのものを思い浮かべられた方、あるいは「ブランドは信頼だ」と言う方、また、「ブランドはファンづくりだ」と言う方など、人によって様々なキーワードが出てきたと思います。

こういう横文字には基本的に正解・不正解はありませんので、いまあなたがお持ちの解釈やブランドに対する定義があれば、それはあなたにとっての正解です。

しかし、「ブランドはルイ・ヴィトンだ」と言う方と「ブランドはファンづくりだ」と言う方が同じテーブルでブランドについて話したとしても、話が噛み合うことはありません。

— ブランドの定義 —

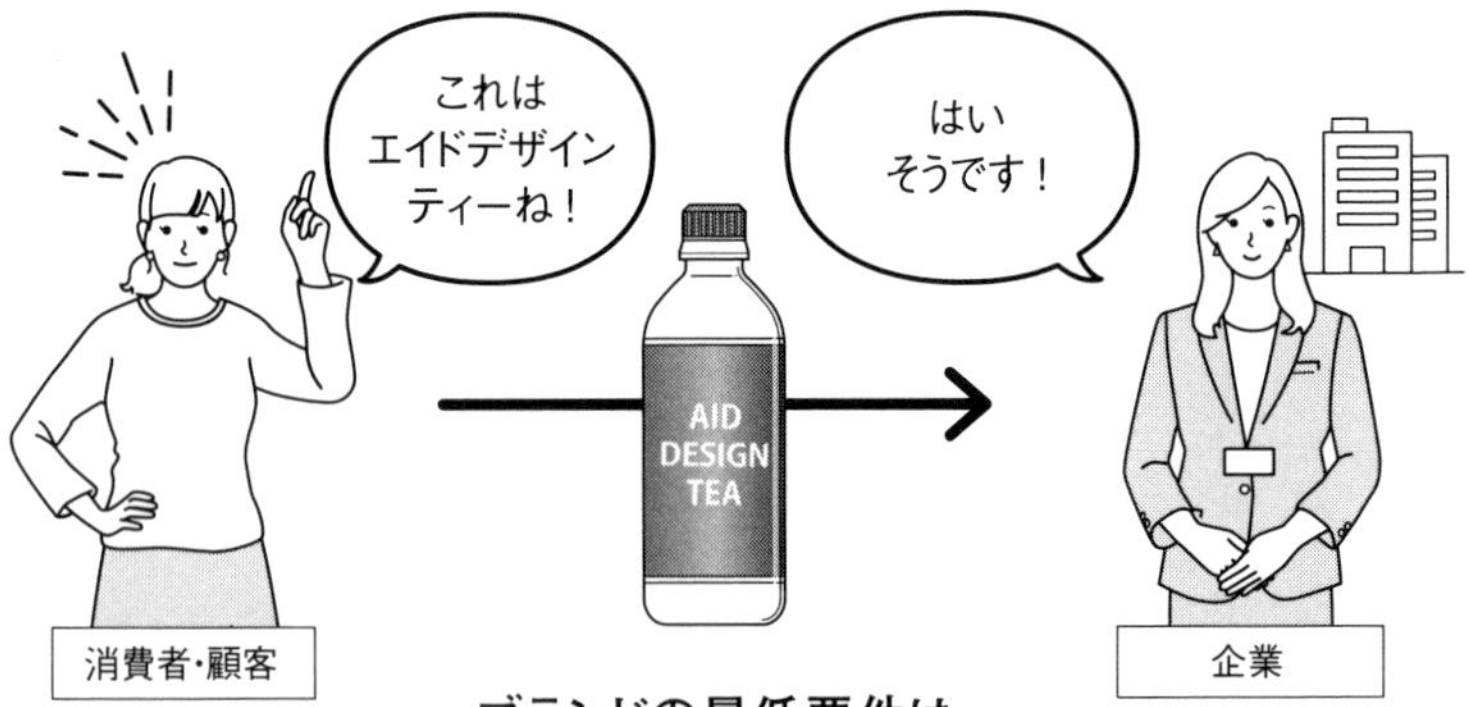
これは
エイドデザイン
ティーね！
はい
そうです！
AID
DESIGN
TEA
消費者・顧客
企業

ブランドの最低要件は
消費者・顧客から見て識別されているもの

出典：（一財）ブランド・マネージャー認定協会

そのため、ここからは本書におけるブランドとブランディング、そして応援ブランディングの定義を順にお伝えしていきます。

ちなみにブランドとブランディングについては、私がトレーナーとして所属する一般財団法人ブランド・マネージャー認定協会による定義を引用しています。

この協会は「ブランディングで日本を元気に」というミッションを掲げる実践コミュニティであり、日本で唯一ブランディングを体系的に学べる機関です。

では、まずブランドの定義から始めます。

ブランドと呼ばれるための最低要件は、**「お客様から見て識別されているもの」**です。

上の図をご覧ください。識別とは、種類や性質などを見分けること。簡単に言うと、対象のブランドを見て「ああ、これは〇〇ね！」というようにブランド名を知っている状態を表わします。

たとえば、ここに「エイドデザインティー」というお茶があったとします。

もし仮にあなたがこのお茶のことを識別できるのであれば、「エイドデザインティー」はあなたにとってブランドということです。

でも、ここで次のような疑問が湧いてこないでしょうか？

「ブランドって、品質の高さや有名無名というのも関係してくるんじゃないの？」

その通りです。実はブランドには**【状態】**というものがあります。

おそらくあなたが「エイドデザインティー」を見たのは、いまが初めてだと思います。このお茶に初めて触れたいまの状態が**【ブランドゼロ】**、まだブランドにはなっていない状態です。

そこから試しにこの「エイドデザインティー」を飲んでみたとします。

味がすごくおいしかっただけでなく、飲み続けるとなぜか自社のブランディングがうまくいくようになっていきました。それをまわりの経営者仲間に話したことで、「エイドデザインティー」はみるみるうちにビジネス界で広まっていきます。そして「エイドデザインティー」を飲んだ人たちのブランディングがうまくいくようになると、評判はうなぎのぼりになり、たちまち有名なブランドになりました。

このような状態になることを**【ブランドプラス】**と言います。

そうなれば次ページの図のように、「待ってでも欲しい」「少々高くても買いたい」、お店であれば「もう一度行きたい」となりますよね。

― ブランドの状態 ―

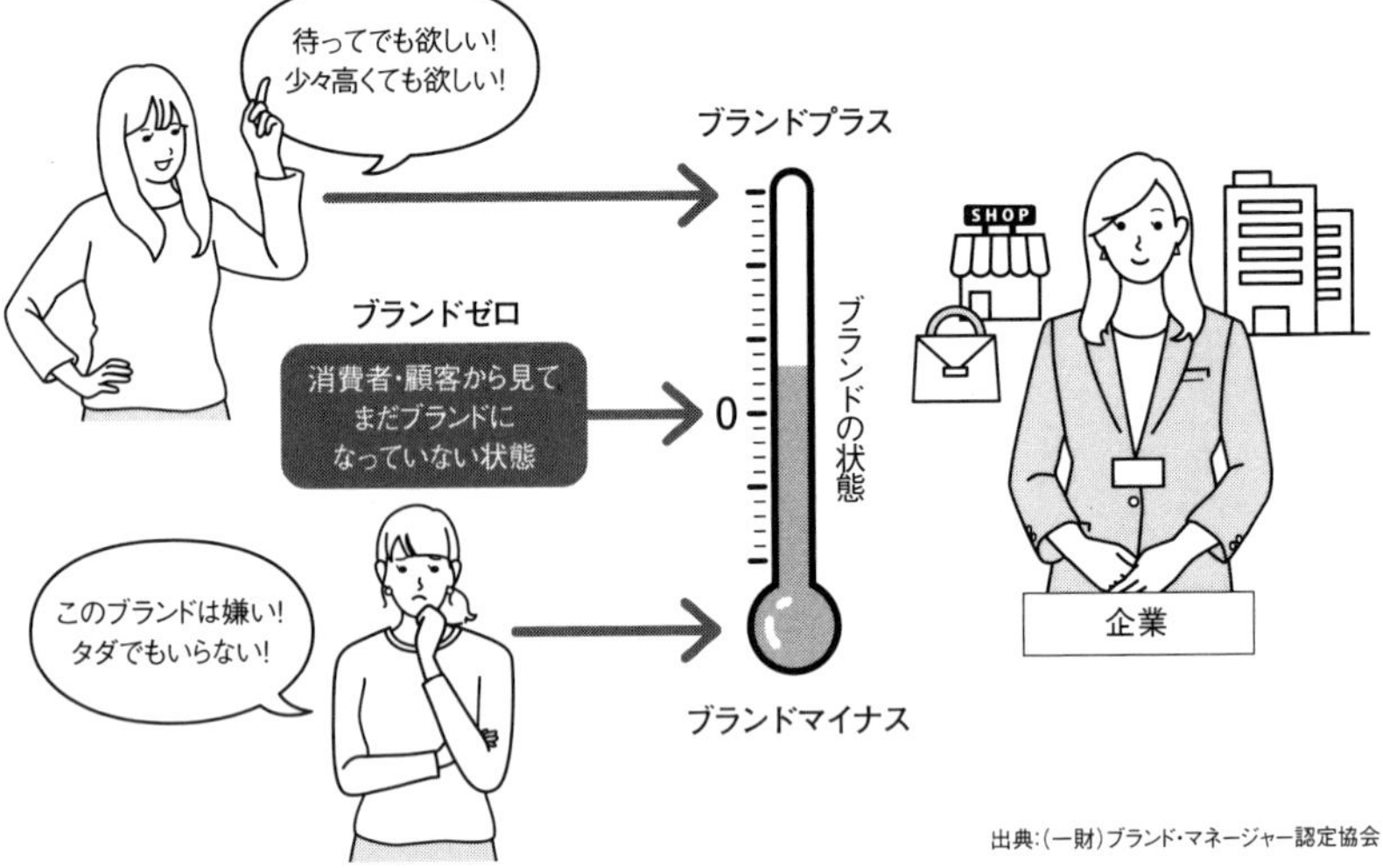
待ってでも欲しい！
少々高くても欲しい！
ブランドプラス
ブランドゼロ
消費者・顧客から見て
まだブランドに
なっていない状態
0
ブランドの状態
このブランドは嫌い！
タダでもいらない！
ブランドマイナス
SHOP
企業

出典：(一財)ブランド・マネージャー認定協会

一方、プラスもあればマイナスもあるということで、ひとたびお客様の期待を裏切れば、そのブランドは一気にマイナスに陥ります。

これを**【ブランドマイナス】**と言います。実際に世の中を見渡せば、食品偽装やデータ改ざんなど、不正をする会社が後を絶ちません。

もし、あなたが信じていたブランドが、そのような不正行為を行なっていたとすればいかがでしょうか？　そんなブランドは嫌いになるだけでなく、買わなくなってしまい、下手すればタダでもいらないという状態になります。

このブランドマイナスが起こる原因はたったひとつ。それは**「この程度ならバレないだろう」というブランドに関わる人の驕りや慢心**です。

つまり、ブランドをマイナスに陥れるすべての原因は人。もう少し踏み込むと、経営者や社員などブランドに関わる社内の人間です。

ゆえに、経営者ひとりがブランドの重要性を理解していてもブランドをつくることはできません。ブランディングはブランドに関わる社内全体で取り組まないといけないのです。

最後にもうひとつ重要なポイントをお伝えします。

ブランドの状態は、プラスになれば「少々高くても買いたい」となり、マイナスになれば「タダでもいらない」というようにお客様の購買行動を左右します。

そのため、多くの経営者はブランドをプラスの状態にしようと、社外への活動に注力しがちになります。もちろんそれも大事なことですが、それと並行して**ブランドがマイナスの状態に陥らないよう社内をマネジメントすることも重要**です。

ブランドの状態をプラスにするには、社外と社内の両方を意識しないといけないことを押さえておいてください。

【本書におけるブランディングの定義】

お客様から識別されるだけでなく、先程のようなブランドプラスの状態にするためにはどうすればいいのでしょうか？

その答えこそがブランディングです。

ということで、ここからは本書におけるブランディングの定義についてお話させていただきます。

―ブランディングの定義―

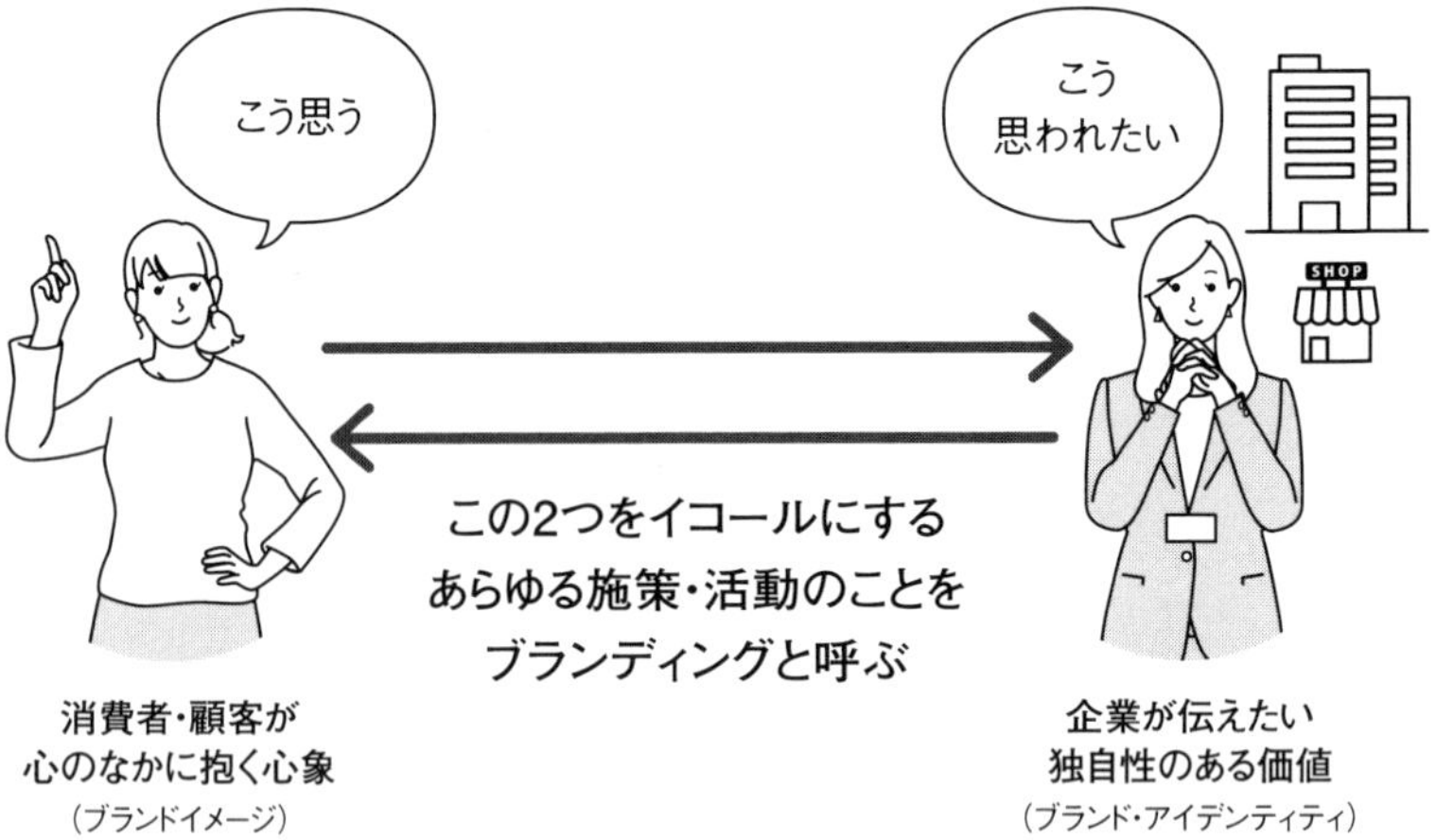
こう思う
こう
思われたい
SHOP
この2つをイコールにする
あらゆる施策・活動のことを
ブランディングと呼ぶ
消費者・顧客が
心のなかに抱く心象
（ブランドイメージ）
企業が伝えたい
独自性のある価値
（ブランド・アイデンティティ）

出典：（一財）ブランド・マネージャー認定協会

まずは上図の右側をご覧ください。ブランディングに必要なのは、企業が伝えたい独自性のある価値を言葉にしたブランド・アイデンティティです。

なぜ、独自性のある価値でないといけないのかというと、競合と同じ価値であれば比較されるのは価格だけになってしまうからです。

そのため、競合にはない自社独自の価値は何なのかを掘り下げ、それを言葉にしていきます。このブランド・アイデンティティを簡単に言うと、**私たちのブランドはお客様に「こう思われたい」**という意図を言葉にしたものです。

一方で、お客様（上図の左側）もそのブランドに対して何らかの心象を抱いています。これを**ブランドイメージ**と言います。ブランドイメージは簡単に言うと、**私はあのブランドのことを「こう思う」**です。

本書におけるブランディングの定義は、「ブランド側の『こう思われたい』とお客様側の『こう思う』を、イコールにするための活動」です。

では、ブランディングが成功すると、どのような状態になるのでしょうか？

いくつかの質問を通して、実際に体感していただきたいと思います。

たとえば、パーソナルトレーニングジム。たったこれだけの情報だと、意図したブランド名を思い浮かべてもらうことはできません。では、そこにこのような価値が備わるといかがでしょうか？

①「結果にコミットする」パーソナルトレーニングジムと言えば？

次は食べ物です。牛丼にこのような価値が備わると、あなたはどのブランドを思い浮かべますか？

②「うまい、やすい、はやい」牛丼と言えば？

最後はカフェです。次のような価値が備わったカフェというと、どのブランドを思い浮かべますか？

③「サードプレイス」のようなカフェと言えば？

ちなみにサードプレイスとは、「自宅（ファーストプレイス）」でもなく、「職場（セカンドプレイス）」でもなく、自分らしさを取り戻せる第三の居場所のことを表わす言葉です。

正解は、①**ライザップ**、②**吉野屋**、③**スターバックスコーヒー**となります。

すぐにピンときたブランドもあれば、「へ〜、そんな意味があったんだ」と初めて知ったブランドもあったのではないでしょうか？

それでいいのです。ここでお伝えしておきたいのは、ブランドが伝えたい価値は全員に響かなくてもいいということ。伝えたい価値をつくるのはブランド側ですが、価値はお客様が感じるもの。**自分たちのブランドが提供する価値を、価値として感じていただける人にだけ響けばいいのです。**

たとえば、次のような有機栽培の野菜を販売するとします。

「農薬や化学肥料を使わずに栽培しているので一部虫食いがありますが、小さなお子様にも安心して食べていただけます。ただ、手間暇がかかっているので、普通に売られている野菜の倍の価格です」

いかがでしょうか？

もし、あなたが有機栽培の野菜を欲しているのであれば、倍の価格を支払ってもいい価値に感じたかもしれませんが、それ以外の人にとっては「虫食いがある高い野菜」です。

仮に後者のような人に、価値が伝わらず販売した時には何が起こりそうでしょうか？

言うまでもなくクレームです。

そうならないためには、**自社ブランドの価値をしっかりと言語化した上で伝え続け、それを価値と感じる人に響かせ、価値に感じない人には離れてもらわないといけない**のです。

【応援ブランディングとは？】

ここまでの話を整理させていただきます。

まず、ブランドとは「消費者・顧客から識別されている状態」を表わします。

次にブランディングとは、「ただ識別されるのではなく、自分たちが思ってもらいたいイメージ通りに認知してもらうための活動」のこと。

そして応援とは、「対象ブランドの商品やサービスを購入したり、口コミやまわりの人に紹介するなどブランドにとってポジティブな行動を能動的に起こす」ことです。

よって、応援ブランディングは次のように定義されます。


〝正しい認知を獲得するだけでなく、自社ブランドに対してポジティブな行動を能動的に起こしてもらうための活動〟

ここで、応援ブランディングの話を進めていく前に、近い概念と思われる２つのマーケティング手法について触れさせてください。


ひとつは**「ファンマーケティング」**です。

これはファンにお金を使わせることによって、企業が利益を得るためのマーケティング手法のこと。ファンからお金を儲けることを目的とし、その手段としてファンを増やし売り上げ拡大を目指すファンマーケティングは、応援ブランディングと考え方が少し異なります。

応援ブランディングは、ステークホルダー（お客様、従業員、取引先など）から応援されるようなブランドをつくり、その人たちとともにブランドを育て、持続的に成長していけるブランドにするという考え方です。その結果、利益率が向上し売り上げも上がりますが、それらはあくまで結果であり、それだけを目的とはしていません。

もちろん、企業が儲けることは何も悪いことではないので、これは単に起点の違いと考えてください。

もうひとつは**「ファンベースマーケティング」**です。

これは、自社の商品やサービスに愛着を持ってくれるファンをベースに、中長期的に売り上げを増やしていくマーケティング手法のこと。コミュニケーションディレクターの佐藤尚之氏がつくられました。最初にお伝えしておくと、応援ブランディングとファンベースマーケティングは、基本的に目指す方向は同じです。

しかし、応援ブランディングでは、ブランドづくりの段階から応援されるためのエッセンス（要素）を組み込んでいきます。応援されるためには、どのようなエッセンスが必要なのか。ブランドが選ばれるための価値の掘り起こし方から、応援してもらうまでのプロセスを一から考えていくのです。

その他の違いで言うと、**応援ブランディングは中小企業を対象にしていること**があげられます。ファンベースマーケティングは、中小企業から大企業まで幅広く取り入れることができますが、応援ブランディングの対象は中小企業です。正直、大企業には向いていません。

その理由をひと言で言うと、応援ブランディングは**「属人的な要素」を否定しない**からです。

経営資源の限られた中小企業における一番の武器は人だと私は考えています。

なぜなら、ブランドをつくる段階においては、経営者の事業にかける想いやビジョンが必要ですし、ブランドを育てる段階においては従業員の力がないと成長しません。

応援ブランディングでは、そうした個人の力や魅力を十分に発揮することでブランドの価値を最大限に高めていきます。

個の力を拠り所にすることは、大企業にとってはマイナスかもしれませんが、人的リソースの限られた中小企業では大きな武器となります。

また、応援してくれるのはお客様だけではありません。

少し踏み込んで考えると、**従業員の家族、取引先、取引先の家族、地域社会、金融機関などもブランドのステークホルダーであり、すべての人がブランドの応援者**になり得ます。

だからこそ、応援ブランディングではあらゆるステークホルダーを大切にし、内部（社内）へのブランディング活動であるインターナルブランディングも重視しています。

むしろ内部へのブランディングを重視することこそが、応援ブランディングの特長であり、外部に向けたブランディングだけを行なうブランドとの大きな違いとなっているのです。

事例 内へのブランディングが外へつながる複合型書店「ウィー東城店《とうじょう》」

内部へのブランディング活動において、知っておいていただきたいブランドがあります。

そのブランドとは、広島と岡山の県境にある人口わずか7000人の小さな町に佇む「ウィー東城店」です。同店は、東京の代官山・蔦屋書店よりも早くに書店の複合化に成功し、その動向は書店業界のみならず他業種からも注目されています。

斜陽と言われる書店業界にもかかわらず、規模の大きさより〝会社をよりよくする〟という経営姿勢で業績を上げ、地域から応援されるウィー東城店からは、インターナルブランディングの本質を考える事例をお伝えします。

人生を変える言葉に出会った学生時代

一見、よくある郊外型書店に見えるウィー東城店。その敷地内には美容室やパン屋さん、コインランドリーなどが併設され、店内にはエステコーナーがあり、食料品も並べられています。

もともとは本店のある油木町（現・広島県神石《じんせき》高原町）から隣町の東城町へ出した支店がウィー東城店です。現本店である総商さとうの社長を務めている佐藤友則さんは、2001年から2022年まで同店の店長を務められていました。

佐藤さんは大学に入学したものの学業に身が入らず、「何か面白いバイトでもないかな」と思い、父親に相談したそうです。その時、父親の経営者仲間である愛知県の書店チェーン「いまじん」の近藤秀二社長にすすめられたのが、松下政経塾で塾頭をされていた上甲晃《じょうこうあきら》氏が主宰する青年塾です。そこは志のある市井の人を育てるための私塾で、集まっているのは社会人ばかりでした。

学生は佐藤さんを含めて3人だけという状態のなか、格好いい大人の姿をまざまざと見せつけられ、毎回感動して泣いていたそうです。その後、青年塾の仲間から塩屋一角《いっかく》氏が主宰する「いちえん会」に誘われ、人生を変えたある言葉と出会います。

「人は明るいところに行きたがるんですよね。だから私はしんどい人とか、助けて欲しいと思う人に寄り添いたいんです」

これは塩屋氏に相談に来た方に向けて話された言葉でしたが、20年以上経ったいまでもその時の光景と言葉が佐藤さんの脳裏に焼き付いているそうです。

それから大学の授業には出るようになったものの、入学時に履修の仕方を聞いていなかったため、単位が足りず留年が確定。その後、両親に相談の上、大学を中退することになりました。

本屋は何を足しても受け入れてくれる

そこから、先の近藤秀二社長に相談し、愛知県の書店チェーン「いまじん」での修業が始まります。

自由闊達な社風のいまじんでは、働く人がみんないきいきとしていて、お店の雰囲気がすごくよいことに驚きます。そのような職場で修業することで、「働く人はどうすれば、いきいきするのか」ということを佐藤さんはこの時に学びます。

そんな折り、父親から電話が入ります。その内容は「店長と社員が全員辞めるので、帰ってきてくれないか」という緊迫したものでした。

その2ヶ月後に実家へ戻りお店に入ったところ、業績は赤字にもかかわらず、棚にあるすべての引き出しに在庫の本がびっしり入っていたそうです。在庫はお金と同じなので、日中は棚の整理をし、閉店後は深夜までひたすら返本作業をするということを繰り返しました。

入社してから5年間は人の3倍働いて、とにかく毎日が必死な時期だったと佐藤さんは言います。

そんななか、お客様のお困り事を解決するために始めた年賀状の宛名印刷を機に、状況がプラスに転じていきます。売り上げを上げたくてお困り事に応えたのではなく、お客様に寄り添った結果が転換点を生み出したのです。

この経験から、本屋が何を足してもお客様は受け入れてくれるという確信めいたものが生まれました。

しかし、スタッフの育成は挫折の連続でした。

自分と同じレベルの仕事をスタッフに求めたため、最初の頃に入った社員の男性は2人とも1年程度で辞めていきました。もう人を雇うのは無理なのかなと思っていた時、お店でアルバイトをしていた女の子の妹（Sさん）のことで、お母さんから電話が入ります。その内容は、「Sが高校に行けず、毎日家にいるのでお店で何とかもらえないか？」という切実なものでした。

このSさんと出会ってから、佐藤さんの人への教え方がガラリと変わります。というのも、Sさんはレジに立っているだけで一生懸命という感じの子。あまりに自分と違い過ぎたため、努力を促すとか工夫を求めるとかそういう領域でなく、自分から歩み寄っていく以外に選択肢がなかったのです。

また、Sさんを見ていると、自分の理想を押し付けようという考えは起きなかったと言います。その時、佐藤さんは人を育てるには、その人の心に寄り添うしか解決方法はないということを悟ります。試されていたのはSさんではなく、佐藤さんだったのです。

● 数字ではなく、〝よりよく〟を指標にすると業績が自然と上がる

そして少しずつ成長していくSさんの姿を目の当たりにすることで、ウィー東城店には引きこもりを経験した人たちが集まり、働くようになります。

そこでも佐藤さんは、「昨日より1個だけでOK。1個だけでいいから頑張ろうな」と言い続け、自然とそれがスタッフに浸透し、そこから「会社をよりよくしていきたい」考えにつながっていきました。

順調に人が育っていくなか、佐藤さんに新たな試練が訪れます。

それは、ウィー東城店が全国に先駆けて書店の複合化に成功したことで、全国の書店からトークイベントに呼ばれ、佐藤さんが店を離れることが多くなっていったことです。

それにつれて、スタッフの負担が次第に増えていきました。その時の心境を佐藤さんはこう語ります。

「僕としては、店のなかでも外でも一生懸命に頑張っていたつもりですが、店で働くみんなからすると、僕がまわりからチヤホヤされて舞い上がっているように見えていたのでしょう」

ウィー東城店の店内にて（左から妹尾さん、大谷さん、佐藤さん）

Sさんと化粧品の担当者に辞めると言われ、佐藤さんは「自分が変わらないといけない」と強く感じたそうです。

そこから10年間、佐藤さんは人育てに力を注ぎ、2022年には店長を任せられる人材が育ちます。

また、スタッフの妹尾《せお》さんはAmazonのマーケットプレイスを使い、アメリカで本を年間4000万円売るようにまで成長しました。

ちなみに、店長を任された大谷さんとAmazonで4000万円売り上げる妹尾さんは、ともに引きこもりの経験者です。

この2人だけでなく、ウィー東城店で働くスタッフの多くは引きこもりを経験した人たちです。引きこもる人たちは、元来やさしくて繊細。そのやさしさ、繊細さゆえに誰よりも多感で、学校に行けなくなりました。

しかし、彼ら彼女らに寄り添うと「学校に行けない」のではなく、「学校に行かない」という、集団から外れる勇気ある決断をしたということに佐藤さんは気付きます。

その多感な才能がウィー東城店という土壌のなかで花を開き、実を結び、そしてブランドが応援されていく。インターナル（社内）のブランディングの強さが、エクスターナル（社外）のブランディングにつながっているのです。

ウィー東城店では不思議な光景を目にすることができます。それは、スタッフがお客様に「ありがとうございます」と挨拶をすると、ほとんどのお客様が笑顔で振り返るのです。

佐藤さんはこう言います。

「挨拶ひとつとっても、耳に届くだけ、耳と目に届く、そして心に届くの3段階があるんです。そして、挨拶がお客様の心に届いた時、その人は必ず振り返ってくれます。そのレベルの挨拶を常に意識していこうね、とみんなに言っているんです」

ウィー東城店では、挨拶ひとつにしても、「なぜ」というところから丁寧に説明し、全員がそれを実践しています。人を変えるのは難しい、というより人は変えられません。変えられるのは自分だけ。自分自身が「なぜ」という目的に心から納得し、それが腑に落ちた時に行動が変わります。

ウィー東城店のブランドの強さは、どんなに忙しくても、「なぜ、それをするのか」という価値観教育を丁寧に行なっていること。そして「寄り添うという姿勢」をお客様だけでなく従業員に対しても行なっていることなのです。

ブランディングでよくある3つの間違い

ブランディングは、効果を実感できるまで時間がかかる中長期的な施策です。そのため誤った活動をしてしまうと、いつまで経ってもその効果が現われず、ブランディング活動そのものをあきらめてしまう会社も少なくありません。

ここではまず、ブランディングでよくある3つの間違いを押さえておいてください。

【①かっこいいロゴをつくることがブランディングではない】

ブランディングの相談でよくいただくのが、「ロゴをつくりたい」とか「ホームページを刷新したい」という依頼です。

ブランディングのことをあまり理解されていない方からは、「○○（大企業）みたいな格好いいロゴをつくりたい」とか「△△（こちらも大企業）みたいなデザインにホームページを変えたい」というようなオーダーをいただくのですが、そのまま聞き入れてそれらをつくってしまうと、数年後、確実につくり直さないといけなくなります。

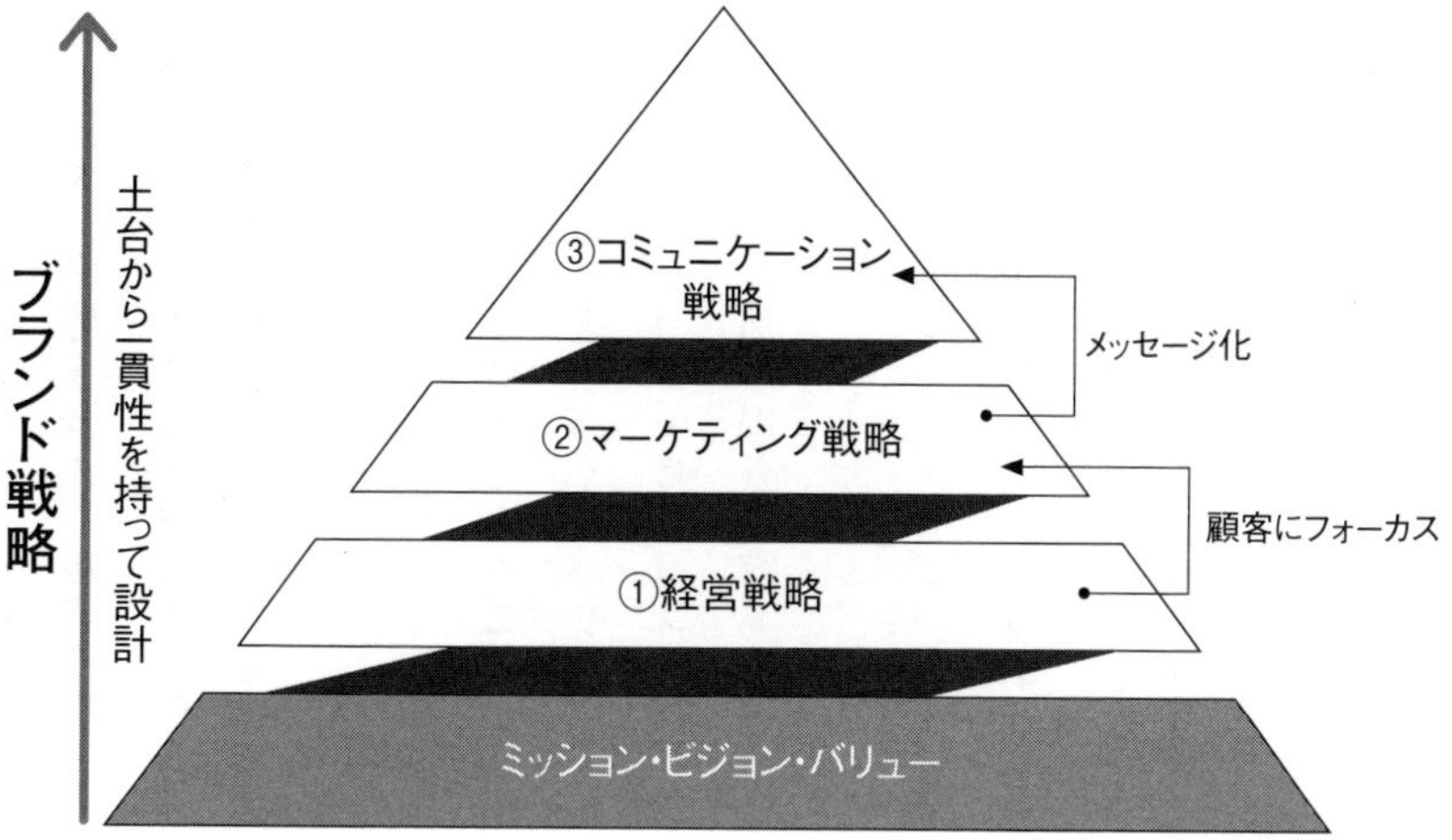

〈戦略ピラミッド図〉

出典：(一財)ブランド・マネージャー認定協会

そんなもったいない失敗をしないために、ここではまずブランド戦略の全体像からお伝えします。

上の図をご覧ください。これは戦略ピラミッド図と呼ばれるものです。流れとしては下から上に向かって各戦略が派生しています。

まず、すべての土台になっているのが一番下にある**【ミッション・ビジョン・バリュー】**と呼ばれるもの。

ミッションは日本語で言うと「使命」、ビジョンは「未来」、バリューはミッションとビジョンにたどり着くための「価値観」です。

ミッションは経営理念と同じ意味で使われたり、経営理念のほうが上位概念になっている会社もありますが、応援されるブランドづくりではミッション・ビジョン・バリューを戦略の土台として考えていきます。

もし、経営理念やパーパス（企業の存在意義）をミッションと同じ意味合いで捉えているのであれば、そちらで代用していただいても問題ありません。

たとえば、有名な企業では次のようなミッションを掲げています。

・服を変え、常識を変え、世界を変えていく（株式会社ファーストリテーリング）
・一人ひとりに想像を超えるDelightを（株式会社DeNA）
・あらゆる価値を循環させ、あらゆる人の可能性を広げる（株式会社メルカリ）

ミッションは自分たちを鼓舞するフレーズであるものの、ファーストリテーリングやDeNA、メルカリのように抽象的な概念であることが特徴です。また、ビジョンも数値で表わせない未来を表現する時には抽象的になることが多く、バリューも目には見えない価値観を定義します。

ゆえに、ミッション・ビジョン・バリューだけを見て、具体的なブランディング施策に落とし込むことは、解釈の余地があり過ぎて容易ではありません。

そのため、ミッション・ビジョン・バリューをベースに、ヒト、モノ、カネ、情報という限られた経営資源を、どの市場に対して投下すれば自社ブランドが成長するのかを考えます。それが先程の図の2階層目にある**【①経営戦略】**です。

そして、その経営戦略を顧客にフォーカスして考えたのが次の階層の**【②マーケティング戦略】**、さらにそれをメッセージ化したものが最後の階層である**【③コミュニケーション戦略】**となります。

冒頭のロゴやホームページの話は、各戦略の最終層であるコミュニケーション戦略の一部です。しかし、多くの広告会社やデザイン会社はこの部分だけを切り取って、ブランド戦略と呼んでいます。

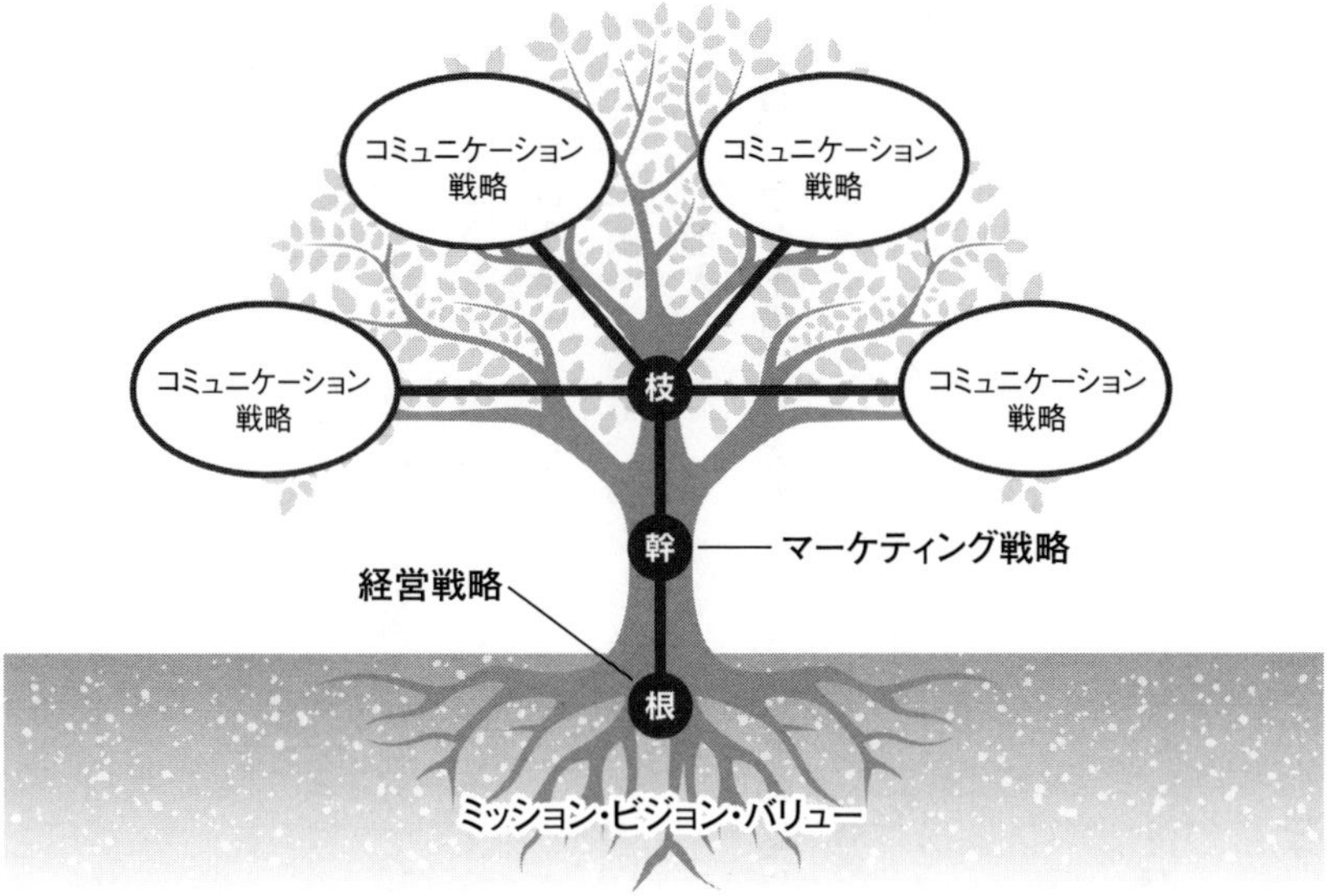

なぜだと思いますか？

理由は簡単です。ブランド戦略のなかで唯一、外部から見ることができるのが、コミュニケーション戦略だからです（基本的に、経営戦略やマーケティング戦略を公表している会社はありません）。

「ブランド戦略」はコミュニケーション戦略だけでなく、ミッション・ビジョン・バリューという土台を具体化させた経営戦略とマーケティング戦略を総称したものです。

もちろん、コミュニケーション戦略はブランド戦略の一部に違いはありませんが、それはあくまでブランド戦略の枝葉であり、ブランドという樹を支える土壌にはミッション・ビジョン・バリューがあり、その根っこに経営戦略、幹にマーケティング戦略があってこそはじめて成り立つ戦略なのです。

さらにこれらの戦略は、ミッション・ビジョン・バリューから一貫して設計しないといけません。

たとえば、ミッションで「環境を守ることが自社ブランドの使命」と掲げているにもかかわらず、お客様へメッセージを届けるコミュニケーション戦略において、環境に負荷をかけるような施策を行なっていたとすればどうでしょうか？

おそらくお客様は、言行一致していないコミュニケーションに違和感を感じると思います。

また、そのようなミッションを掲げる会社のロゴであれば、グリーンを基調にしたやさしげなデザインが相応しいですが、経営者や担当者の好みで制作を進めると、環境とは無縁のデザインを採用してしまう可能性もあります。ブランドの世界観を伝えるのであれば、ミッションから一貫性のあるデザインにしなくてはいけません。

これが本項の冒頭で言った「数年後、確実につくり直さないといけなくなる」という理由です。

〝仏造って魂入れず〟

一見ブランド風に見えたとしても、各戦略に一貫性がなければ、それはブランド戦略ではありません。

コミュニケーション戦略では、大企業が発信しているデザインを真似るのではなく、自分たちの内から湧き出る想い（ミッション・ビジョン・バリュー）を起点としたデザインにすることで、中長期的に使い続けられるのです。

【②とにかく知名度を上げればいい……は大きな間違い】

ブランディングを進める際、「とくかく知名度を上げたい」という方が一定数いらっしゃいます。

知名度とは文字通り、企業や商品、サービス、人などの「名前」が知られている度合いのことを表わしたもの。もちろん、ブランドのことを知ってもらわなければ選ばれることは絶対にないので、知名度は上げなくてはいけません。

お酢を使用せず、柚子やスダチなどの果樹だけをブレンドした「ヒロポン酢」という高級生ポン酢があります。製造販売している株式会社ＨＥＲＯ（大阪府大阪市）は、就労支援施設も運営しており、障がいを持つ人たちにゼロからモノをつくることで働く喜びを感じ、自信をつけてもらいたいという想いからこの商品をつくったそうです。

また、そのような社会的な価値だけではありません。ヒロポン酢に含まれる「ゆこう」という果樹には肥満抑制効果もあり、機能的な価値も兼ね備えた素晴らしい商品で、実際に私も取り寄せて試食しましたが、スッキリと味わい深いポン酢に感動しました。

私がこのブランドのことを知ったのは知人から、「かなり攻めたＣＭ（YouTube 動画）を見たのですが、これはブランディングとして正解でしょうか？」と質問されたのがきっかけです。

そのＣＭではタレントの田代まさしさんが出演していて、ヒロポン酢とヒロポン（戦時中に薬局で販売されていた覚醒剤）をかけて、コミカルに商品を説明していました。

ＣＭの内容には賛否両論あると思いますが、これは**ブランドの知名度を上げるための活動**です。

事実、動画再生回数は22万回を超えており、５００件以上のコメントが寄せられています。そのなかには、「お鍋がシャブシャブだったら最高でしたね」や「この会社の目の付け所にセンスを感じる」など、盛り上がりを見せていました。知名度を獲得するためには大成功のCMだと思います。

ただ、**応援されるブランドになるためには、知名度だけではなく、認知度を上げることも意識**してください。認知度とは、名前だけではなく、それがどういうものであるのかを知っている度合いのこと。ブランディングでは、知名度とともに認知度も高めなくてはいけないのです。

なぜなら、名前は知っていても、それがどういうブランドなのかを深く知らないことには、応援されることはもとより、再購入されることすら難しいからです。とくにハイエンド（高価格帯）商品を目指すのであれば、ここは十分に注意する必要があります。

私はヒロポン酢のCMを見て、名前こそ強烈に記憶に残ったものの、この商品が備え持つ素晴らしい価値まで理解することはできませんでした。つまり、名前を知られているという知名度だけでは十分ではなく、ブランディングでは、自分たちはどのような価値を提供しているブランドなのか、誰に向けてのブランドなのかという〝認知度〟も同時に高める必要があるのです。

さらに応援ブランディングにおいては、**自分たちはどういう想いでこの事業に取り組んでいるのかも合わせて伝える**必要があります。

もちろん、知名度を一気に上げてから、認知度を高めていくという方法もあります。それが**「サザンオールスターズ戦略」**です。

この戦略は、星野リゾート代表の星野佳路《よしはる》氏が日経クロストレンドで語られていました。ちなみにサザンオールスターズとは、あの有名なロックバンド、サザンのことです。

サザンは「勝手にシンドバッド」というデビュー曲で一躍有名になりましたが、実はその歌詞の内容は曲名にまったく関係ありません。

では、なぜそのような曲名にしたかというと、サザンがデビューする前年に沢田研二さんの「勝手にしやがれ」と、ピンク・レディーの「渚のシンドバッド」が大ヒットしていたからだそうです。人気のあった2つの歌をかけ合わせた曲名で、サザンは一気に知名度を上げていきました。そしてその後、「いとしのエリー」という名曲をリリースし、サザンオールスターズというブランドの認知度を高めていったのです。

おそらくヒロポン酢は、こちらを目指したマーケティング戦略を立てたのでしょう。

知名度と認知度をじっくりと丁寧に上げていく方法と、知名度を一気に上げた後に認知度を獲得する方法。どちらが正解、不正解ということはありませんが、後者のほうが圧倒的に難易度が高くなります。なぜなら、最初に付いたイメージを払拭できる強烈なブランディング施策(サザンの場合だと「いとしのエリー」という楽曲)が求められるからです。

また、**炎上と拡散は紙一重**です。

ヒロポン酢やサザンオールスターズのように、うまく拡散して知名度が上がれば次の認知ステップに進めますが、炎上してしまうとその時点でブランドが終焉する可能性すらあります。

「悪名は無名に勝る」という言葉もありますが、応援されるブランドづくりにおいては、まったく当てはまりません。応援ブランディングでは、知名度と認知度をじっくりと丁寧に上げていくことをおすすめします。

【③ブランドは自分たちのものではなく、お客様のもの】

ブランドをつくる上で押さえておいていただきたいのが、ブランドは自分たちのものではない、ということです。

「ブランドをつくったのも育てたのも、自分たちなのになぜ?」と思われるかもしれません。

これは、ブランディングの定義を思い出していただくとわかりやすいでしょう。

左ページの図をご覧ください。

ブランディングとは、企業側の「こう思われたい」と、お客様の「こう思う」をイコールにするための活動と定義しました。そのために必要なのが、企業側の「こう思われたい」を言語化したブランド・アイデンティティです。

そして、そのブランド・アイデンティティに沿って、ブランド名やロゴ、ブランドの基調色、パッケージなどを設計していきます。

これらはブランドを識別するための最小単位のものであり、**「ブランド要素」**と呼ばれるものです。

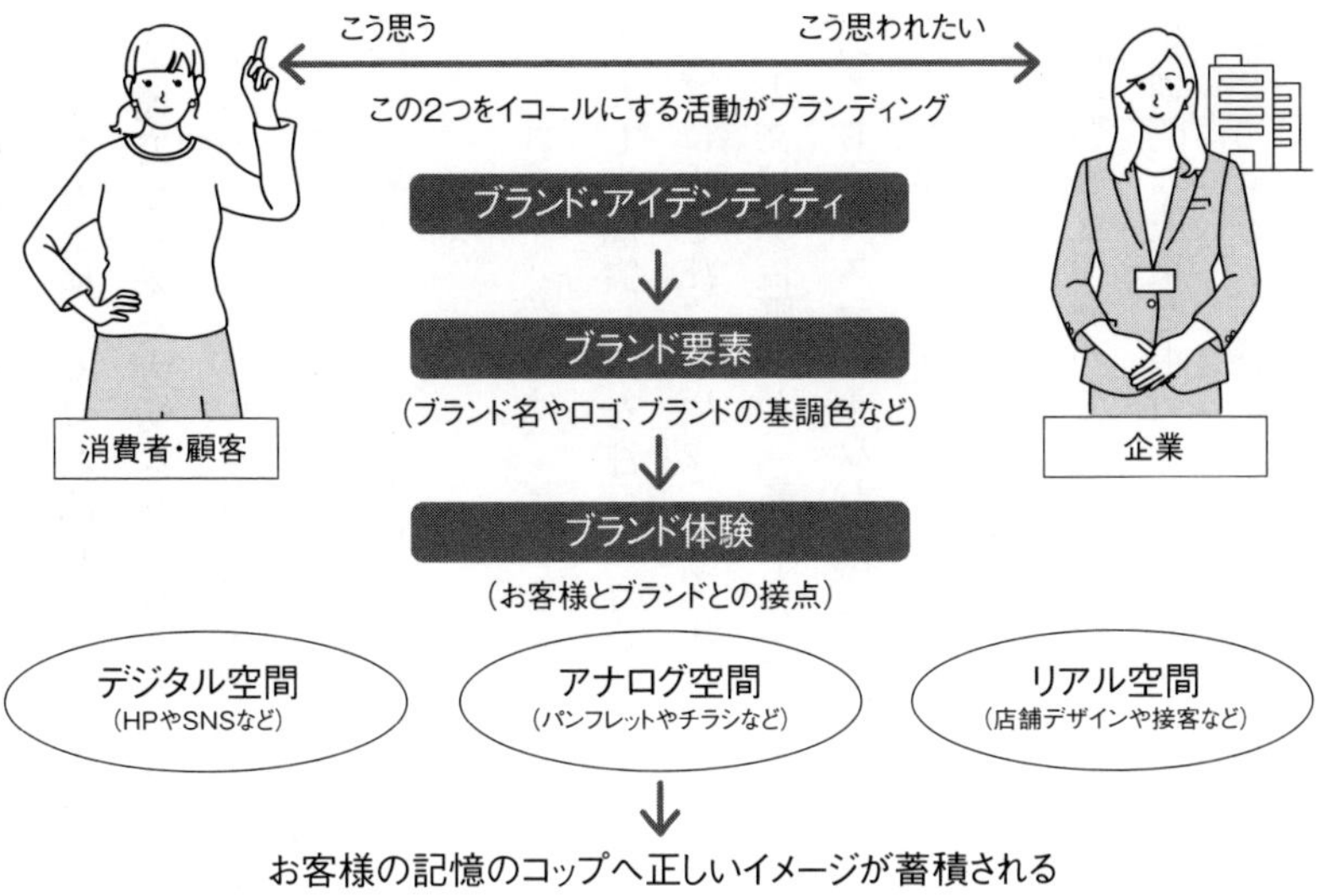

これらの要素を使い、お客様との接点を設計していきます。その接点において、ブランドの世界観を伝える体験のことを**「ブランド体験」**と呼びます（ブランド要素とブランド体験の詳細は第５章の２４８ページ）。

ブランド体験は、ホームページやＳＮＳなどのデジタル空間、パンフレットやチラシなどのアナログ空間、店舗デザインや接客などのリアル空間において、ブランドの世界観を表現するものです。

そして、お客様はそれらのブランド体験に触れることで、自身の心のなかにある記憶のコップに水を貯めていきます。

このコップは無数にあり、たとえば「飲食店」というような大きな括りではなく、「和食」「中華」「フレンチ」「ファストフード」など、細かく分類されているイメージです。

たとえば、あなたがランチを食べに出かけるとします。

①自分ひとりでさっと短時間で食べたい
②友だちとゆっくりお話ししながら食べたい
③遠方から来た大切なお客様をもてなしたい

おそらく、①〜③のそれぞれで異なるお店を思い浮かべたのではないでしょうか？

仮に友だちとランチを食べるのであれば、その友だちはどのような食べ物が好きなのか、あるいは苦手なのかを考えていくと、お店の候補はさらに分類されていきます。

ブランディングとは、言葉を変えると〝**お客様の記憶のコップに水を注いでいく活動**〟です。

ただし、闇雲に水を注いでも意味がありません。注意していただきたいのが、ブランド側が意図したコップに水を注ぐということです。

たとえば、吉野屋が「高級な牛丼」という記憶のコップに水を注いだとすればいかがでしょうか？

おそらくミスマッチなお客様が集まると思います。注ぐべきなのは「うまくて、安くて、早く提供してくれる牛丼」という記憶のコップです。

また、記憶のコップは一つひとつのグラスが独立しているため、毎回バラバラのコップに水を注いでいては、いつまで経ってもお客様の記憶に定着することはありません。

短期的な成果を求めるマーケティング施策であれば、キャンペーンごとに伝えるメッセージを変えることがあります。刺激的な言葉を使えば選ばれる可能性は高まりますが、特定の記憶のコップには水は貯まりません。

ゆえに記憶に定着せず、必要になった時に思い出されないため、中長期的に選ばれ続けないのです。

注ぐべき記憶のコップを特定するのに必要なのが、ブランド・アイデンティティです。

ブランド・アイデンティティを策定した後は、それを体現するブランド要素をつくり、それらを含めたお客様との接点であるブランド体験を設計していけば、自然と注ぐべき記憶のコップに水が貯まっていきます。

ブランディングは、お客様の頭のなかに自社ブランドが意図したイメージを根付かせる活動です。

では、そのイメージはどこにあるのでしょうか？

それは間違いなく、**お客様の心のなか**です。

ブランドをつくり、育てるのはあなたですが、ブランドはお客様の心のなかに存在します。

言葉を変えると、**ブランドはお客様の心のなかに資産化されている**のです。

事例 高い次元でブランディングを実践する人形工房「ふらここ」

高い次元でブランディングを実践するブランドをご紹介します。

東京・日本橋でオリジナルブランドによる可愛い赤ちゃん顔の雛人形、五月人形、ブライダル人形の企画から制作、販売までを手がける人形工房「ふらここ」です。

代表取締役の原英洋さんは、人形師一家の長男として生まれながらも作家の道を目指され、いったんは出版社に入社。父の急逝にともない生家へ戻り、顧客のニーズに耳を澄ませながら家業をさらに盛り立てていました。しかし、お客様や時代のニーズに応えるがゆえに、それを迎合と捉える職人たちと意見が分かれ、その伝統の呪縛から自由になるため、45歳の時に株式会社ふらここを設立。創業時から高い次元でブランディングを実践されています。

代表の原さん自身のヒストリーから、ふらここの創業に至った経緯、そしてブランディングを実践するための考え方をお伝えします。

人形師ではなく、作家を目指した学生時代

ふらここ代表の原さんは、おじい様が人間国宝の人形師・原米洲《べいしゅう》、お母様が女流人形師の原孝洲《こうしゅう》という

人形師一家に生まれます。

当時は高度経済成長期の真っただ中で、舶来物はよい物、日本の物はあまり品質がよくないという風潮があり、原さんは伝統的な人形づくりに興味を持つことがなかっただけでなく、家業は絶対に継ぎたくないと思っていたそうです。

大学に進学後、お世話になった語学の先生からすすめられ、作家の道を志します。物書きというクリエイティブな世界に興味を持ったのは、生家がゼロから何かを生み出すモノづくりをしていたためだと原さんは言います。そこで、まずは書く勉強をしないといけないと思い、出版社でしっかりとした作家に付いて編集の仕事をしながら、物書きになろうと考えました。

集英社に就職し、仕事にやり甲斐を感じていた2年目のお正月、病床に伏していた父親に「家業を継いで欲しい」と言われます。医師からも病状を聞いていて、もう長くはないと知っていたため断ることができず、正月明けに集英社を退職します。

その時には、絶望以外に何もなかったと原さんは振り返ります。物書きになりたいという夢が打ち砕かれ、さらに家業は絶対に継ぎたくないと思っていたため、最初の1年間は悶々と過ごしていたそうです。

そんなある時、自分が昔に書いた文章を読み返しながら、「なぜ物を書きたいと思っていたのか」という原点を考えます。そこで「自分は人の心を癒すようなやさしい文章を書いてみたかったんだ」ということに気付き、それを人形づくりでも実現できないかと考えるようになりました。

ちょうど2年目、専務になった頃です。そこから様々な経営者との出会いもあり、徐々に家業に対しての覚悟が決まっていきました。

顧客ニーズに耳を澄ませたモノづくり

原さんが20代で店頭に立った頃は、祖父母が店に足を運び、選んだ人形をお孫さんに贈ることが一般的でした。当時は核家族化が進む変化の時代だったため、徐々に祖父母と一緒にお母さん（娘さん）が来るようになり、その内、お母さんだけが来るというように、顧客層が変わっていったそうです。

祖父母とお母さんでは、買うモノも選ぶモノもまったく基準が異なります。

たとえば、当時は旧来からの大きな雛壇を扱っていたそうですが、その近くで夫婦がこんな話をされていたそうです。

「こんな大きなモノを飾るのは大変よねえ」「そうだよなあ。でも、どうせ1年（初節句）しか飾らないんだから我慢して買おうよ」と。そう言って買っていかれる商品が20万円とか30万円もしていました。

そのため原さんは「たった1年しか飾らないのであれば、こちらの小さなほうが絶対によいですよ」とお伝えしたことをいまでもよく憶えているそうです。

そんな顧客のニーズをくみ取り、コンパクトな人形の企画を提案します。それを思い付いたきっかけは、取引先の展示会の販売を手伝いに行った時のことでした。

その展示会には他社の商品も並んでいたため、自社の商品だけでなく他のメーカーの商品もわかる限り説明しながら接客していたそうです。すると、そのなかで横幅が50センチ程度の当時としてはかなり小さな雛人形が売れていて、他社製品にもかかわらず、原さんはそれを立て続けに3セット売りました。

それから会社に戻り、「これからは小さい商品に人気が出るので、うちでもつくりましょう」と職人に提案し、コンパクト人形の開発が始まります。

その当時、一般的な雛人形のサイズは横幅が90センチでしたが、それをいきなり40センチにまで小さくしたところ、それればかり売れるようになり、そこからどんどん小型化するようになります。そうして３年ほどで、店で展示する人形の７割程度が小さいものになりました。

顧客のニーズをくみ取り、人形のコンパクト化で成功した原さんは、次に赤ちゃんに近い顔立ちのさらにかわいい人形をつくりたいと思い、母親をはじめとする職人たちに提案します。

しかし、これまでとは異なる技法を使った赤ちゃん顔にすることを〝お客様への迎合〟と捉えられ、猛反対されたのです。家業を盛り立てようと20年間必死に取り組んでこられた原さんですが、これをきっかけにいろいろと考えるようになり、その後独立を決意されます。

45歳からの新たな船出

２００８年４月４日、原さんが45歳の時、「常に時代のニーズに調和した日本の伝統文化を提供すること」という経営理念と、「日本の美しい文化を次世代に伝えていくこと」というミッションを掲げ、株式会社ふらここを創業。その年の暮れからネット販売を開始するため、人形づくりの準備を始めます。

人形をつくったものの年が明けるまで売れなかったため、「本当に売れるのか」という不安な気持ちに襲われたそうですが、そんな心配をよそに年が明けてから急に注文が入り始め、次々と売れていきました。

結局、１月５日からの３週間程度で用意していた２００セットが完売。そこから10年目くらいまでは、つくれば売れるという状態で毎年きれいに完売していったそうです。

原さんがふらここの創業当時から意識していたのはブランディングだと言います。

「よいモノづくりをしようというのは基本でしたが、自社のネットショップもしっかりとつくり、ブランドを育てていかなくてはいけない」と原さんは考えていたそうです。

そのため、楽天やその他のショッピングサイトには出店しないと決めます。

理由は、ショッピングサイトだとどうしても販売方法が割引寄りになってしまうため、自社ブランドにセールのイメージがつくのを恐れたのです。もちろん、ショッピングサイトには集客力という魅力はありますが、ブランドを育てるのであれば、自社サイトで頑張りたいと考えてスタートさせたのです。

原さんは、お客様に自社のイメージをどう持っていただくのかがブランディングだと考えています。

そのため、目に見えるロゴマークやイメージカラー、カタログやウェブサイトのビジュアルで見せる部分は初年度から丁寧に整備されています。

もちろんそれだけでなく、お客様から問い合わせが来た時の対応であったり、商品の梱包やお届け方法など、お客様とのあらゆる接点でどれだけよいイメージを与えられるかもブランドづくりだと考え、奥様と2人で始めた時も、社員を雇った後も徹底してやってこられました。

また、ブランドの価値を高め続けるため、お客様の声を集めることにも余念がありません。

ふらここでは、4つのシーンにおいてお客様からアンケートをいただいているそうです。

ひとつ目はカタログを請求いただいた時、2つ目はショールームに足を運んでくださった時、3つ目は人形を購入していただいた時、そして最後の4つ目は節句が終わった後にアンケートをお送りし、回答を

ふらここショールームにて（左から２人目が原さん）

いただいています。

加えて、ふらここで働く社員が自分自身の人生を本当に輝かせていけるよう、原さんは経営者としてそれを常に追求し、次のように考えられています。

「お客様は大切ですし、お客様に喜んでいただくことはビジネスの基本だと思いますが、社内で働いてくれている社員たちが自分の仕事に誇りを持って、いきいきと働いてくれることが会社（ブランド）の価値だと思っています。私は世界中の会社がそういうふうになったら、おそらく世の中は一遍に幸せになると思っているのです」

もちろん、社員全員が自分の仕事に誇りを持ち、いきいきと働ける職場にすることは容易なことではありません。

しかし、経営者自身がそのような意識を持ち、常に考えていくことこそが応援されるブランド、ひいては応援される経営者になるための姿勢ではないでしょうか。

ブランディングでつまずく3つのパターン

前項ではブランディングでよくある間違いについてお伝えしました。

ここからは実際にブランディングをしている会社が、つまずいてしまう3つのパターンについて具体的にお話しします。「転ばぬ先の杖」として誤ったパターンにはまらぬよう、押さえておいてください。

①自社ブランドの強みを絞り込めていない

まず、ひとつ目は、**「ブランドの〝強み〟を絞り込めていないパターン」**です。強みと言うより軸と言ったほうが適切でしょうか。

これはブランディングではなく広告、とくにチラシを見ているとよくわかります。

「あれもできます」「これもできます」「さらにこんなこともできるんです！」

これだと伝えたいことが多過ぎて、結局どんな会社でどんな内容だったのかまったく記憶に残りません。

これは自己紹介でも同じです。たとえば、私で言うとこんな感じになります。

「もともとは総合印刷会社でグラフィックデザイナーをしていたので、紙媒体であれば何でもデザインすることができます。また、デザイナーの後はマーケティング事業部を任されていたので、中小企業のマーケティング戦略の立案も得意です。さらに、ブランディングであれば、会社や商品、サービスなど事業の大小を問わずサポートした経験があります。加えて、プロジェクト単位でウェブデザイナーや動画クリエイター、カメラマン、ライターなどのクリエイティブチームをアサインできるだけでなく、リーガル（法律）面でも国際弁理士や弁護士などのビジネスパートナーとともに、商標権や意匠権などの保護を行なっている事務所です」

いかがでしょう。何でも屋さんみたいな印象を受けませんか？

そこを、**「私は応援されるブランドづくりの専門家です」**と絞り込んだほうが、伝わりやすくなります。

多くの企業では伝えたいことを絞り込めていないため、前項にもあったようにバラバラの記憶のコップに水を注いでしまっているのです。

経営資源が潤沢にある大企業なら、それぞれのコップに水を満たすことができるかもしれませんが、小さな会社でそんなことをしていてはすべてが中途半端に終わるだけ。

しかも、すべてのコップを満たしたとしても、確実に選ばれるとは限りません。

たとえば、あなたの大切な人が頭痛で苦しんでいたとします。薬局に薬を買いに行った時、次の２つの選択肢があればどちらを選ぶでしょうか？

・下痢にも効いて、頭痛にも効いて、風邪にも効く薬
・頭痛専用の薬

おそらく後者の薬を選ぶはずです。何にでも効く万能薬が売れるのは、ゲームの世界だけ。ビジネスの世界での万能薬は、何でも屋さんみたいなものです。本当に必要になった時、あるいは高くてもよいものを選びたい時、何でも屋さんから買うことはありません。その業界の専門家を選ぶと思います。

「何でもできる」は「何もできない」と言っているのと同じです。

そのためブランディングでは、まず自社ブランドの強み（価値）を上位概念で絞り込み、それをひとつの軸にしてお客様に伝えていきます。そしてその価値を知ってもらった上で、関連性の高い順に残りの価値を伝えていくのです。応援されるようになれば細かな部分まで伝えなくても、お客様が勝手に調べてくれるようになります。

ブランディングでつまずかないためのひとつ目の方法は、**お客様が自社ブランドを選ぶ時にノイズ（雑音）となるような情報を伝えないこと。**

「自分が何屋なのか」「何の専門家なのか」、その1点をクリアに理解できる情報だけを届けるのです。

②外に向けたブランディングを優先させている

2つ目は、「**外に向けたブランディングを優先させているパターン**」です。

外とは社外に向けたブランディングのこと。87ページでも少し触れましたが、応援ブランディングではあらゆるステークホルダーのことを大切に考えた上で、内部へのブランディング活動であるインターナルブランディングを重視する必要があります。

話をわかりやすくするため、まずブランディングの種類から説明させてください。

実はブランディングには２つの種類があります

ひとつは社外に向けたブランディング。これを**エクスターナルブランディング、またはアウターブランディング**と言います。対象はお客様だけでなく、取引先や地域社会、金融機関、求職者など、あらゆるステークホルダーです。

そしてもうひとつは社内に向けたブランディング。これを**インターナルブランディング、またはインナーブランディング**と言います。

対象は社内で働いている人すべてです。経営者や経営幹部、従業員、もちろんパートやアルバイトの人も含みます。

ブランディング活動の内容は、ともに「自社ブランドはこう思われたい」というブランド・アイデンティティの浸透です（インターナルブランディングの場合、最終的にはブランド・ビジョンの達成につなげていきますが、ここではその前にあるべき状態として表現しています）。

次ページの図をご覧ください。見ての通り、ブランディングは内から外へ向かって伝わっていきます。

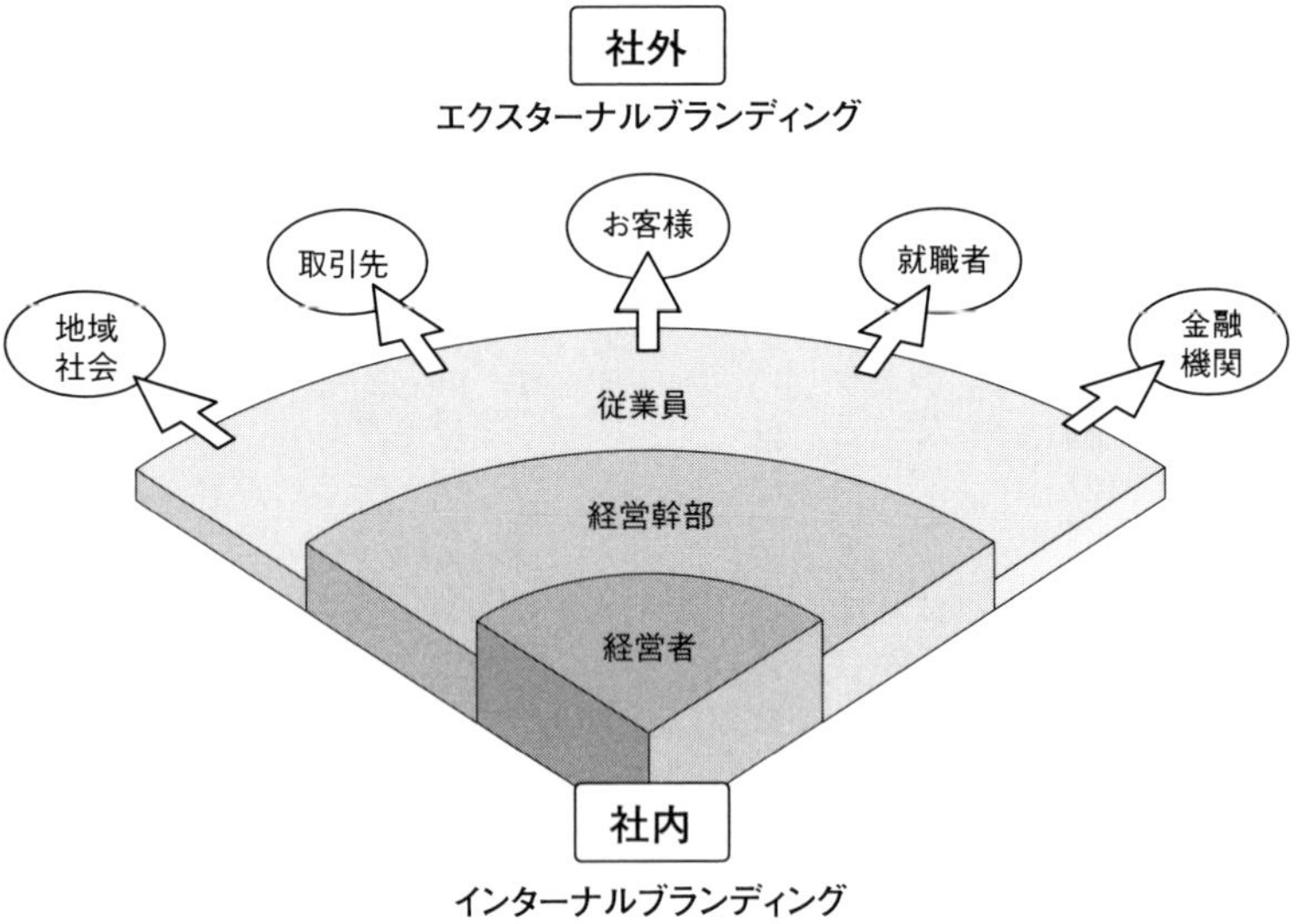

仮に、まだブランド・アイデンティティ（自社ブランドの独自性のある価値）が社内に浸透していない状態で、社外へのブランディングを優先するとどうなると思われますか？

これは伝言ゲームをイメージしていただくとわかりやすいでしょう。

伝えるべき価値が浸透していないということは、価値を絞り込めていないということ。その場合、人を介せば介するほど、誤った内容が伝わっていきます。

また、社内にブランド・アイデンティティが浸透していないということは、それぞれの従業員が思う自社ブランドの価値を、それぞれの感性でお客様に伝えているのです。これでは特定の記憶のコップに水を注いでいくことはできません。

さらにまずいのは、**従業員の感情によって発信する内容が変わる**こと。

人は同じ言葉を投げかけられても、気分のよい時とよくない時では受け取り方が違うように、従業員の感情の起伏によって、お客様への伝わり方が変わってくるのです。簡単に言うと、機嫌のよい時と悪い時で言うことが変わるのです。これはもうブランドにとってマイナス以外の何者でもありません。

ブランド・アイデンティティはつくって終わりではなく、つくってからがスタートです。社内への浸透活動をおろそかにして、社外へのブランディング活動を進めると、従業員の感性とその時の気分でホームページやパンフレットなどをつくっていくことになります。

なかには的を射たものもできるかもしれませんが、たいていの場合、それらのブランディングツールはすぐに使い物にならなくなり、つくり直しになってしまいます。なぜなら、自社ブランドが伝えたい価値が社内に浸透していないからです。

とくにデザインを外部のパートナーに任せている会社には顕著に現われます。

ですので、**ブランド・アイデンティティの浸透は、まず社内から始める**こと。これがブランディングでつまずかないための２つ目の方法です。

③思い付きで発信してしまい、一貫性のある活動を継続できていない

３つ目は、**「思い付きで発信し、一貫性のある活動を継続できていないパターン」**です。

ブランディングには、「意図的」「一貫性」「継続性」という要となる３つのキーワードがあります。

【意図的】…はっきりとした目的意識を持つ
【一貫性】…すべてにおいて矛盾がない
【継続性】…足を止めずに続けていく

つまり、「思い付きで発信し、一貫性のある活動を継続できていない」という状態は、ブランディングの要をすべてを守れていないのです。これではどれだけ素晴らしい商品やサービスであっても、ブランディングが成功することはありません。

まず、「思い付きで発信」という部分についてです。

「思い付きで発信」とは、ブランド・アイデンティティに則っていない発信のことを指します。せっかちな人に多いのですが、よいアイデアがパッと思い付いた時に、すぐ発信してしまうのです。

これを防ぐには、**その時の感情ですぐに発信しない**こと。

有効な方法としては、情報を発信する前に一定時間（たとえば10分程度）待つことです。時間が経った後、内容がブランド・アイデンティティに沿ったものかを見直し、発信すべきかどうか判断します。

次に「一貫性のある活動」という部分についてです。

「一貫性がない」ということは、矛盾が生じている状態だということ。ブランディングでは、よほどのことがない限り1回の発信で致命傷を負うようなことはないので、活動に矛盾が生じていれば、矛盾がなくなるよう修正していけばいいだけの話です。

ただ、矛盾していることに本人が気付いていないこともあります。これを防ぐには、**お客様からのフィードバックを受け取れるような顧客接点を設計しておく**必要があります。

最後の「継続できていない」という状態は、足が止まっていることです。

ここに関しては、厳しく言うつもりはありません。なぜならブランディングを続けていれば、どうしても一時的に足が止まってしまうこともあるからです。

その理由は、ブランディングを続けていてもなかなか成果が見えづらかったり、逆にブランディング活動で本業が忙しくなってしまったりと、会社によって様々な理由があるでしょう。

理想は足を止めないことですが、「足を止めないようにしている」という姿勢さえあれば、それはただの休憩であり、改めて始動することができます。まったく止まってしまうのは論外ですが、一時的な休憩は人間誰にでもあることです。まったく気にする必要はありません。

大リーグの大谷翔平選手が活用していたことでも知られる目標達成シートの生みの親であり、私が師事する原田教育研究所の原田隆史先生はこう言います。

「三日坊主でもいいじゃないか。それを10回続ければ一ヶ月継続したことになる」

ブランディングに終わりはありません。一時的に足が止まったとしても、次の一歩さえ踏み出せれば問題はないのです。

第2章のまとめ

☑ これからは1億総ブランド化時代に入り、ただブランド化するだけでは選ばれない。

☑ 応援はブランドにとってポジティブな行動を能動的に起こすこと。

☑ 顧客にとって大きな意味を持つブランドが応援される。

☑ 応援されるブランドの経営者は論語とソロバンをバランスよく舵取りする。

☑ ブランディングはブランドに関わる社内全体で取り組まないといけない。

☑ ブランドはお客様の心の中に資産化される。

☑ ブランディングの要は「意図的」「一貫性」「継続性」。

第3章

「応援されるブランド」のつくり方

①フューチャー（未来）

ブランドづくりの第一歩

応援されるブランドづくりは、次の3つのフェーズに分けて構築していきます。

①フューチャー（FUTURE・未来づくり）…本章
②フラッグ（FLAG・旗づくり）…第4章
③ファン（FAN・応援者づくり）…第5章

ここではそれぞれの頭文字を取って、「3F」と憶えておいてください。

第2章では、ブランド戦略の全体像を理解していただくため、戦略ピラミッド図を使ってお伝えしましたが、応援されるブランドづくりもこの図を使って説明します。

左ページの図をご覧ください。

まず最初はミッション・ビジョン・バリューを策定し、ブランドの在り方と未来を描く①のフューチャーフェーズ。

次に経営戦略とマーケティング戦略を策定し、自社ブランドの旗を掲げる②のフラッグフェーズ。そして

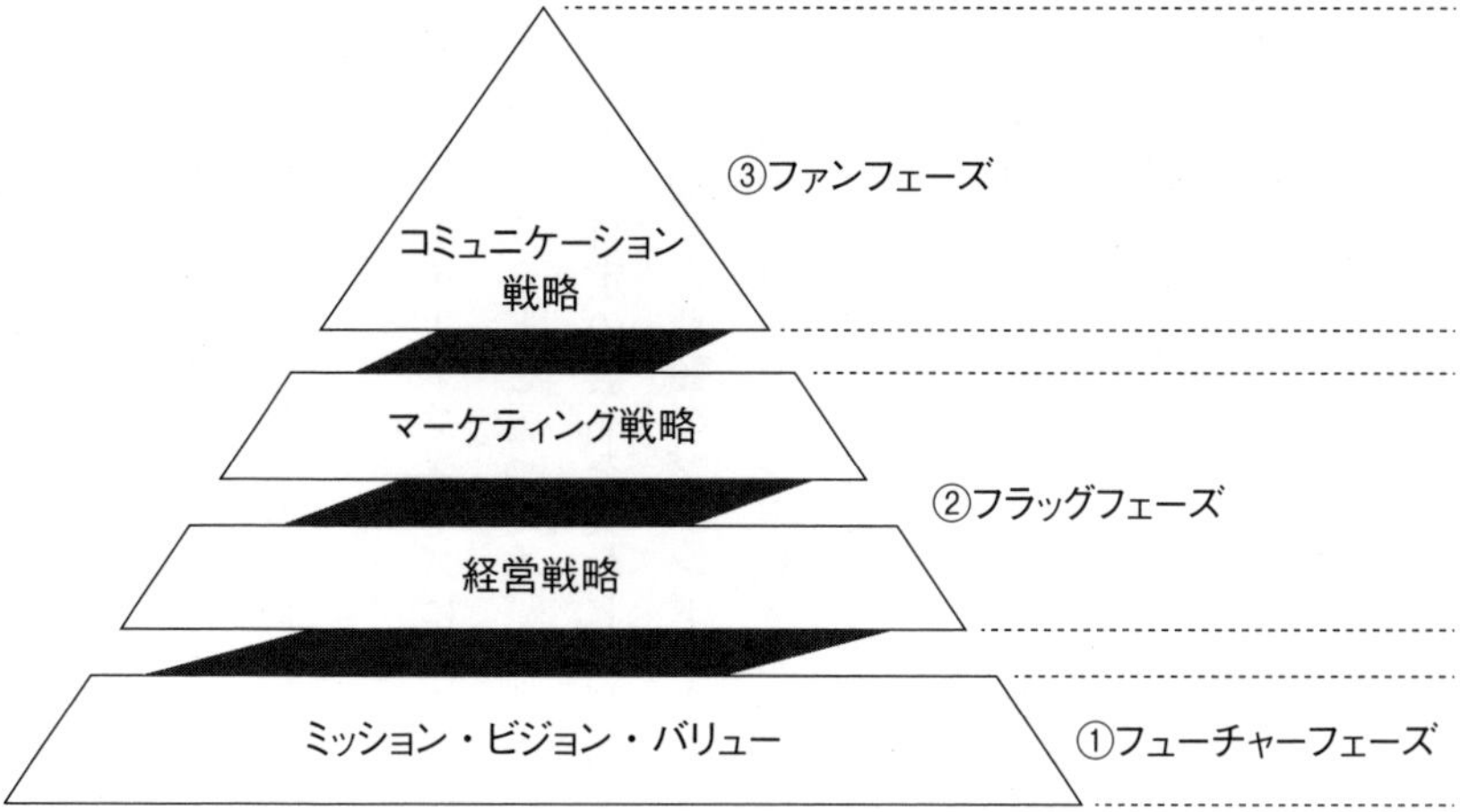

〈戦略ピラミッド図〉

出典:（一財）ブランド・マネージャー認定協会

コミュニケーション戦略を策定し、ブランドの応援者を創る③のファンフェーズという順に進めていきます。

ちなみに、すでにできている部分があれば飛ばしていただいてかまいません。たとえば、ミッション・ビジョン・バリューをすでにお持ちあれば、②のフラッグフェーズから、ミッション・ビジョン・バリューと自社ブランドの価値が整理できていれば、③のファンフェーズから始めるということです。

しかし、自分では「知っている」「わかっている」と思っていても、実際にはできていないことも少なくありません。

ですので、ひとまず最初からお読みいただき、自身のブランドがどの段階にあるのかを確かめた上で、どこから始めるべきなのか考えてみてください。

はじめにお伝えしておくと、**応援されるブランドづくりにおいてもっとも重要なフェーズは、最初に取り組む①のフューチャーフェーズ**です。

カッターシャツの第一ボタンがずれると、そこからすべてのボタンがずれてしまうように、最初のフェーズが肝心要。ここがズレたものであれば、掲げる旗も見当違いなものになり、ファンづくりはおろか、ブランドが継続することすらままなりません。

ボタンの掛け違いが起こらないよう、まずは本章からじっくりとお読みください。

まず、フューチャーフェーズに入る前に、ブランドの種類について目線合わせをさせていただきます。

ひと言でブランドと言っても、会社のことを表わしたコーポレートブランド、特定の事業を表わした事業ブランド、特定の製品を表わした製品ブランド、また、目には見えないサービスの場合はサービスブランドなど、様々な種類のブランドがあります。

また、自分自身をブランド化するパーソナルブランド、特定の地域をブランド化する地域ブランド、国をひとつのブランドとして捉える国家ブランドなど、いまや人から地域、国までもブランド化する時代です。

ここで整理しておきたいのは、**あなたがどの領域のブランドをつくろうとしているか**です。

左ページの図をご覧ください。

これはブランドアンブレラと呼ばれる、ブランド体系を表わした図です。

トップのコーポレートブランドから始まり、事業ブランド、ファミリーブランド、製品ブランドの順に展開されています（コーポレートブランドの直下に製品ブランドがくる会社もあります）。

〈ブランドアンブレラ図〉

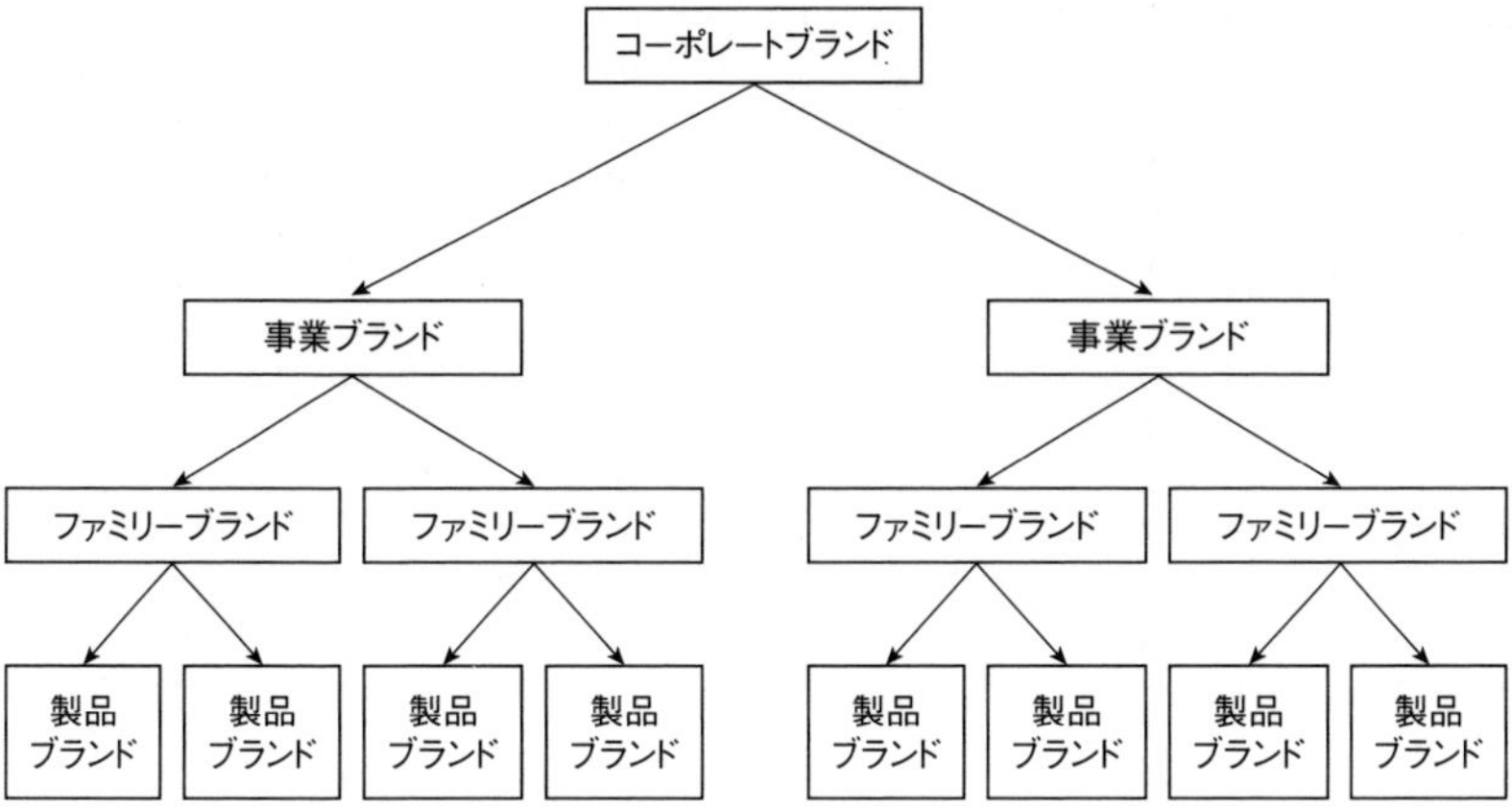

出典:(一財)ブランド・マネージャー認定協会

このようなブランドの展開には大きく3つのパターンがあります。

ひとつ目はコーポレートブランドから製品ブランドまで一貫したイメージを構築する**マスター・ブランド戦略**。これはまさに上の図のような形です。

2つ目は、コーポレートと製品を意図的にリンクさせていない**マルチ・ブランド戦略**。

そして3つ目はマスター・ブランド戦略とマルチ・ブランド戦略を折衷させた**サブ・ブランド戦略**です。

たとえばP&Gのように多くの事業を展開する企業の場合、コーポレートと製品を切り離し、それぞれ個別でイメージを構築するマルチ・ブランド戦略を取ることが多いです。事実、P&Gが化粧品ブランドSK-Ⅱを提供していることを知らない人も多いのではないでしょうか。

それに対し、サブ・ブランド戦略はApple のように、製品によってシェアが大きく異なる企業が選択します。

たとえば、Mac や iPhone などシェアの大きい商品には企業名がなく、Apple Watch や Apple TV には企業名を付けて品質を保証しています。

ただ、中小企業の場合、多くの事業を展開していることは比較的少ないため、ひとつ目のマスター・ブランド戦略を採っている会社がほとんどです。

ですので、ここではマスター・ブランド戦略のブランド体系について詳しく説明していきます。

まず、コーポレートブランドは、文字通り会社をブランド化したもの、その下にある事業ブランドは、企業内の事業をブランド化したものです。たとえば、ＮＩＫＥはコーポレートブランドですが、スポーツウエアやシューズなどの事業ブランドを展開しています。

そしてファミリーブランドは、特定の商品カテゴリーをブランド化したもの。たとえば、花王の「ビオレ」には洗顔料やメイク落とし、基礎ケアなど個別の製品ラインナップがあります。それらのビオレ商品群がファミリーブランド、個別の製品が製品ブランドとなります。

①のフューチャーフェーズでは、構築するブランドがいずれの階層においても、コーポレート（会社）のミッション・ビジョン・バリューを策定します。その理由はコーポレートブランドがそれぞれの最上位概念になるからです。

ちなみに自分をブランド化するパーソナルブランドであればご自身、特定の地域をブランド化する地域ブランドなら、それを運営する団体（観光地域づくり法人など）のミッション・ビジョン・バリューを策定してください。

その先のフェーズでは、それぞれの階層のブランドを意識して進めていきます。

ポイントは、**いま自分たちが構築しているのがどの階層のブランドなのかを意識しておくこと**です。社内で議論する際、ひとりはコーポレートブランド、もう一方は事業ブランドをイメージしていると話が噛み合わなくなります。

ですので、ブランドづくりを始める前には、必ずブランド体系図で対象を確認し、「今回はこの階層のブランドをつくる」という社内の合意形成をしてから始めてください。

また、ひとつの会社で複数のブランドをつくるのであれば、②と③のフェーズはそれぞれ行なう必要があります。

いずれの場合においても、各階層のブランドとの関係性を大切にしつつ、矛盾させないようにしてください。

応援されるミッションのつくり方

ここからは、応援されるブランドづくりの要であるフューチャーフェーズのなかで、もっとも重要なミッションのつくり方からお伝えしていきます。

ミッションと経営理念を分けて考える会社もありますが、本書では経営者が大事にしている考え方を言語化したものが経営理念と定義しているため、双方を同じ意味合いで捉えています。

【世の中の大事なことは、たいてい面倒くさい】

「ブランディングは何から始めればいいですか?」

ブランドづくりの仕事をしていると、このような質問をされることは一度や二度ではありません。逆説的に言うと、何から始めたらいいのかわからないのがブランドづくりの特徴とも言えます。

この質問をされた時、私の返答は次の一択です。

「ブランドづくりの目的と目標から決めてください」

こう切り返すと、たいていの人は怪訝な顔をされます。おそらく、「ロゴが必要です」とか「ホームページをリニューアルしませんか?」といった、目に見える部分を提案されると思われているのでしょう。

そもそも目的を決めておかないと進むべき方向がわからなくなり、遅かれ早かれ迷子になることは目に見えています。また、目標がないと成果が明らかにならないため、ブランディングに対して経営資源を投下することができなくなります。

……と、このように、応援されるブランドづくりにおける**「目的と目標の大切さ」**を軽くお伝えするだけで、怪訝な顔から一転し、今度は面倒くさそうな顔に変わります（笑）。

ここは包み隠さずお伝えさせてください。

応援されるブランドづくりは、ずばり「面倒くさい」です。ここを否定するつもりはありません。ただし、「面倒くさい」からといってやらないとどうなるのか? これまでの私の経験上、**もっと「面倒くさい」状態になります。**

目的と目標を決めずにブランディングを進めた場合、自分のまわりにいる様々な人からアドバイスを受け、場当たり的な行動ばかりを繰り返してしまいます。その結果、残るのは無数の孤立した点だけです。応援ブランディングでは、意図した点をつくり、それを線につなげた上で面とし、立体的なイメージを構築していくようなイメージです。

意図のない行動には何の意味もないどころか、ブランド毀損につながることすらあります。

あるテレビ番組で、スタジオジブリの宮崎駿監督が原画の作成に取り組みながら、「面倒くさい」という言葉を何度もつぶやいていました。「面倒くさい」という言葉は宮崎監督の口癖だそうです。

そしてその「面倒くさい」の正体について、宮崎監督は次のように語っていました。

「世の中の大事なことって、たいてい面倒くさいんだよ」と。

そう、「面倒くさい」ことは、応援ブランドづくりにとっても同じように大事なことなのです。

【ミッションは鎖ではなく、自分たちのブランドを飛躍させる翼】

応援されるブランドづくりにおける〝目的〟とは、ミッションのことを指します。

ミッションは、**「なぜそのビジネスをしているのか?」という「ＷＨＹ」を言葉にしたもの。**日本語では〝命を使う〟と書いて「使命」と訳されます。

命と言うと大げさに感じるかもしれませんが、「命＝時間」と置き換えて考えてみてください。

私たちは永遠に生き続けることはできません。人間に与えられた時間は有限だと考えると、「時間＝命」と捉えることができます。

その命とも言える時間を費やして、どのような世界を実現したいのかを言葉にすること。**それがブランドにおけるミッションであり、ブランドが存在する目的です。**

命を使ってでも実現したいミッションに対し、**ビジョンは、そのミッションを実現するために、何を目**

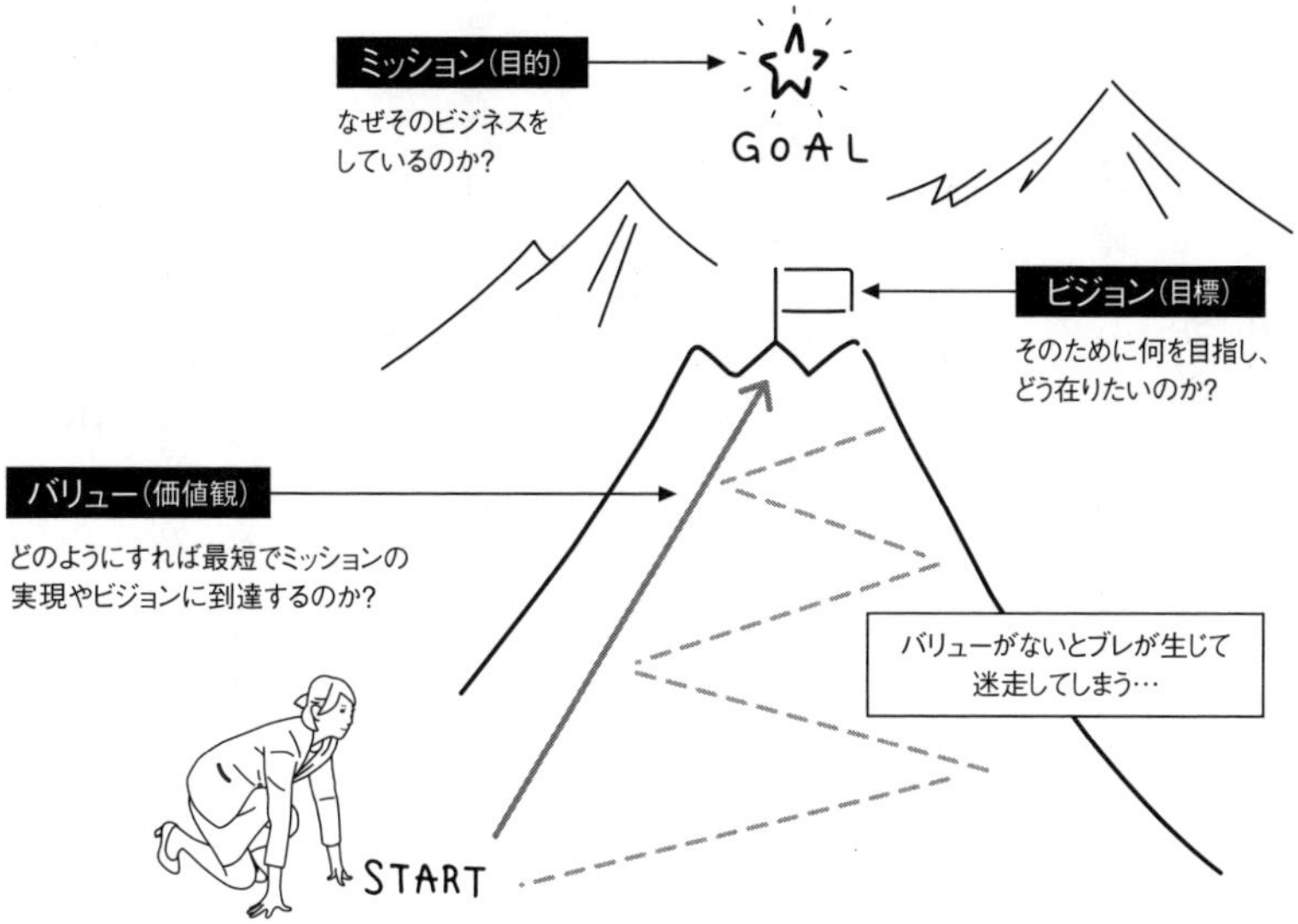
ミッション（目的）
なぜそのビジネスをしているのか？
GOAL
ビジョン（目標）
そのために何を目指し、どう在りたいのか？
バリュー（価値観）
どのようにすれば最短でミッションの実現やビジョンに到達するのか？
バリューがないとブレが生じて迷走してしまう…
START

指すのかという「ＷＨＡＴ」を言葉にしたもの。

日本語では「ビジョン＝未来像」と訳されることが多いです。ミッションが目的だとすると、ビジョンは「目標」と言い換えることができます。

そして、いまいる場所からミッションやビジョンにたどり着くまでには距離があります。その距離を縮めていくために必要なのがバリューです。**バリューは、どのようにすれば、ミッションの実現やビジョンに到達するのかという「ＨＯＷ」を言葉にしたもの。**日本語では「価値観」と訳されます。

このなかで唯一、経営者にしか言語化できないものがあります。

それはブランドづくりの目的とも言えるミッションです。ミッションは経営者の過去の経験や体験から生まれるため、多くは経営者が自身の「こだわり」をミッションにされることが多いのです。

ここでひとつ質問させてください。

「仮にこだわりが物体だったとしたら、それは柔らかそうでしょうか？　それとも硬そうでしょうか？」

同じ質問をセミナーや研修でするると、ほぼ１００％と言っていいほど「こだわりは硬そう」という答えが返ってきます。そう、こだわりは硬いのです。ゆえに、ブランドから柔軟性を奪い、そのこだわり以外を排除する傾向が強まります。

私はこれまで様々なブランドのミッションに触れてきました。こだわりの強いミッションを掲げている経営者には共感する部分も多いのですが、実際に社内へ入ってお話を伺っていると、そこで働く従業員だけでなく、経営者自身が自らのこだわりに苦しいほど縛られているケースが多いのです。

そのような鎖に縛られた状態では、変化の激しい時代を生き抜くことはできません。

そのため、経営者のこだわりは削り落として、削り落として、削り落として、コア（核）になる部分だけにする必要があります。

「あなたが仕事を通じて、たったひとつしか成し遂げられないとしたらそれは何でしょうか？」

それを明確にし、それ以外は変える余地を残しておくのが私の考えるミッションのイメージです。方向性さえわかれば抽象的でいいのです。いいえ、抽象的なほうがいいのです。こだわり過ぎると、自分たちのブランドを縛る鎖になってしまいます。

ミッションは**自分たちを縛る鎖ではなく、「ブランドを飛躍させる翼」**でなくてはいけないのです。

【応援されるミッションのつくり方】

それでは、ここからミッションの具体的なつくり方に入ります。

先程もお伝えしましたが、ミッションは経営者がつくるものです。もちろん、ひとりで頭のなかのイメージを言語化するのはたやすくありませんので、然るべき経験を持ったコンサルタントと進めても問題ありません。

適切なフィードバックをもらえる壁打ち役と進めると頭のなかが整理しやすいため、より深いミッションに到達できる可能性が高まります。

▼ステップ1…ブランドに関わる登場人物を明らかにする（次ページの図を参照）

まずは、Ａ４のコピー用紙をお手元に１枚ご用意ください。そして、その紙の中心にブランド名（会社名）を書き込みます。

ブランドづくりの対象が、特定の事業や商品、サービスだったとしても、ここではその上位概念にあたるコーポレートブランド（会社名）を記入してください。新しく立ち上げる会社で、まだ社名がない場合はあなたのお名前でもかまいません。

次にそのブランドを取り巻く登場人物を書き込み、線でつないでいきます。

たとえば、ご自身の家族や従業員、従業員の家族、取引先、お客様、賃貸物件を借りているのであれば

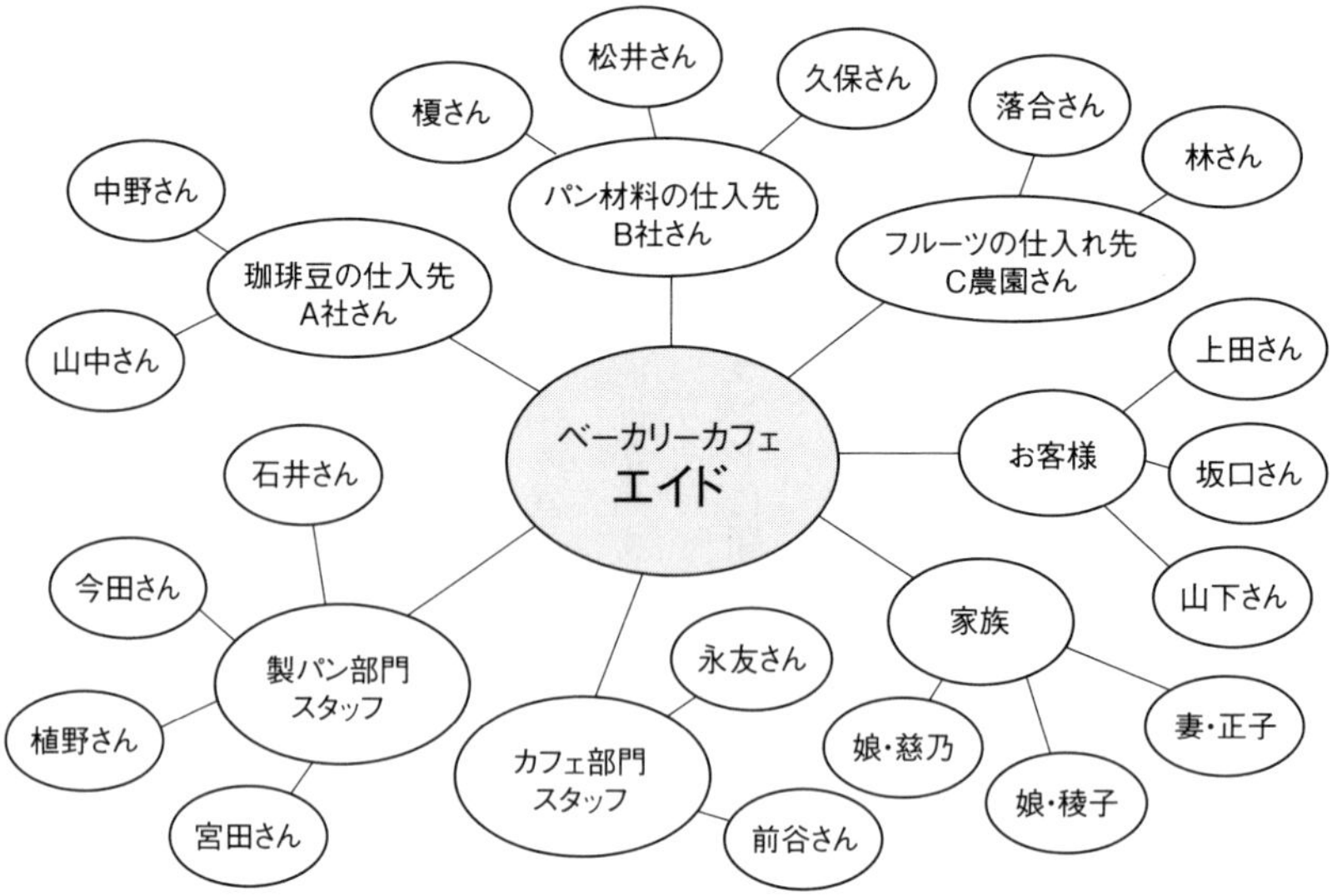

大家さんなど、たくさんの人が思い浮かぶと思います。

ここでのポイントは、**「この人たちがいるからブランドがある」という登場人物を細かく描く**ことです。自分に近しい人は、普段から呼んでいる名前で書くとより思いが込められます。

新しく立ち上げる会社（ブランド）で、お客様がどのような人かわからない場合は、あなたの会社が提供する価値によって幸せになる人、あるいは幸せにしたい人を描いてください。

▼ステップ2…これまでの軌跡から未来を描く

このステップでは、現在から近未来へかけて、ブランドが成長していくストーリー（事業の方向性）を考えていきます。一切のハードルは設けず、あなた自身がワクワクするような未来を描いてください。

できるできないは考えず、発想をどんどん広げていきましょう。

ステップ１で描いたブランドの関係者を幸せにするために、どのような未来にしたいのか。その人たちのことを思い浮かべながら考えると、未来がより鮮明になっていきます。

次に、過去から現在までを振り返ります。事業を始めたきっかけや失敗談、飛躍のきっかけ、ターニングポイント、なぜブランディングに取り組もうと思ったのかなど、これまでの出来事を書き出してください。文章にするのが難しければ、年表でまとめてもかまいません。**ただし、出来事だけでなく、その時どういう感情だったのかもセットで書き込むようにしてください。**

とくに創業時のエピソードや経営の危機を克服した時の気付きなど、感情の部分を詳しく書き込んでおくと、ミッションを言語化する時に大きなヒントにつながります。

ちなみにステップ２では、最初に未来から考えるようにしてください。未来から考えることで、過去にとらわれない新しい発想が生まれます。

▼ステップ３…それぞれの軸でアウトプットをする

これまでの内容を基に、次の３つの軸でアウトプットしていきます。アウトプットは付箋紙に書き出すと、後から貼り替えができるので便利です。

- **パッション…自分たちがやりたいこと**
- **ニーズ…お客様や社会から望まれていること**
- **シーズ…自分たちにできること**

ここでは長い文章ではなく、「業界を変える」とか「人を感動させる」というように、簡潔な言葉で書き出すのがポイントです。この時のアウトプットは、ある程度抽象的な表現でかまいません。思い浮かばなければ、「創造」「未来」「信頼」など、あなたの心に響くような単語でも結構です。できるだけたくさんのワードを出すことを心がけてください。

まず、最初のパッションとは、**あなたが本当にやりたいこと、情熱を持って取り組みたいこと**を書き出していきます。ステップ2の現在から近未来へかけて描いたストーリーのなかに、いくつものヒントが隠されています。そこで出てきた言葉や関連するワードを丁寧に抽出していきます。

次はニーズです。ここでは**お客様をはじめとするステークホルダーから望まれていること**を書き出してください。ステップ1で描いたステークホルダーになりきり、思い付く限り書いていきます。

最後はシーズ、**自分たちにできること**を書き出してください。

自社の技術力や強み、またお客様や社会から求められているニーズのなかから、自社で解決できることなどを考えていきます。

ここでは、すでにある技術や強みで解決できることだけでなく、今後自分たちが成長した未来の姿から考えて解決できそうなことを書き出してみても面白いでしょう。

▼ステップ4…3つの軸が重なり合う部分を文章化する

3つの軸の付箋紙を見ながら、近そうな概念の言葉をグループごとにまとめていきます。ある程度の数のグループができた段階で、それらを優先順位をつけて並べ換えてください。

ちなみにパッションで導き出されたワードは**「事業を継続するポイント」**、ニーズで導き出されたワードは**「ステークホルダーに共感されるポイント」**、シーズで導き出されたワードは**「ブランドの存在ポイント」**となります。

そのため、優先順位の目安となるのは、パッション、ニーズ、シーズそれぞれがバランスよく含まれているグループです。そして、それらを組み合わせて文章にしていきます。

ここでは最初から完璧な文章を目指さず、方向性がわかれば抽象的な文章でかまいません。応援されるミッションのチェックポイントは次の3点です。

①あなた（経営者）自身の心が揺さぶられる内容か？
②ブランドとして高い理想を目指しているか？
③ブランドに関わる登場人物（ステークホルダー）を惹きつける内容か？

ひとつ目のポイントは、経営者（あなた）自身の心が揺さぶられるものでなくてはいけません。

なぜなら、ブランドを牽引するのはあなたであり、あなた自身の心が動かないものであれば、ブランドを継続することができないからです。

2つ目のポイントは、ブランドとして高い理想を目指しているかです。理想は高い場所にあるからこそ、まわりから見つけやすくなるため、ブランドとしてそこを目指す必要があります。

そして、3つ目のポイントは、ブランドに関わる登場人物（ステークホルダー）を惹きつける内容かどうかです。そもそもまわりを惹きつけるようなミッションでないと、応援されることはないでしょう。

加えて、何度も読まないと理解できないような複雑な文章はミッションに向いていません。明快かつわかりやすい文章にする必要があります。

ミッションは長期間使い続けるものなので、ステップ1から4までのアウトプットを共有した上で、コピーライターなどの専門家に依頼するのもひとつの方法です。

事例 理念を中心に据えたセレクトショップ「コスコジ（COSUCOJI）」

ミッション（理念）を語る上で、この応援されるブランドを紹介しないわけにはいきません。

そのブランドとは、創業時から「家族の笑顔のきっかけづくり」という理念を掲げ、埼玉県北浦和を拠点にレディースファッションのセレクトショップを多店舗展開しているコスコジです。

理念を額に入れて飾っているだけの企業が多いなか、コスコジ代表の小杉光司さんはそれをブランドの中心に据え、細かな顧客データを収集し、応援される仕組みを構築しています。

お店を拡大するより、いまあるものを磨き、輝かせるという経営姿勢で、地域から愛され続けるコスコジは、どのような理念を描き、どのようにしてまわりから応援され、成長してきたのか。小杉さんのヒストリーから読み解いていきましょう。

●子どもの頃の原体験が理念の原点になる

小杉さんは呉服屋の次男として生まれました。呉服屋というと儲かっているイメージがありますが、当時から業界は徐々に縮小傾向にあり、社長である小杉さんの父親は歯を食いしばりながら、生き残りをかけた様々な挑戦をされていたそうです。

当時、力を入れていたのは催事でした。お店にお客様を呼ぶスタイルはもう時代に合わないと考え、特別な場所を借り、そこで大きな演出をして売り上げを立てようとしていました。この時の父親の挑戦する姿が後に小杉さんに大きな影響を与えたそうです。

一方、母親は太陽のような明るい性格で、お客様のもとに出向いて玄関先で話をしたりし、お客様と人間関係をつくった上で、父親が企画する催事に招待をしていました。

父親は経営と企画が得意、母親は営業が得意だったため、夫婦が両輪となり、お店をうまくまわしていたそうです。苦しい時期も多かったそうですが、「いまも家族が仲睦まじくいられるのは、父親の挑戦と母親の明るい笑顔があったから」と小杉さんは振り返ります。

コスコジは「女性の笑顔から家族の笑顔を増やす」という大きなテーマを持って前に進んでいますが、「そのテーマが最初に思い浮かんだ瞬間、自分のなかにスウッと落ち、いまもなおブレずにいられるのは、昔見た母の笑顔が僕の中心にあるからです」と付け加えます。

専門学校を卒業後、小杉さんは全国に300店舗もある大手のファッションカジュアルチェーンに入社し、わずか2年後に店長に抜擢されました。

その後、順調にキャリアを重ねていくなか、試練が訪れます。

それは年間で1億円以上売り上げていた大型店舗に店長として転勤した時、自分の人使いの未熟さから、当時10人いたスタッフのうち、一気に8人も辞めてしまったのです。人数が減ったのに加え、大型店舗だと取り扱う商品点数や量も多く、管理にも時間がかかります。

孤軍奮闘しながらも、当然売り上げは立てなくてはならず、数字が悪ければ上司からプレッシャーをかけられる、そんな状態がしばらく続くと次第に夜も眠れなくなり、手が震えるという症状が出始めました。そして店長になって半年後、病院へ行くとノイローゼと診断され、しばらく薬を飲み続けたそうです。この時の心境を小杉さんはこう振り返ります。

「正直、怖かったです。自分がどうなっちゃうのかなと」

そこから薬の量を減らしつつ、2年を過ぎたあたりから少しずつ普通に眠れるようになり、最後の転勤先になった北海道のお店では社長賞をもらうまでに回復しました。

父からの問いで気付いた理念の大切さ

病気をした経験と会社からの評価に疑問を感じていた小杉さんは33歳の時に会社を辞め、北海道から地元の埼玉に戻ります。そこから3ヶ月かけて事業計画書をつくり、100店舗以上を内覧して勉強し、最初のお店となる北浦和本店を2007年にオープンしました。

創業時から理念をつくられる会社は少ないですが、それが必要だと思った理由は父親からの問いだったそうです。

「父にこういうお店をオープンしますと報告しにいった時、こう問われたんです。『お前は何のためにお店をやるんだ?』と。僕はその時うまく答えられませんでした。お金のためだとか、他の人とは違うことを表現したいだとか。父に答えながら辻褄合わせになっていることに気付いたのです。そこから、理念やコンセプトを必死になって考えました」

コスコジの各店舗に掲げている理念

その時に考えた理念は各店舗に掲げられ、いまでもコスコジが応援されるための原点になっています。

―コスコジの理念―

なぜ私たちがこのお店をつくりたいと思ったか
それは親子の笑顔が見たかったから
なぜ見たいのか
それは子どもと親がいっしょに笑っている
その瞬間が人生最高の時間だと思うから
私たちはそんな笑顔のお手伝いがしたい
そんな一瞬に立ち会いたい
それがこのお店をつくる理由です
笑顔は自分ひとりでつくるものではない
誰かに与え与えられるもの
子どもが笑えば家族が笑う
家族が笑えば子どもも笑う
そんな笑顔のきっかけづくりの出来るお店
それが私たちの目指すお店です

●応援されるために必要なのは理念に共感する仲間

応援されるためには徐々にお客様との人間関係を深め、自分たちを応援してくれるような状況に持っていく複合的な仕組みをつくることが大切だと小杉さんは言います。

その仕組みのひとつであるコスコジのコミュニティづくりで言うと、コミュニティの中心に小杉さんの思い（理念）があり、そのまわりにいるのがスタッフ、そしてそのスタッフがお客様に広げていきます。

そのための手段として、ニュースレターやイベント、手紙、LINEなどが使われていますが、コスジの理念をお客様に広げていくのはスタッフのため、そのスタッフの質が応援される仕組みに大きな影響を及ぼします。

そのため、コスコジでは驚きの方法でスタッフを採用しているのです。

まず、採用を決めるのは経営者である小杉さんだけでなく、いまいるコスコジのメンバー全員が「この人と働きたい」とOKを出さないと採用することはありません。加えて、スタッフを募集する媒体はお客様に毎月お送りしているニュースレター（コスコジ通信）のみ。

つまり、毎月のニュースレターを通じて、コスコジの取り組みを理解してくれているお客様だけが応募してくれるのです。小杉さんはこう言います。

「お店のことをまったく理解していない人たちを集めて、僕たちと同じ考えを持って欲しいって言ってもちょっと無理なんじゃないかと思っています。『ビジョナリー・カンパニー』という本（ジム・コリンズ著／日経BP社）には『誰をバスに乗せるのか、これこそが組織の命運を決める』という一節がありますが、僕はむしろすでにバスに乗っているメンバーが、新しく入る人に対して共感してくれるかがポイントだと思っています。というより、メンバー全員が共感してくれる人しかバスに乗せたくないのです」

メンバー全員が採用に加わるとなると、時間と労力と手間が必要です。もちろん、その分のコストも発生します。しかし、会社に合わない人を入れると、その何倍ものコストや労力がかかることを実感しているため、コスコジではそのような採用方法にしているのです。

小杉さんは、ブランドづくりは「社会への問い」だと言います。

たとえば、コスコジは創業時から「家族の笑顔のきっかけづくり」という理念を持ち、いままでブレることなく経営をしてきました。

これは小杉さん自身が「家族の笑顔を大切にすることで、人生がよりよくなるはずだ」と強く信じているからです。それを社会に対し問いとして投げかけ、それに共感する人が一定数いればブランドは成り立ち、逆にそれが偏ったものであればブランドは成り立ちません。

ここで言う「問い」とは「何のためにこの仕事をやっているのか」という理念やミッションです。目には見えない部分ですが、ここがないと共感されることも応援されることもありません。

フランスの作家・サン＝テグジュペリが書いた『星の王子さま』に次のような一節があります。

「心で見なくちゃ、ものごとはよく見えないってことさ。かんじんなことは、目に見えないんだよ」

ブランドにとって肝心なことも、目には見えない部分にあるのです。

応援されるビジョンのつくり方

ミッションをつくった後はビジョンづくりに進みます。

ミッションは基本的に経営者ひとりでつくりますが、ビジョンは経営者と経営幹部が一緒になって考えていきます。小さな会社であれば、社内全員で考えてもいいかもしれません。

ここからは通常のビジョンではなく、応援されるためのビジョンのつくり方をお伝えします。

【目に見えないものはカタチにはできない】

ビジョンは英語で書くと「vision」。接頭辞である「vis」は「見る」、接尾辞である「ion」は「こと」を表わします。これらを合わせた「vision」のもともとの意味は「見ること」です。

具体的な話に入る前に次の２つのシーンをイメージし、それぞれを頭のなかで演じてみてください。

①野球のバッターボックスに立って、ホームランを打つシーン

②ヨガのクジャクのポーズをしているシーン

いかがでしょうか？

おそらく①は多くの人が頭のなかで演じることができたと思いますが、②はヨガの経験者でないと演じられなかったと思います。このように、人はイメージできないものを演じることはできません。つまり、**頭のなかでイメージできないようなビジョンは実現することができない**のです。

しかも、ビジョンはブランドに関わる人たち全員で達成していくもの。仮に経営者ひとりだけがビジョンをイメージできたとしても何の意味もありません。そういう文脈において考えると、ビジョンは文章ですが、未来の姿を視覚的にイメージできるものであり、かつそれに触れた人たちの心を揺さぶるものが相応しいと言えます。

その代表的な例が、リンカーンの奴隷解放宣言１００年を記念した集会での「I Have a Dream」から続く、キング牧師の有名なスピーチです。

〝私には夢がある。それは、いつの日か、ジョージア州の赤土の丘で、かつての奴隷の息子たちとかつての奴隷所有者の息子たちが、兄弟として同じテーブルにつくという夢である〟

当時としては文字通り夢のような未来だったと思いますが、実現した先の光景がありありと目に浮かぶだけでなく、キング牧師をはじめとするアフリカ系アメリカ人の心を揺さぶるスピーチでした。

応援されるビジョンは誰もが視覚的にイメージできるだけでなく、ブランドに関わる人たちがそれを心から実現したいと思えるような文章でなくてはいけないのです。

【応援されるビジョンのつくり方】

それでは、ここから応援されるビジョンのつくり方について進めていきます。

ビジョンは「**ミッションを実現するために何を目指し、どう在りたいのか**」というブランドの未来像を言語化したもの。シンプルに表現すると、**ブランドの「目標」**です。

目標は、目的という的《まと》にたどり着くまでの標《しるべ》。つまり未来永劫に目指すものではなく、中長期的に到達可能なものでなくてはいけません。

そのため、応援されるビジョンづくりでは、まず自社ブランドの現在地を分析することから始めます。

具体的には、ブランドを取り巻く外部環境（市場および競合）と内部環境（業績や市場におけるポジション、お客様からの評価、強みや弱みなど）を分析し、それらの情報をもとに「未来のありたい姿」を想像します。この外部環境と内部環境の分析方法については、第4章の174ページで詳しく説明しているので、そちらを参考に作成してみてください。

ここでは「未来のありたい姿」を想像する時に必要となる考え方についてお伝えします。実はミッション・ビジョン・バリューのなかで、もっとも簡単で、もっとも難しいのがビジョンの策定です。

もっとも簡単という理由は、経営者であれば常に未来のことを考えているから、そしてもっとも難しいという理由は、それが他者に伝わらない経営者の独りよがりなものになりがちだからです。

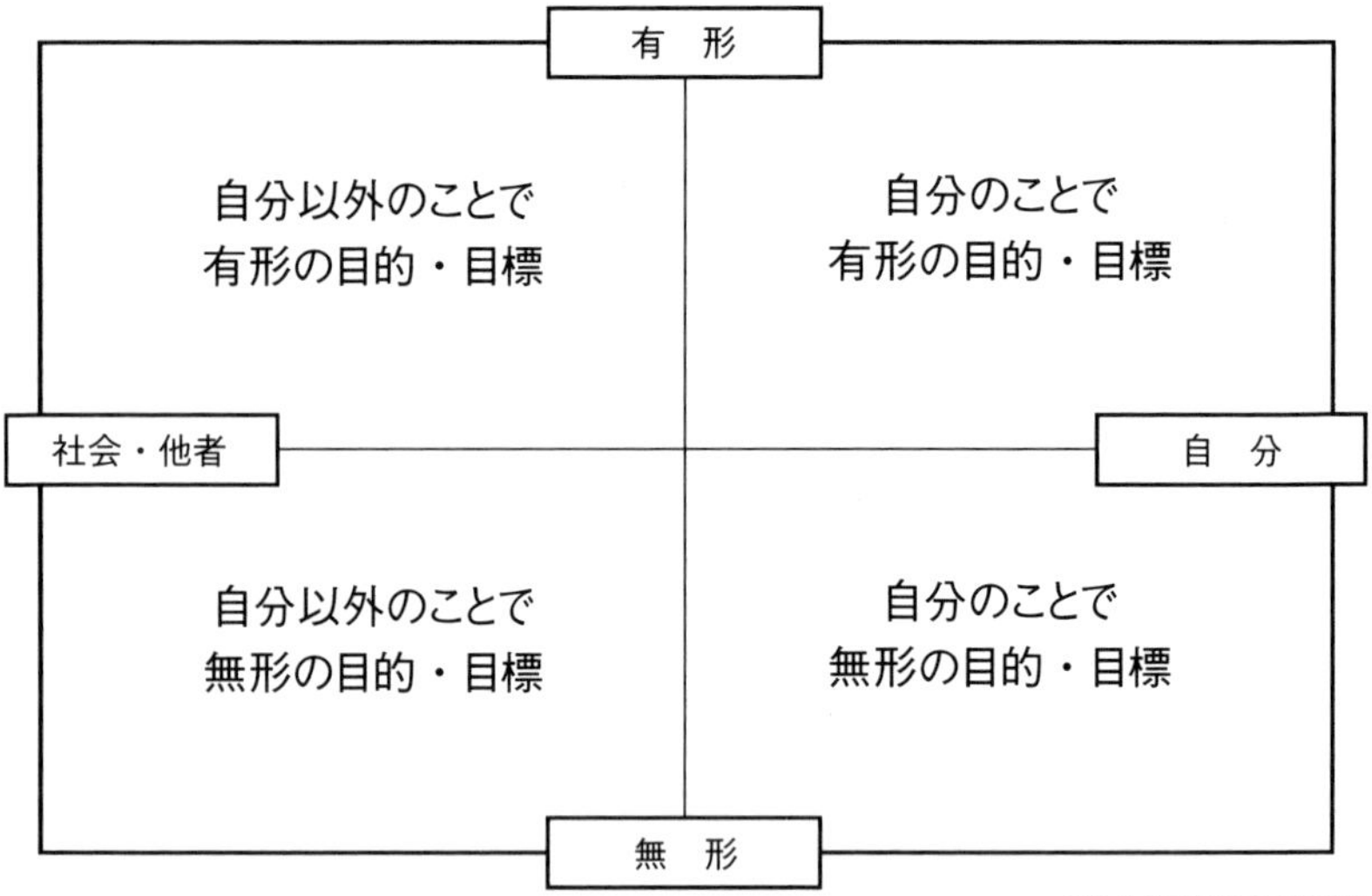

出典:株式会社 原田教育研究所

前項でもお伝えしましたが、ビジョンはブランドに関わる人たち全員で達成していくものなので、その人たちに伝わらなければ何の意味もありません。

そのため、ビジョンをつくる時にはあるツールを使い、「未来のありたい姿」を整理してください。

「未来のありたい姿」とは、言葉を変えると、ブランドとして手に入れていたい未来です。そのなかには「売上10億円」という定量的な目標もあれば、「信頼されるブランドになる」という定性的な目標もあるでしょう。

それらを整理するのに最適なのが**「目的・目標の4観点」**というツールです。上の図をご覧ください。

これは私が師事する原田教育研究所の原田隆史先生が考案されました。簡単に説明すると、目的・目標を4つの象限に分けて考えていくというものです。

右側が自分、左側が社会や他者（自分以外）の目的・目標。そして上が目に見える有形の目的・目標、下が目に見えない無形の目的・目標です。

自分以外のことで有形の目的・目標	自分のことで有形の目的・目標
・村の人たちの生活が豊かになる ・犬や猿、キジの評価が上がる ・きび団子の売り上げアップ	・鬼退治をして財宝をゲットできる ・お姫様と結婚できる ・有能な家来を手に入れる
自分以外のことで無形の目的・目標	**自分のことで無形の目的・目標**
・お爺さん、お婆さんが喜んでくれる ・村に平和が訪れる ・犬や猿、キジが誇りと自信を持つ	・勝利の喜びや達成感が得られる ・名誉や名声が得られる ・誇りや自信、自己肯定感が高まる

たとえば、おとぎ話に出てくる桃太郎の場合だと、上の図のようなイメージになります。

桃太郎のミッションは村の平和を守ること。

そのために鬼を退治しに行くのですが、それを成し遂げた時、桃太郎が手に入れられるであろう右側の象限をご覧ください。

仮にあなたが桃太郎の仲間である犬や猿、キジだったとすると、彼と一緒に鬼退治に行きたいと思われますか？　私だったら絶対に行きたくありません。

では次に、左側の欄をご覧ください。

こちらは鬼を退治した後、桃太郎以外の人が手に入れられるであろうものです。

いかがでしょう。少しは手伝ってもいいかなと、思い直しませんでしたか？

このように、ビジョンは自社（ブランド）のことだけでなく、**自社に関わるステークホルダー、とくに従業員が幸せになるようなものでないと、応援どころか誰も付いて来てくれません。**

社内の人間から応援されないのに、社外の人から応援されることなどないのです。そのため、「目的・目標の4観点」を使い、バランスのよい目的・目標を考え、それをビジョンに落とし込んでいきます。

このツールの優れた点は、左側（自分以外）の目標を考えることで、左側に登場した人たちが右側（自分）の目標達成の力になってくれることです。自分のことを考えてくれている人のために、何かをしたいと思うのは自然なことですよね。

それだけでなく、左側（自分以外）の目標を掲げることで、その人たちを幸せにしたいという気持ちが湧き出て、右側（自分）の目標達成へのモチベーションにつながります。また、右側（自分）の目標が達成されることにより、左側（自分以外）の目標にも力を注げるようになるなど、それぞれ欄に相乗効果があるのです。

さらに応援されるブランドづくりでは、経営者と経営幹部でビジョンを描いた後、従業員にも個人的な「目的・目標の4観点」を描いてもらい、ブランドのビジョンが達成されれば、従業員個人の目標も達成できるという状態に持っていきます。

ポイントは、**ブランドのビジョンと従業員のビジョン（目標）をシンクロさせる**こと。それにより、ただのビジョンではなく、応援されるビジョンに昇華するのです。

応援されるバリューのつくり方

ミッションとビジョンを策定した後は、いよいよバリューづくりに入ります。

ミッションは経営者、ビジョンは経営者と経営幹部でつくりましたが、バリューは従業員も巻き込んでつくることが前提となります。なぜなら、ブランドは従業員も含めた社内全体でつくるものだからです。

ここからは、なぜバリューが必要なのかをお伝えした上で、具体的なつくり方に進んでいきます。

【7万人のゲストを誰ひとり負傷させなかったディズニーの行動基準】

バリューとは日本語で**「価値観」**と訳されます。「価値観」とは、自分は何を基準にして生きているのかという基本的な考え方のことです。

たとえば「仕事より家庭が大切」という価値観を持っている人であれば、仕事より家族のイベントを優先するでしょうし、逆に「家庭より仕事が大切」という価値観の人であれば、仕事を優先して家庭を顧みない可能性もあります。このように「価値観」はあらゆる物事に対しての価値基準となるため、人が行動する時の拠り所となります。

ミッションやビジョンは、日々の行動を積み重ねることで実現に近づいていきます。仮にその行動が誤ったものであれば、いつまで経ってもミッションやビジョンを実現させることはできません。

ミッションやビジョンは、いまいる場所から距離が離れています。

その距離を縮めていくには、普段の行動の拠り所となるバリュー（価値観）がミッションやビジョンにつながっているだけでなく、ブランドに関わる人たちがそのバリューに共感し、さらにそれを行動に落とし込んで実践していかなくてはいけません。その行動規準こそがバリューなのです。

たとえば、東京ディズニーリゾートには**「5つの鍵（The Five Keys）」**という行動規準があります。

- **Safety（安全）**……………安全な場所、やすらぎを感じる空間を作りだすために、ゲストにとっても、キャストにとっても安全を最優先すること。
- **Courtesy（礼儀正しさ）**………〝すべてのゲストがVIP〟との理念に基づき、言葉づかいや対応が丁寧なことはもちろん、相手の立場にたった、親しみやすく、心をこめたおもてなしをすること。
- **Inclusion（インクルージョン）**…さまざまな考え方や多様な人たちを歓迎し、尊重すること。

すべての鍵の中心にあり、他の4つの鍵のどれにも深く関わる。

・Show(ショー)……あらゆるものがテーマショーという観点から考えられ、施設の点検や清掃などを行うほか、キャストも「毎日が初演」の気持ちを忘れず、ショーを演じること。

・Efficiency(効率)……安全、礼儀正しさ、ショーを心がけ、さらにチームワークを発揮することで、効率を高めること。

株式会社オリエンタルランド　ホームページ「行動規準」(東京ディズニーリゾート)より引用

これらの行動規準は、東京ディズニーリゾートのキャストのゴールである「ハピネスの創造(We Create Happiness)」を実現するためのものであり、「安全」「礼儀正しさ」「インクルージョン」「ショー」「効率」という5つの鍵は優先順位に沿って並べられています。

これらはディズニーにとって、すべて大切な行動規準(価値観)であるにもかかわらず、なぜそれらに優先順位があるのでしょうか? それは次の出来事から読み取ることができます。

2011年3月11日午後2時46分、東日本大震災が起こりました。

3月11日	午後 2時46分	来園者を建物の外に避難させ始める。発生から40秒後に「園内は安全なように設計されています」とアナウンス
	午後 3時22分	地震対策統括本部を設置。トップは社長
	午後 4時30分	キャストたちが、来園者に雨具やポリ袋、段ボールなどを配る
	午後 5時30分	安全が確認された施設に、来園者を誘導し始める
	午後 6時30分	菓子やアルミブランケットを配る
	午後 7時	翌12日の休園を決定
	午後10時	大豆ひじきご飯などの非常食を配る
	午後10時30分	ランドからシーへの来園者の移動開始
3月12日	午前 2時	来園者の屋内への避難誘導が完了する
	午前 5時	東京メトロ東西線浦安駅行きの臨時バスの運行を開始
	午後 4時12分	シーからすべての来園者が退園
	午後 4時20分	ランドからすべての来園者が退園

出典:読売新聞(2021年1月11日掲載)

当時の東京ディズニーリゾートには約７万人のゲストが訪れており、東京湾の埋め立て地は激しく揺れ、園内には多くの悲鳴が響き渡ったそうです。

この時、パーク内で働いていたのはキャストと呼ばれる従業員が約１万人。その内の９割はアルバイトでした。

上図は震災当日と翌日のディズニー内での動きを時系列にまとめたものです。

まず地震発生から36分後には社長がトップの対策本部が設置され、その68分後には各キャストが来園者に雨具やポリ袋、段ボールなどを配り始めました。

そして**ディズニーの行動規準（価値観）が試されたのはその日の午後10時30分。**被災建物のチェックが早く済んだディズニーシーに、ディズニーランドの来園者約１５００人を移動させる時のことです。

通常、ディズニーランドからディズニーシーに行くには一度園外に出なくてはいけませんが、外は暗いだけでなく、液状化していて非常に危険な状態です。

「寒くて危険ななか、来園者に長距離を歩かせるわけにはいかない」とディズニー側が判断し、普段はキャストしか通れない「秘密のバックヤード」を通って来園者１５００人の大移動を成功させたのです。

ちなみに私の知り合いにディズニーで働いていた人が何人かいるのですが、エンターテインメントの裏側やバックヤードについては秘する部分であり、まったく話してくれませんでした。

つまり、「秘密のバックヤードを通っての移動」は、普段なら１００％ＮＧな行動なのです。

しかし、ディズニーは、判断に迷ったら来園者の安全を優先させるという「Safety（安全）」を守った結果、約７万人のゲストは誰ひとりとして負傷することはありませんでした。

それにより、**東京ディズニーリゾートのゴールである「ハピネスの創造（We Create Happiness）」を実現**することができたのです。

もしこの時、１万人のキャストがそれぞれ個人の価値観で行動していたとすれば、どうなっていたでしょうか？

たとえば、「段ボールを配るのはディズニーらしくない」という価値観は通常では正しいかもしれませんが、震災時に守っていたら、おそらく寒さで体調を崩すゲストが現われたことでしょう。また、「どんな時でもバックヤードは見せてはいけない」という価値観を優先していれば、夜中の移動中に液状化した道に足を取られ、負傷者が出ていた可能性は十分に考えられます。

ブランドが試されるのは、平時ではなく有事です。

企業における有事とは、災害だけではありません。お客様との大きなトラブルや社内での不祥事、突発的なシステム障害など、その解決に向けて一刻一秒を争う出来事が企業にとっての有事です。判断を誤ると大きなブランド毀損につながります。平時なら普通に判断できることを、混乱してできなくなるのも有事の特徴です。

そのため、**バリュー（価値観）は社内で共有するだけでなく、それに優先順位を付けておかなければ、いざという時にブランドにとっての最適な行動を取ることができません。**その優先順位は、ミッションやビジョンの実現に対して必要となってくる順位でもあります。

つまり、応援されるブランドづくりにおいては、バリュー（価値観）を考えるだけでは不十分であり、それらの価値観に優先順位を付け、平時でも有事でも変わらずそれらを拠り所に行動を続けていかなければ、望む未来（ミッションやビジョン）には到達できないのです。

【応援されるバリューのつくり方】

ここからは、応援されるバリューのつくり方について具体的にお伝えしていきます。

最初に押さえておいていただきたいのは、**バリューは業務マニュアルではない**ということです。

業務マニュアルとは、ある一定の状況に対して同じ行動を規定するもの。簡単に言うと「仕事のやり方」を共有するためのツールです。マニュアルで規定している状況に対しては効果がありますが、それ以外には臨機応変に対応することができません。

一方、**バリューは従業員の価値観に働きかけるもの**です。「仕事のやり方」ではなく、「仕事での在り方」を社内で共有するため、行動をこと細かく規定するのではなく、ブランドが大切にする価値観を共有することで、従業員が自ら考え、自らの意思で行動できるようにします。

たとえば、先程のディズニーにおける「安全（Safety）」という行動規準の場合では、「安全な場所、やすらぎを感じる空間をつくりだすために、ゲストにとっても、キャストにとっても安全を最優先すること」と記されています。

仮にこの行動規準をマニュアルで規定するとなれば膨大なページ数になり、有事の際にスピード感を持って行動へ移すことができません。そのため、バリューの数は必要最小限に抑え、その内容もある程度の行動を包括できる表現にする必要があります。

具体的には、次の７つの質問に答えていくことで、バリューのベースが生み出されます。

①お客様への対応や姿勢
お客様に対してどのような対応や姿勢で臨めば、ミッションの実現に近づきそうですか？

②仕事に対する誇りや信念
ミッションを実現するために絶対に捨ててはいけない、仕事に対する誇りや信念は何ですか？

③自分たちの自立や成長

自分たちがどのように成長すれば、ミッションの実現に近づきそうですか?

④仕事に対する姿勢や取り組み方

仕事に対する姿勢や取り組み方をどのように変化・向上させれば、ミッションの実現に近づきそうですか?

⑤チームメンバーに対する考え方

社内にどのようなチームワークがあると、ミッションの実現に近づきそうですか?

⑥目標に対する意識

自分たちが掲げた目標に対してどのような意識を持つと、ミッションの実現に近づきそうですか?

⑦社会(地域)やお客様以外のステークホルダーに関すること

社会やお客様以外のステークホルダーに対してどのような関わり方をすれば、ミッションの実現に近づきそうですか?

これらの質問に対し、従業員一人ひとりが付箋紙に書き込み、それらを質問ごとに貼り出していきます。

全員のアウトプットが終わった段階で、質問ごとに考え方の近い付箋紙をグルーピングし、「自社らしい価値観とは何なのか」を話し合い、バリューのベースを決めてください。

その後、質問ごとに決めたバリューのベースをもとに文章化していきます。

文章化する時のポイントは、ポジティブな表現にすることです。

バリューは自分事として行動するための指針なので、**「〜すべき」という命令形や「〜してはいけない」という否定型ではなく、「〜します」というような表現**にしてください。その上でブランドのミッションを実現するために重要な順に並び替えていきます。

先程もお伝えしましたが、バリューの数は多過ぎると機能しづらいので、10項目前後がおすすめです。そして出来上がったバリューは、次のポイントを満たしているかチェックしてみてください。

・一つひとつのバリューから実際の行動がイメージできるか？

バリューはブランドの価値観であり、行動するための規準となるものです。そのバリューを読み、どのような行動を取ればよいのかがわからなければいけません。バリューを行動に変換できるかどうかがひとつ目のチェックポイントです。

・全体を通して矛盾点はないか？

すべてのバリューを並べ、矛盾点がないかチェックします。たとえば、「伝統」と「革新」は相反する価値観です。「伝統を守りつつ革新的に……」と言われても、従業員は混乱してしまうでしょう。

その一方で、矛盾が生じるところにオリジナリティーの高い本質が隠されているケースもあります。先の場合だと、どの部分に対して「伝統」を守り、どの部分に対して「革新」をしていくのかが明確にわかれば、独自性の高いバリューとなります。

・どんな時でも行動できるバリューか？

前項のディズニーのエピソードように、有事の際にブランドの真価が問われます。何もない時は行動できるけれど、有事に陥った時には目をつむるようなバリューでは意味がありません。どんな時でも、その価値観に沿って行動に移すことができるのかをチェックする必要があります。

繰り返しになりますが、バリューづくりで一番大切なポイントは、経営者や経営幹部だけでつくるのではなく、全従業員を巻き込むことです。

経営層から与えられたようなバリューでは、従業員は自分事にならず、何の効力も発揮しません。そうならないためには、**従業員自身が持つ価値観も棚卸しながら、ブランドのバリューを丁寧に形づくっていく必要があります。**

もちろん、多様な価値観のなかから最適解を導き出すのは容易ではありません。時間も労力もかかるでしょう。しかし、その手間暇を惜しめば、それ以上に時間も労力もかかる大きな問題につながります。

バリューにおいても、ビジョンづくりと同様に**ブランドに関わるメンバー一人ひとりの価値観と調和（シンクロ）させることで、有事にもブレない行動規準**となるのです。

ミッション・ビジョン・バリューはつくってからがスタート

ミッション・ビジョン・バリューはつくって終わりではありません。つくってから浸透させるための活動をセットで考えておく必要があります。

ここからは、なぜ浸透活動が必要なのか、また、具体的な浸透活動の方法についてお伝えします。

【ミッション・ビジョン・バリューを真っ先に実践するのは経営者】

ミッション・ビジョン・バリューをつくっても浸透活動をしないのであれば、つくる意味がないだけでなく、つくったことによる弊害のほうが大きくなります。その理由は、ミッション・ビジョン・バリューをつくる時に会社への期待感が一気に高まるからです。

ミッションを定めることで「何のために仕事をしているのか」が明確になり、従業員は働くことに対しての意義（働きがい）を感じるようになります。また、ビジョンづくりでは「どこを目指すのか」という未来像を知ることで期待感が高まり、バリューづくりでは「大切にすべき価値観」を明らかにすることで社内に一体感が生まれます。

働きがいを感じ始め、期待に胸を膨らませ、社内にまとまりが出てきた従業員たちに対して、何のアクション（浸透活動）もしないとどうなると思いますか？

これは、いつもは休日にどこにも連れて行ってくれないお父さんが、やっと「来週の日曜日に沖縄へ行こう！」と言ったのに、その日になっても何も動かないようなもの。これでは言わないほうがマシ。ミッション・ビジョン・バリューに置き換えると〝つくらないほうがマシ〟ということです。

さらに、バリューをつくる時には、従業員もかなりの時間を費やして一緒に考えてくれています。

それなのに何のアクションも起こさなければ、従業員からすると「あの時間は何だったのか？」「せっかく頭と時間を使って考えたのに、使わないのか⁉」という不満や怒りにつながっていきます。

ですので、**ミッション・ビジョン・バリューをつくった後には、必ずそれを浸透させる活動をセット**で考えておいてください。

また、それらをつくったばかりの段階では、従業員は疑心暗鬼の状態です。これまで言語化していなかったため、「社長は本当にそんなことをもともと考えていたのか？」「自分たちの会社は、本当にそんな未来にたどり着けるのか？」などの不安に駆られていて、簡単に浸透することはありません。

そんな状況で経営者がやるべきことは一択です。

それは**自分自身にベクトルを向ける**こと。

経営者自身が真っ先にミッション・ビジョン・バリューを実践し、自らに浸透させようとする姿勢を従業員に見せることで、覚悟や本気度が伝わり、徐々に従業員に浸透していきます。

間違っても「先に従業員に実践させる」ようなことはしないでください。従業員がそのような押しつけや強制感を感じると浸透するものも浸透しなくなります。

【具体的なミッション・ビジョン・バリューの浸透活動】

ミッション・ビジョン・バリューの浸透活動には３つの段階があります。

最初は従業員に知ってもらうこと、次に理解してもらうこと、最終的には実践してもらうことです。

知ってもらうための第一歩として、ミッション・ビジョン・バリューをまとめたカードをつくります。**このようなカードを「クレドカード」と呼び、それを全従業員に配布**するのです。

この段階で、ミッション・ビジョン・バリューの内容を知ってもらうことは簡単にクリアできます。

さらにクレドカードは単に配るのではなく、全従業員を集めた上で、ミッション・ビジョン・バリューの説明会を行ない、そこで配布するようにしてください。

なぜ説明会を行なうのかというと、バリューは従業員と一緒に考えているため、一定の腹落ち感はあるものの、ミッションとビジョンについては経営層が考えたものなので、そこに行き着いた経緯をしっかりと説明する必要があるからです。

これが理解をしてもらうための最初の活動となります。

説明会はミッションやビジョンの定義から始まり、なぜこのタイミングで策定しようと思ったのか、ま

第１章で紹介したイエステージグループのクレドカード

たどのような思いでミッションやビジョンを考えたのかなど、経営者自身の言葉で丁寧に語り、「なぜこれらを大切にしなければいけないのか」という理解を促すのです。

ここでミッションからビジョン、そしてバリューへの流れを理解してもらえれば、それらの実践につながりやすくなります。

もちろん一度では理解できない人も多いので、ミッション・ビジョン・バリューをつくった最初の段階では、定期的にこのような説明会を開く必要があります。

全従業員の時間を確保するのが難しければ、朝礼や終礼の時間を利用してもかまいません。**浸透活動は"伝わるまで伝え続けるという経営者の覚悟"が何よりも大切**です。

次に実践してもらうには、ミッション・ビジョン・バリューに共感してもらう必要があります。

ミッション・ビジョン・バリューが自分にとって、会社にとって、そしてお客様にとって大切な考え方だと腹落ちした時点で、それが自然と行動につながってきます。

この段階では言葉での理解ではなく、ミッション・ビジョン・バリューを実践して得られた体験を通じて広がっていくので、**経営者自身の心が動かされた体験をシェアすること**などが有効です。

これらを深めていくため、日次、月次、年次などで施策を行ないます。

- **日次…クレドカードにある内容について、自分の考え方や経験を伝える（朝礼や終礼、日報など）**
- **月次…クレドカードにある内容を深めるワークショップや研修を実施する**
- **年次…クレドカードにある内容を実践できた人を表彰したり、人事面で評価する**

もちろん、これらの施策をすべて実行する必要はありません。浸透する速度や施策に投じられる時間は各社様々だと思いますので、自社に合った浸透施策を採用してください。

同じ伝え方をしていても、Ａさんには響いてＢさんに響かないということもあります。そのため、**手を替え品を替え、伝わりやすいように伝え続けることが大切**です。従業員にとって、毎回同じことを繰り返し聞かされるのは拷問以外の何者でもありません。

「大人なんだから一度言ったら分かるだろう」と思うのは、経営者のロジックです。

一度だけ伝えるのではなく、相手に伝わるまで伝え続けること。それくらいの思いや覚悟がないと、ミッション・ビジョン・バリューが伝わることはありません。

それらを継続していくことで共感の輪が少しずつ従業員に広がっていきます。そのような地道な活動を続けることで、はじめてミッション・ビジョン・バリューは浸透していくのです。

【誰をバスに乗せて、誰にバスから降りてもらうのか】

本章の最後にもっとも重要なことをお伝えさせてください。

それは、**ミッション・ビジョン・バリューを初めて策定した会社では、従業員が辞めていく可能性があるということです。**私の経験上、勤続年数が短い人より、古株の従業員が辞めていくケースのほうが多いように感じます。

その理由は、いままでぼんやりとしていた仕事の目的（ミッション）や目標（ビジョン）が明らかになるだけでなく、自社ブランドとしての価値観（バリュー）もしっかりと定義されるからです。

つまり、ブランドとして目指す方向性が明確になるため、「自分の価値観と違う」と感じる人は必然的に辞めていかざるを得なくなるのです。

そのため私は、ミッション・ビジョン・バリューを策定する前、経営者に次のような確認を取ります。

従業員が辞める可能性があること、さらにそれが社内では古株で重要なポジションの方である可能性があること。それらを伝えた上で、それでもブランドづくりを進めるのかを決めていただくのです。

そういう話を聞いて「いま、人に辞められると仕事がまわらないので、まだその時期ではない」とブランドづくりを保留される方もいらっしゃいます。

しかし、多くの経営者は、それでもブランドづくりを進める覚悟をされます。

なぜなら、**自社ブランドの価値観にどうしても合わせられない従業員がいたままでは、ミッションやビジョンを実現することは困難だと直感的に理解できている**からです。

舟でたとえると、東へ向かうために全力でオールを漕いでいるのに、一部の人間だけが休んでいる、あるいは反対方向へ向かってオールを漕いでいるような状態です。これでは目的地にたどり着くことは不可能でしょう。

また、これは価値観の合わない従業員にとっても同じことが言えます。

自分の価値観とどうしても合わないような会社に居続けることが、果たしてその人にとって幸せなことなのでしょうか？　自社ブランドのこと、そして従業員のことを考えると、答えはひとつです。

ジム・コリンズ氏の『ビジョナリー・カンパニー２　飛躍の法則』（日経ＢＰ社）にはこう書かれています。

〝偉大な企業は、適切な人をバスに乗せ、不適切な人をバスから降ろし、次にどこに向かうべきかを決めている〟

応援されるブランドにとって「適切な人」と「不適切な人」とは誰なのでしょうか？

それはミッション・ビジョン・バリューを策定しない限り、誰にもわからないことなのです。

第3章のまとめ

☑ フューチャーフェーズでは、会社のミッション・ビジョン・バリューを策定する。

☑ ミッションは「目的」、ビジョンは「目標」、バリューは「価値観」。

☑ ミッションは経営者のこだわりを削り落として、コア（核）になる部分だけを残す。

☑ ブランドのビジョンは、従業員のビジョン（目標）とシンクロさせる。

☑ バリューは優先順位を付けておかなければいけない。

☑ バリューは経営者や経営幹部だけでつくるのではなく、全従業員を巻き込む。

☑ 経営者自身がミッション・ビジョン・バリューを実践し、自らを変化させる。

第4章

「応援されるブランド」のつくり方

②フラッグ（旗）

自社ブランドの旗をつくる理由

前章ではブランドの北極星とも言えるミッション（使命）を策定し、そこから目指すべきビジョン（未来像）を描き、それらにたどり着くためのバリュー（価値観）を定めました。

これらを土台にして、次のフラッグフェーズへ進めていきます。

【ブランドの価値を一貫して伝えるために必要なこと】

左ページの図をご覧ください。このフェーズでは図にある5つのステップを一段ずつのぼり、自社ブランドが掲げる旗（フラッグ）を明らかにしていきます。

このステップは、私がトレーナーとして所属する一般財団法人ブランド・マネージャー認定協会が提唱するものです。ブランディングを体系的に学ばれたい方は、協会が開催する講座を受講してみてください。

まず、自社ブランドが掲げる旗とは、第2章の82ページで説明したブランド・アイデンティティのことです。

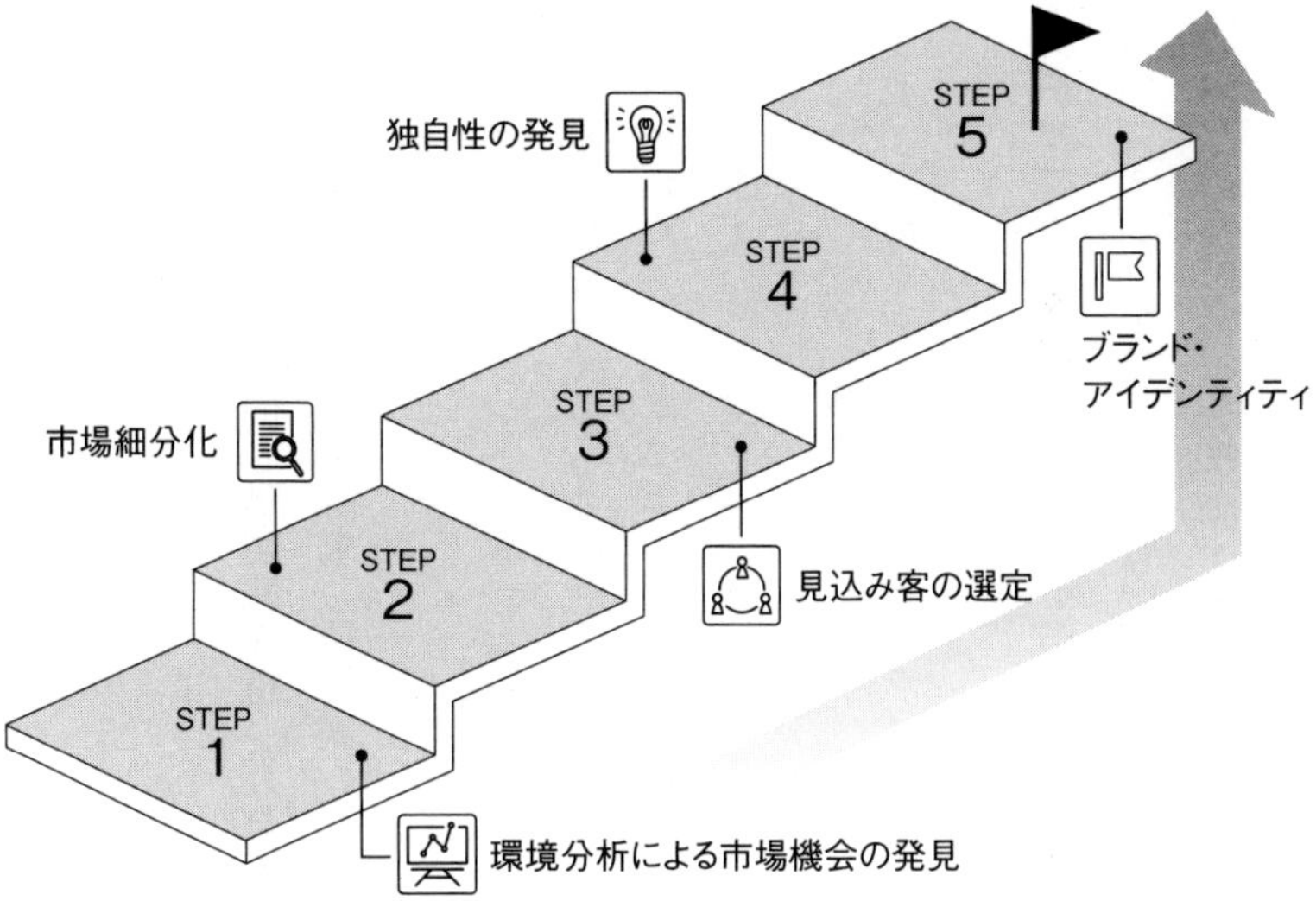

出典:(一財)ブランド・マネージャー認定協会

ブランド・アイデンティティとは、自社ブランドの独自性のある価値を言語化したもの。これを自社ブランドの旗として掲げ、社内外へ価値を伝えていくのです。

応援されるブランドに旗が必要な理由は３つあります。

ひとつ目は、**社内に共通言語が必要なため**です。多くの会社では、従業員一人ひとりが自社ブランドの価値を自分なりに定義しています。

しかし、それらはあくまで個人の解釈であり、ブランドが打ち出したいイメージと異なる場合がほとんどです。この時、自社の旗があることで、それが自社ブランドの価値を表わす共通言語となり、一貫したイメージを訴求することができます。

２つ目は、**お客様が自社ブランドを見つけやすくするため**です。たとえば、「ライザップ」というブランド名だけではその価値が伝わりにくいですが、「結果にコミットする」という旗があれば、ブランドの提供する価値が伝わりやすくなり、それを欲するお客様がそのブランドを見つけやすくなります。

そして3つ目は、**同じ価値観を持ったお客様や仲間を集めるため**です。自社ブランドの価値を明らかにし、一貫したイメージで訴求し続けることで、その価値に共感する人が自然と集まりやすくなります。

まとめると、ブランドの旗がなければ、一貫したブランドの価値を訴求できないため、お客様がそのブランドを見つけにくくなるだけでなく、価値観の違う人（お客様や従業員）が集まって来るということです。そのためフラッグフェーズでは、自社ブランドが掲げる旗であるブランド・アイデンティティを策定していきます。

また、このフェーズでは、各ステップにおいて経営戦略とマーケティング戦略を担っています。

▼ステップ1…環境分析による市場機会の発見

このステップでは環境分析を行ない、自社ブランドの価値が発揮できる市場機会の仮説を立てていきます。自社の経営資源を投下する効果的な市場を決めること。ステップ1はいわゆる経営戦略です。

▼ステップ2…市場の細分化（セグメンテーション）

▼ステップ3…見込み客の選定（ターゲティング）

ステップ2からステップ4では、決めた市場を細かく切り分け、見込み客になりそうな人を選び、自社ブランドの独自性を考えていきます。

▼ステップ4…独自性の発見（ポジショニング）

この手法はセグメンテーション、ターゲティング、ポジショニングと言い、それぞれの頭文字を取ってＳＴＰ分析と呼ばれるマーケティングのフレームワークです。つまり、これらのステップがマーケティング戦略を担っています。

▼ステップ5…自社ブランドの旗を策定（ブランド・アイデンティティ）

そして最後のステップでブランド・アイデンティティ、本書で言う自社ブランドの旗を策定します。ここで掲げた旗が、今後ブランディングを進めていく上での基準となります。

このフラッグフェーズにおいても経営者ひとりで考えるのではなく、できるだけ多くの従業員と一緒に進めていくことで、自社ブランドの旗に対する腹落ち感がまったく違ったものになります。

ぜひ、まわりを巻き込んだ自社の旗づくりにチャレンジしてみてください。

あなたのブランドだけが輝けるステージを探す

この項では「ステップ1：環境分析による市場機会の発見」ということで、自社ブランドを取り巻く外部環境を分析し、あなたのブランドだけが輝けるステージがどこにあるのかを探ります。

このステップからは、コーポレート（会社）、事業、商品、サービスなど、あなたがつくろうとしている対象のブランドをイメージしてください。

【自社でコントロールできない外部環境を分析する】

まず、最初に行なうのはマクロな環境を知ること、いわゆる外部環境を分析していきます。

マクロな環境とは、自社がコントロールできない環境のことです。たとえば、地球温暖化や少子高齢化、税制、為替相場、国際問題などは自社でコントロールすることはできません。

コントロールできないからといって何もしないのではなく、そのような**外部環境が自社ブランドにとって有利になる機会なのか、あるいは不利に働く脅威なのかを把握**しておく必要があります。

そんな外部環境を分析する時に使うのが、**PEST分析**というツールです。

PEST分析とは、政治的な環境要因(Politics)、経済的な環境要因(Economy)、社会的な環境要因(Society)、技術的な環境要因(Technology)の4つの頭文字を取ったもの。

このフレームワークは、マーケティングの第一人者であるフィリップ・コトラー氏が考えたマクロ環境の分析方法です。

ここでは、自社ブランドを取り巻くマクロな情勢をこれら4つの視点から分析していきます。

- **政治的な環境要因**…規制緩和、規制強化、政権体制、税制、公的補助や助成、雇用など
- **経済的な環境要因**…景気、物価(インフレ・デフレ)、金利、金融政策、業界動向など
- **社会的な環境要因**…人口動態、世論、流行、出生率、価値観、ライフスタイル、自然環境など
- **技術的な環境要因**…新技術、新素材、特許、技術革新、代替技術、エネルギー供給の変化など

それぞれの要因が、自社にとってプラスの流れ(機会)なのか、マイナスの流れ(脅威)なのかを分析していきます。

PEST分析のポイントは3つです。

ひとつ目は**「分析のための分析をしない」**こと。よくあるのは、自社ブランドと関係のないことまで事細かく分析したことで膨大な情報になり、何が自社ブランドにとっての機会なのか、何が脅威なのかをつかみ切れていないパターンです。

たとえば、政治的な環境要因において「新型コロナが落ち着いたことにより入国規制が緩和され、インバウンドの需要が高まる」というような分析が必要なのは、もともとインバウンドでの売り上げが一定程度あるか、今後の戦略でインバウンドを想定している会社だけです。

外部環境を分析する目的は、自社ブランドにとって注目すべき変化や兆候を探し出して分析することであり、社会情勢を網羅的に洗い出すことではありません。**分析という手段が目的化しないよう注意**してください。

2つ目は、**できるだけバイアス（偏り）のかかっていない、信頼性の高い情報を集める**こと。他社が分析したデータを鵜呑みにするのではなく、官公庁などの公式の報告書や統計データ、業界のレポートなど信頼できる情報源を活用する必要があります。

医療の世界でもセカンドオピニオンという言葉があるように、ひとつの情報で納得せず、複数の情報源を活用することでより正確な分析を行なうことができます。

3つ目は、**自社にとって影響の大きい分析にフォーカスする**こと。

たとえば、消費税が上がるという政治的な環境要因に対しては、「税金が上がる前に買っておこう」という増税前の特需と「税金が上がったから買わないようにしよう」という増税後の買い控えが考えられます。「増税前の特需」は自社にとっては有利な機会、一方で「増税後の買い控え」は自社にとっての脅威となりますが、これらのいずれが自社にとって影響が大きいのかを考えてみてください。

短期的な視点ではなく、ブランドが成長していく過程においての影響度で考えると、どちらかにフォーカスしやすくなります。

いずれにしても、ここでの分析が自社の旗の根拠となるので、その分析が誤ったものであれば誤った旗になる可能性が高いのです。そのため、「分析のための分析をしない」「信頼性の高い情報を集める」「自社にとって影響の大きい分析にフォーカスする」という3点を頭に入れておいてください。

【お客様の本音を探る（顧客・市場分析）】

マクロ（外部）環境を分析した後は、ミクロ（内部）環境の分析に移ります。

ここでは**３Ｃ分析**というフレームワークを使い、自社ブランドが置かれている環境を分析していきます。３Ｃとは、**顧客**（Customer）、**競合**（Competitor）、**自社**（Company）の３つの頭文字を取ったものです。それらを整理することで内部環境を抜け漏れなく分析することができます。

ここでは次ページの図ように【顧客】→【競合】→【自社】という順番に整理してください。

順番がある理由は、【顧客】は他の分析の前提条件になりやすく、【競合】は自社の強みや弱みを測る際のモノサシになるからです。

それでは、まず【顧客】の分析から始めていきましょう。

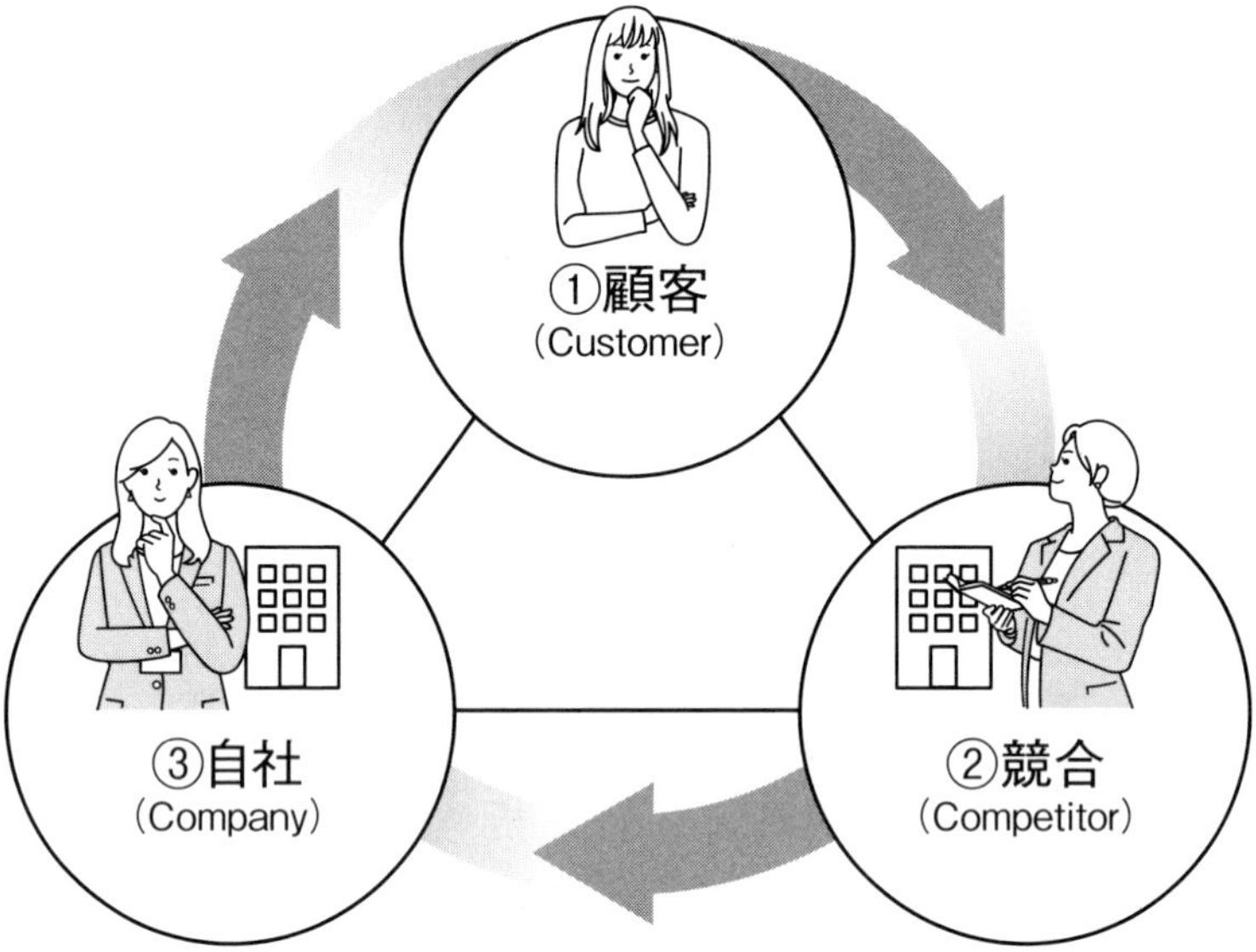

ここで知りたいのはお客様や市場のニーズです。

ただし、お客様がすでに気付いているような顕在化されたニーズは他社も気付いているため、分析の材料にはなりません。

ですので、ここではお客様自身が気付いていない潜在的なニーズを探っていきます。

そもそもお客様は、「なぜその商品を買ったのか」を明確に説明することができません。仮に説明できたとしても、それは顕在化したニーズだけです。

たとえば、あなたがお腹を引き締めるために家庭用のフィットネスマシンを購入したとします。この場合、「お腹を引き締める」というのが顕在化したニーズです。

ここから潜在的ニーズという海へ潜ってみましょう。

「なぜ、お腹を引き締めたいのか？」→「流行りの服を着たいから」→「なぜ、流行りの服を着たいのか？」→「モテたいから」→「なぜ、モテたいのか？」……

このように、顕在化したニーズに対して、「なぜ？」という質問で潜り続けていると、その人自身が気付いていなかった潜在的なニーズにたどり着きやすくなります。

もちろん、「なぜ？」だけでなく、様々な質問で潜在的なニーズにアプローチするのが有効です。

たとえば、**「お腹を引き締めることで、どんなメリットがありますか？」**や**「お腹を引き締めたいと感じているのには何か理由がありますか？」**などの質問で深掘りすることができます。

ここでひとつ注意点があります。それは**深く潜り過ぎないこと**です。

なぜなら、深過ぎるニーズではブランドとの接点が見つけられなくなるからです。たいていの場合、深く潜り過ぎると、「幸せになりたい」というような根源的なものになります。

さらに顧客になりきり、「不満」「不安」「不便」「不快」「不足」「不信」「不自由」というような、「不」に着目することで潜在的なニーズにたどり着きやすくなります。

「対象の商品やサービスに対して不満はありますか？」
「対象の商品やサービスに不足している部分はありますか？」
「対象の商品やサービスに不自由に感じていることはありますか？」

このように、あらゆる〝不〟について考えてください。

いずれの方法も、社内で意見を出し合った上で、既存のお客様にインタビューしてみるのも効果的です。

新規事業でまだお客様がいないのであれば、対象顧客と近そうな人でもかまいません。できれば偏りが出ないようひとりではなく、複数の人にインタビューをしてみてください。

あと、インタビューでのちょっとしたコツをお教えします。

多くの場合、かしこまった場でインタビューしても、お客様が本音を話されることはほとんどありません。そのため、最初はたわいもない質問をしておき、休憩に入ったタイミングで、「ああ、そう言えば……」という感じで本当に聞きたい質問をすると本音を聞き出しやすくなります。

私はこれを「古畑任三郎作戦」と名付けました。

昔の人気テレビドラマ『古畑任三郎』では、故田村正和さん演じる警部補・古畑任三郎が、犯人とおぼしき人物と接する時にいろいろと聞き込みをするのですが、大事な質問は相手がリラックスしたタイミングであったり、油断した時に投げかけます。そうすることで本音がポロッと出やすくなるのです。もちろん、お客様は犯人ではないので追い詰めてはいけません（笑）。

【彼を知り己を知れば百戦あやうからず（競合分析）】

顧客の情報を整理した後は、【競合】の分析へ移ります。

まず、ブランドが提供する価値には独自性がなくてはいけません。「独自性」とは、言葉を変えると〝競合との違い〟です。

有名な孫子の兵法書の一節に〝彼を知り己を知れば百戦あやうからず〟とあります。

これは、「戦う前に相手と自分、両方の情報（優劣・長短）を分析することがもっとも重要であること」を示した格言です。

応援されるブランドづくりでは、競合を敵という視点では見ていませんが、それでも相手のことを知らなければ独自性のある価値を見出すことはできません。

ちなみに本書における戦略とは、〝戦いを略すること〟です。戦略は謀（はかりごと）という意味合いがありますが、私は国家における外交と同じく、**できる限り相手と戦わないようにすることが究極的な戦略**だと考えています。

それらを踏まえた上で、競合分析の具体的な話を進めていきます。

まず、競合は2つに分類されることを押さえておいてください。

ひとつは自社と同じ商品やサービスを提供している【直接競合】、もうひとつは商品やサービスは違っても同じような価値を提供する【間接競合】です。

たとえば、「スターバックス」を〝コーヒーを提供するカフェ〟と定義すれば、競合は「ドトール」や「タリーズ」、もしかするとコンビニも入ってくるかもしれません。

一方、「スターバックス」が提供している〝サードプレイス（自宅でも職場でもない居心地のいい空間）〟という価値に目を向けると、競合はファストフード店やファミリーレストランに変わってきます。

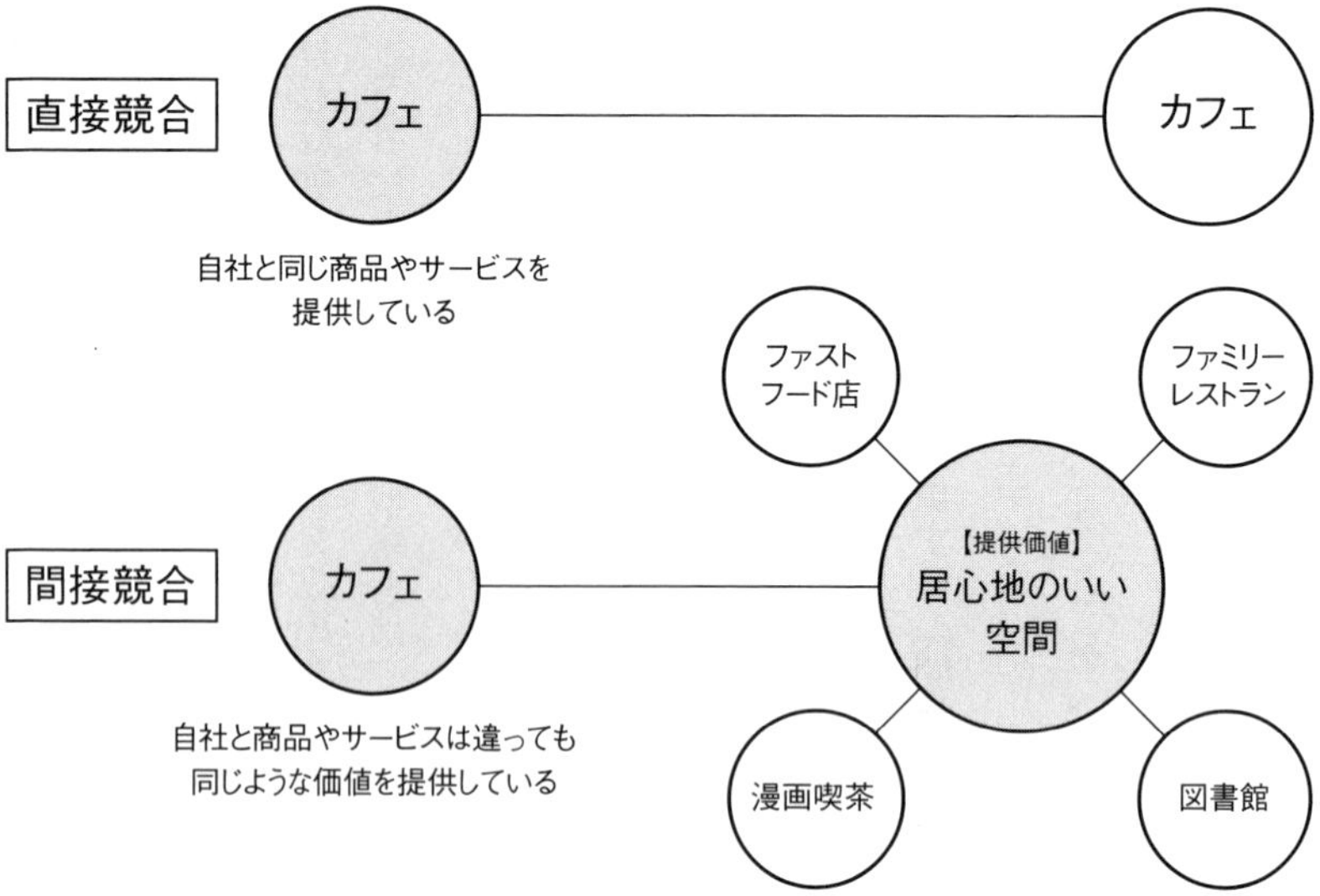

前者が直接競合、後者が間接競合です。

直接競合はイメージしやすい反面、そこだけを見ているとどうしても視野が狭くなってしまうので、自社ブランドが提供している価値の代替となり得る間接競合も把握しておく必要があります。

分析では、まず競合の理念体系から調査してください。

企業理念や経営理念、ミッションやビジョン、スローガン、ブランドコンセプトなどは、その会社の根本的な考え方を示すものであり、これらはホームページなどで比較的簡単に調べることができます。

仮に理念体系がなかったり不十分であれば、そのブランドの軸が弱いということです。

次に**社歴や事業規模（売り上げや従業員数など）、商品やサービスの特徴、コミュニケーションの表現や特徴、会社全体の雰囲気やイメージなど**を調べていきます。

複数社の分析をする場合、バラバラの項目を調べるのではなく、それぞれが比較できるよう「経営理念」「社歴」「売上高」というように、できるだけ同じ項目を分析するようにしてください。

また、競合を何か別のものにたとえて、その違いを考えてみるのもひとつの手です。動物やタレント、車、街など、自分たちがイメージしやすいものにたとえてみるのもいいでしょう。

たとえば、競合Aのイメージが「チーター」だとすると、スピード感とスタイリッシュさを感じる反面、近寄りがたさがあります。一方で、競合Bのイメージは「パンダ」なので、おっとりとしてマイペースさを感じる反面、愛嬌があるというような感じです。

競合分析の目的は、自社ブランドとの違いを把握するためのものです。**細かく分析するというより、「自分たちとどんな違いがあるか」を明確にする**ことを心がけてください。

【自社ブランドの宝を探せ（自社分析）】

これまでの分析で、世の中にどういったニーズがあるのかがわかり、競合の強みや弱みを知ることができました。ここから、いよいよ自社ブランドの宝探しに入ります。

最初に行なうのは、競合分析の時に調べた項目（経営理念・社歴・売上高など）を、自社ブランドでも同じように書き出すこと。動物やタレントなど別のものにたとえたのであれば、自社も同じようにたとえてみてください。そこから自社の強みと弱みを探っていきます。

すでに顧客のニーズを分析し、競合の強みと弱みがわかっているため、次の質問を自分たちに投げかけてアウトプットしていくイメージです。ここではまず、社内の人間だけで考えていきます。

【質問①】お客様が自社ブランドに求めているものは何ですか？
【質問②】自社ブランドがいますでに持っている強みは何ですか？
【質問③】自社ブランドに〝これが加わったら最強〟という強みは何ですか？
【質問④】お客様が自社ブランドに感じている不満は何ですか？（不安・不便・不足・不快など）
【質問⑤】自社ブランドの弱みや伸びしろは何ですか？

質問の①②③で出てきたワードが自社の強み、④⑤が弱みです。これらの情報を整理した上で、競合と比較し、どこが強みでどこが弱みなのかを分析していきます。

この時に気を付けていただきたいのは〝**思い込まないこと**〟です。「自分たちのブランドは、この強みでお客様に選ばれてきたんだ」「ここは他社に負けていない」といった強い思い込みです。これは歴史や伝統のある会社ほど多く見られます。

そういった思い込みをなくすために行なうのが、この競合分析です。そのため、強みを決定する時は必ず他社と比較し、本当に自社が勝っているのかを確認してください。

一般的に、「自社は最新鋭の機械を導入している」というような、お金でクリアできる機能的な強みは競合分析を行なうことで崩れ去ることが多いものです。

それとは逆に、**自社の弱みは本当に弱みなのか**も考えてみてください。

たとえば、私の顧問先に住宅の外構やお庭をデザイン・施工するエクステリア会社がありますが、そこにはデザイナーがひとりしかいません。一方で競合他社を調査すると、いずれの会社にも在籍しているデザイナーが複数人いました。

一見すると、デザイナーがひとりというのは弱みに思いがちです。しかし、顧客分析をしていると、「経験の浅い人にデザインしてもらいたくない」「デザイナーによって当たり外れがありそう……」という潜在的な不満や不安の声が上がってきました。そこを起点にして弱みを捉え直すと、「デザイナーがひとりなので、同じクオリティのデザインを提供できる」という強みに変換することもできます。

私が愛用している「フリクションペン」も同じように考えることができます。

ご存じフリクションペンの強みは「こすると消える」こと。

でもよく考えてみてください。書くことが目的のボールペンなのに色が消えるのです。これは捉えようによって弱みにもなります。しかし、それを強みとして打ち出した結果、「こすると消えるボールペン」は日常に入り込み、世界累計販売本数30億本を超える空前の大ヒット商品となりました。

このように自社の強みや弱みは、**自分たちでは意外と正確につかめていない**ものです。

そのため、分析したデータを合わせみた上で多面的に捉えてください。さらに、「顧客」「競合」「自社」について何度かブラッシュアップしていくことで、その精度が次第に高まっていきます。

一度分析して終わるのではなく、何度か繰り返してみることも重要なポイントです。

【競合と争わないホワイトスペースを探る（クロスSWOT分析）】

ここからは自社ブランドだけが輝けるステージである「市場機会」の仮説を立てていきます。

市場機会とは、他社にない自社ブランドの長所や強みを発揮できる場所（市場）のことです。

ここでは**クロスSWOT（スウォット）**と呼ばれるフレームワークを使います。

SWOTとは、「強み（Strength）」「弱み（Weakness）」「機会（Opportunity）」「脅威（Threat）」の頭文字を取ったもの。それぞれを分析することがSWOT分析、さらに4つの項目をかけ合わせて戦略を考えていくのがクロスSWOT分析です。

まず、それぞれの項目（「強み」「弱み」「機会」「脅威」）に、これまで分析した3CとPESTのデータを当てはめていきます（それぞれの配置は左ページ図を参照）。

この時、分析したすべての情報を入れてしまうと戦略化しづらくなるため、優先順位の高い項目に絞り込んでください。その上で、それぞれをかけ合わせて戦略化していきます。

大きく分類すると、**「強み×機会」「強み×脅威」は攻めの戦略、「弱み×機会」「弱み×脅威」は守りの戦略**となります。

左ページの図は、第6章の300ページでも紹介している水産関係者などに向けたプロ用雨合羽を製造している尾崎産業株式会社のクロスSWOT分析です。

尾崎産業株式会社 クロスSWOT分析例 （一部抜粋）	内部環境（3C分析の自社ブランドの強み、弱み） **自社ブランドの強み** ① 防水性が高い ② 生地が柔らかい	内部環境（3C分析の自社ブランドの強み、弱み） **自社ブランドの弱み** ③ 生産量が少ない ④ 職人が高齢
外部環境（PEST分析の機会と脅威） **自社ブランドにとっての機会** ① アウトドア市場が成長傾向 ③ コロナによるリモートワーク増	＜ 強み×機会 ＞ **アウトドアから防災までマルチで使える雨合羽** 積極攻勢戦略	＜ 弱み×機会 ＞ **オンラインで在庫品を紹介する** 弱点強化戦略
外部環境（PEST分析の機会と脅威） **自社ブランドにとっての脅威** ② 一次産業従事者の高齢化 ④ 少子高齢化による人材不足	＜ 強み×脅威 ＞ **高齢者に優しく、作業しやすい雨合羽** 差別化戦略	＜ 弱み×脅威 ＞ **職人の働き方改革（パートフレックスタイム）** 専守防衛/撤退戦略

たとえば、「①防水性が高い」という自社ブランドの強みに「①アウトドア市場が成長傾向」という機会をかけ合わせると、「アウトドアから防災までマルチで使える雨合羽（市場）」という積極攻勢戦略が考えられます。

また、「②生地が柔らかい」という強みに「②一次産業従事者の高齢化」という脅威をかけ合わせれば、「高齢者に優しく、作業しやすい雨合羽（市場）」という高齢者に特化した差別化戦略もあるでしょう。

一方、自社ブランドの弱みに目を向けると「③生産量が少ない」と「③コロナによるリモートワーク増」という機会をかけ合わせると、「オンラインで在庫品を紹介する」という弱点強化戦略が出てきたり、「④職人が高齢」という弱みに「④少子高齢化による人材不足」という脅威をかけ合わせれば、「職人の働き方改革（パートフレックスタイム）」という専守防衛戦略も考えられます。

このようにクロスSWOTでは、各項目の分析データをジャンプ台にしてクリエイティブに発想していくことがポイントです。これまでの分析は左脳を使ったロジカルなものでしたが、ここでは右脳をフル活動させ、創造力を発揮してください。

戦略に正解、不正解はないので、とにかく多くのアイデアを出し、議論の幅を広げていくことで自社ブランドだけが輝けるステージが見えてきます。

また市場機会は、**守りの戦略より攻めの戦略から選ぶほうが成功確率が高まります。**なぜなら、弱みを改善するには時間も労力もかかる上、強みにまで昇華させることは難しいからです。

もちろん、弱みは改善すべき課題として認識しておく必要があります。

とくに「弱み×脅威」で出てくる戦略のなかにはすぐに着手できるものもあるので、市場機会としてではなく、ブランドの改善点として捉えておくとよいでしょう。

成功しやすい市場機会のポイントは、**「市場の拡大が見込める」「自社の強みが発揮できる」「自社より強い競合がいない」**などがあります。

しかし、これら3つのポイントを鑑みた上でも、複数の戦略が考えられるというケースも少なくありません。私の経験上、たいていの場合はひとつに絞り込むことに悩むことが多いものです。

たとえば、新しいスイーツ事業を立ち上げる場合だと、いくつかの市場機会が考えられます。

「高ビタミンD、高タンパクを配合した高齢者向けスイーツ市場」
「小麦アレルギーの子どもにも食べさせられるグルテンフリーのスイーツ市場」
「人にも地球にもやさしいエシカルスイーツ市場」

いずれの市場機会も先のポイントをクリアしているのであれば、ぜひ考えていただきたいことがあります。

それはあなた自身が**「どうしたいのか？」**ということです。

応援されるブランドをつくる上では、「どうすべき」より「自分たちはどうしたいのか」という思いが時に大切になることがあります。

なぜなら、応援されるブランドになるには日々の積み重ね（継続）が大切だからです。

積み重ねるのはブランドに関わる人たち。すなわち、ブランドに関わる一番の当事者であるあなた（経営者）の意思と覚悟がなければ応援されるブランドになれるはずがありません。

そのため、あなたがどの市場機会にするか迷っているのであれば、私はこう問いたいのです。

「どうしたいのですか、本当は？」

答えはあなたの根っこの部分にあるのです。

自社ブランドを応援してくれる理想のお客様を明確にする

ここからは前項で決めた自分たちが輝けるステージ（市場機会の仮説）をもとに、市場を細かく分解し（セグメンテーション）、その市場機会を価値に感じてくれる見込み客を選定した上で（ターゲティング）、自社ブランドの独自性（ポジショニング）を探っていきます。

これらのプロセスは、前述のＳＴＰ分析と呼ばれるマーケティングのフレームワークです。横文字が並んでいるので少し難しく感じるかもしれませんが、簡単に言うと**「お客様のことを深く理解していくためのもの」**です。

近い将来、自社ブランドを応援いただけるお客様をイメージしながら、楽しく取り組んでください。

【市場を分解して考える（セグメンテーション）】

この項では、市場の細分化（セグメンテーション）から始めていくのですが、まずその前に「なぜＳＴＰ分析が必要なのか」を考えていきます。

これはＳＴＰ分析だけでなく、戦略そのものの必要性にも関わってくる根幹的なことです。

本書では「戦いを略すること」を戦略の本質として捉えています。**なぜ戦いを略するのかというと、中小企業が持つ経営資源（ヒト・モノ・カネなど）には限りがあるからです。**

極端な例ですが、経営資源が無限にあれば戦略など必要ありません。

思いついた施策をすべて実行すればいいだけの話です。ブランディングは、お客様の心のなかにある記憶のコップに水を注いでいく活動ですが、その水が無尽蔵にあれば、あらゆるコップを自社ブランドの水で満たすことができます。

しかし、あなたの会社の経営資源は有限なはずです。世の中にいるすべての人のコップに水を注ぐ総花的な活動をしていれば、たちまち水（経営資源）は枯れてしまうでしょう。

そのため、**中小企業では自社ブランドの価値を〝誰に〟届けるかがポイント**となります。なぜなら、その〝誰〟を見誤ると、自社ブランドが提供する価値が、価値として認識してもらえないからです。

猫であれば小判ではなく、キャットフードに価値を感じます。そのため、あなたが提供する価値を価値として受け取ってもらえるよう、ＳＴＰ分析をして市場やお客様を明らかにしていくのです。

繰り返しになりますが、市場機会とは「他社にない自社ブランドの強みを発揮できる場所」のことです。

最初に行なうセグメンテーションでは、市場機会で提供する自社ブランドの価値を、価値あるものとし

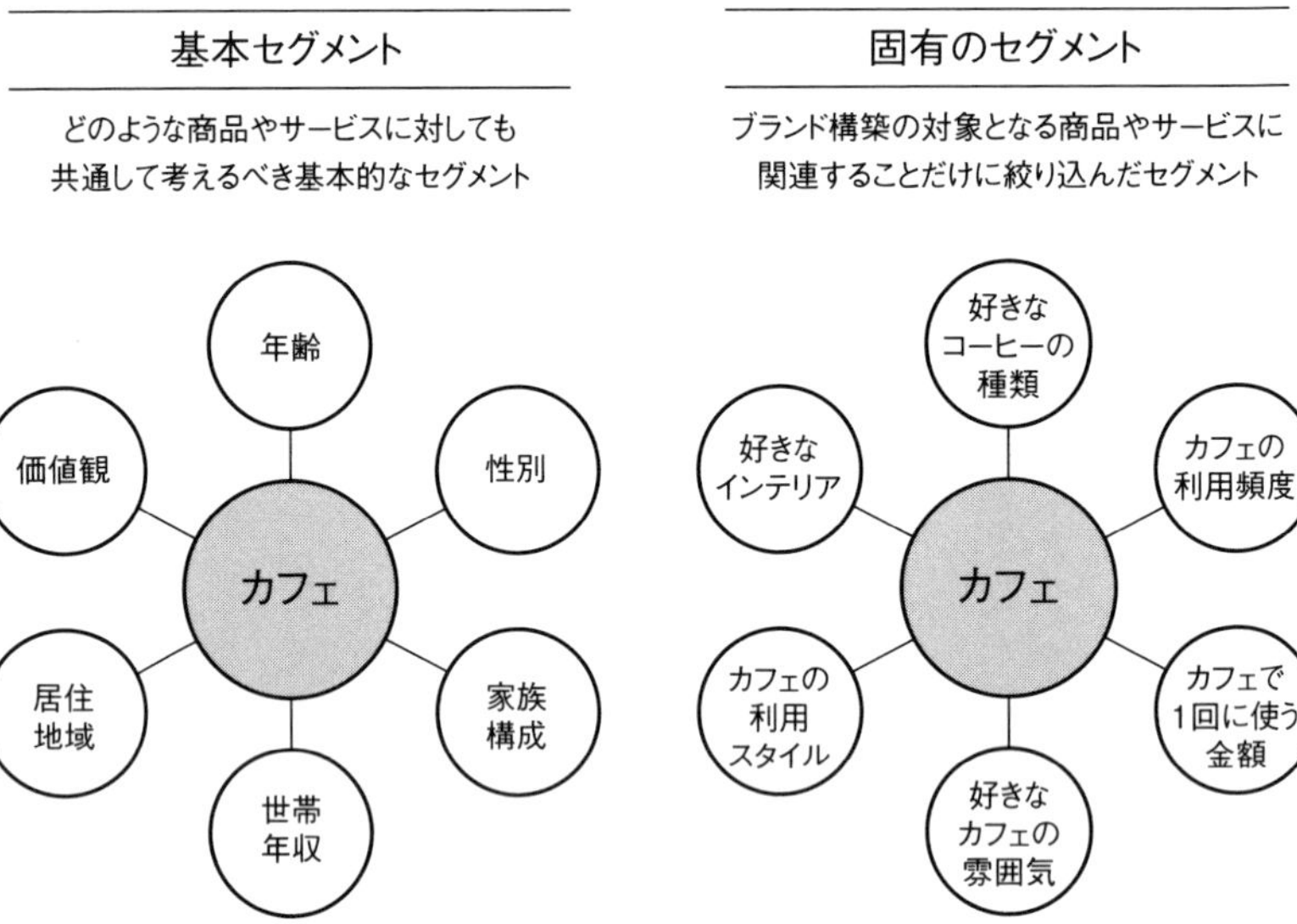

て受け取ってくれる市場（お客様）を細かく分けていきます。

市場の細分化は、上の図のように大きく2つの切り口で考えてください。

ひとつは、**どのような商品やサービスに対しても共通して考えるべき「基本セグメント」**と呼ばれるもの。ちなみにセグメントとは「市場を区切る」ことを指します。

ここでは、年齢、性別、職業、世帯年収、居住地域、性格、価値観、ライフスタイル、利用頻度など、人や家庭の属性から地理的な要素、心理的傾向などでテーマを区切っていきます。

もうひとつは、**ブランドづくりの対象となる商品やサービスに関連することだけに絞り込んだ「固有のセグメント」**です。

たとえばケーキ屋さんであれば「お菓子を買う動

機」や「好きなフルーツ」、住宅のお庭をつくる会社であれば「好きな家のテイスト」や「お庭での過ごし方」などのテーマが考えられます。それらのテーマに対して、項目（セグメント）を考えていくイメージです。たとえば「好きなフルーツ」というテーマであれば、「いちご」「マスカット」「メロン」……というような項目を入れます。

セグメンテーションは市場を分けることが目的なので、この段階ではターゲティングのことを考えず、分けることだけに集中してください。ここでターゲティングありきで考えてしまうと、自分たちの思い込みによるお客様像になってしまいます。これでは市場を分ける意味がありません。

セグメンテーションのポイントは次の３点です。

- **テーマや項目はアンケートのようなイメージで、漏れなく抜けなく考える**
- **選択肢として考えられる項目はすべて入れておく（たとえば、メインの年齢層が20代から30代でも、購入する顧客が10代、40代、50代、60代まで考えられるのであれば項目に入れておく）**
- **収益を期待できる市場を探し当てることも念頭に入れて、テーマや項目を考える**

加えて応援されるブランドづくりにおいて重要なポイントは、性格や価値観、ライフスタイル、生き方に対する姿勢など、お客様の人となり、体温を感じるような心理的な要素をしっかりとテーマに入れておくことがあげられます。

なぜなら、応援という行動は、相手に共感しないと起こらないからです。

そのため、自社ブランドの価値観に共感してもらえる人を探し当てるための心理的な要素が重要となります。

また、セグメンテーションはひとりで行なうと、どうしても抜け落ちるテーマや項目が出てきます。そのため**セグメンテーションは必ずチームで行ない、全方位的にカバーできているか話し合いながら進めていってください。**

【ブランド戦略は顧客選定戦略（ターゲティング）】

市場を細分化した後は、自社が提供する商品やサービスに価値を感じてくれる人に絞り込んでいきます。これがターゲティングと呼ばれるものです。

やり方は、先ほど細分化したテーマのなかにある項目に丸を付けていくだけ。ターゲティングは非常に簡単であり、非常に難しくもあります。

なぜならセグメントの絞り込みが広ければ、本来お客様にはなり得ない人に対してもマーケティングやブランディングの予算を投じることになり、かけた費用に対して思うような成果を出すことができなくなるからです。それとは逆に、セグメントの絞り込みが狭過ぎれば、今度は市場が小さくなり、事業としての採算が取れなくなってしまいます。

そのため、多くの経営者はターゲティングの重要性を理解しつつも、**「セグメントの絞り込み＝お客様の絞り込み」に対しては非常に消極的になる**のです。

「ターゲティングをすることでお客様が少なくなるのでは……」という経営者の不安な気持ちは痛いほどわかります。

しかし、ターゲティングをしなければどうなるでしょうか?

自社が提供する商品やサービスに対して、価値を感じてくれるお客様像が社内で共有されていない状態でブランディング施策を進めることになるのです。

それにより次のような問題が出てきます。

ひとつ目は、**ブランディングの効果が残らない**こと。

ターゲティングをしないということは、世の中のすべての人を対象にしているのと同じです。そのような広範囲にわたってブランディング施策を講じても、砂漠に水を撒いているようなもので、いくら水(経営資源)があっても足りません。

2つ目は、**ブランディング施策が孤立した点になってしまう**こと。

世の中のすべての方が対象ということは、仮に商品開発部門が20代の既婚女性、営業・販売部門が30代の未婚男性、マーケティング部門が40代の既婚女性など、それぞれの部署がバラバラなお客様像を持っていても間違いではないということになります。そのような状態でブランディング施策を行なっても、それぞれがまったくつながりのない孤立した点となってしまい、どのお客様の記憶にも残ることはありません。また、それぞれの部署の異なる主張が、対立のタネになってしまうことすら考えられます。

３つ目は、**発信するメッセージがぼやけてしまう**ことです。

ターゲティングをしないということは、伝えるべき相手が明らかではないため、メッセージの内容も万人に受けるような当たり障りのないものになります。応援されるブランドづくりでは、お客様に共感してもらうことが大切です。ニーズや価値観が多様化するなか、それらを一括りにしたようなメッセージに共感する人などいません。

伝えるべき対象が増えれば増えるほどメッセージがぼやけてしまい、誰にも伝わらないのです。ゆえに、ターゲティングをしないという選択肢はありません。

それでもターゲティングすることで、市場が小さくなるのが怖いという方もいると思うので、絞り込む時のポイントをお伝えします。

・市場規模と競合状況を意識する

絞り込む項目が少ないと市場が狭くなるため、まずは採算の取れる規模を意識します。その際、競合と項目が被っていないかなども合わせて考えてみてください。

・成長性、安定性、収益性を考慮する

これから成長の見込める市場なのか、安定している市場なのか、しっかりと収益が見込める市場なのかも考慮してください。これまでの情報（３Ｃ分析、ＰＥＳＴ分析）にヒントが隠されているので、それらも合わせ見ながら絞り込んでいきます。

・広げ過ぎず、狭め過ぎない

セグメント（項目）を広げ過ぎるとブランディング施策が散発的なものになり、逆に狭め過ぎると事業が成り立たなくなります。ターゲティングする時は、空を飛ぶ鳥のような視点（鳥瞰）と、近くの物事を見る視点（虫瞰）の両方を合わせ持つことが大切です。ゆえに経営者だけで決めるのではなく、お客様と接する機会の多い人の意見も取り入れながらベストな範囲を決めてください。

中小企業が持っている水（経営資源）は有限です。すべての種に水を撒いていては何も育ちません。撒くべき相手は、「自社ブランドが提供する商品やサービスに価値を感じてくれる人」です。

応援されるブランドのターゲティングは、**ブランド側がお客様を選定する顧客選定戦略**でもあるのです。

【ブランディングの主語を決める（ペルソナ設定）】

ここからはターゲティングで絞り込んだ項目をテーマごとに一覧にまとめていきます。まとめたものは「属性リスト」と呼ばれるもので、この範囲が自社の商品やサービスを価値として認識してくれるであろうターゲット（顧客層）です。

ターゲットとは、日本語でシンプルに言うと「的」のこと。ターゲティングをまとめた属性リストはこの的全体を表わしているとイメージしてください。

言葉を変えると的の大きさは市場規模です。

その的にいる人たちは、自社の商品やサービスを購入してくれる可能性があるものの、まだまだ範囲が広いため、的全体ではなく的の中心にいる顧客像を探っていく必要があります。

「的（全体）だけでいいじゃないか」という声が聞こえてきそうですが、ブランディングを効率的に進める上で、的の中心を定めることは非常に重要なポイントです。

これは、ダーツをイメージいただくとわかりやすいのではないでしょうか。

ダーツでは、的（ダーツボード）の中心さえ狙っていれば、少しくらい軌道が逸れたとしても的のどこかには当たります。しかし、中心がわからない状態でダーツを投げれば、的にすら当たらない可能性も出てきます。そのため、的の中心を決める必要があるのです。

その的の中心が、「ペルソナ」と呼ばれるブランドの典型的なお客様像です。

このペルソナを設定しておくと、あらゆるブランディング活動における意思決定の手助けとなります。

たとえばブランドのロゴを決める時、「僕はこれがいいと思う」「いや、私はこっちがいいかな」というように主語が自分になっている議論をよく見かけます。

ブランディングはお客様の頭のなかに、自社ブランドの価値を根付かせていく活動です。あなたの好みで進めるのではなく、お客様の好みを優先させなくてはいけません。

ゆえに**ブランディングの主語は自分ではなく、お客様**なのです。

そして、そのお客様の声を代弁するのがペルソナになります。「僕はこれがいいと思う」ではなく、「ペルソナならこれを選ぶと思う」が、ブランディング施策を決める時の正解です。

ペルソナを設定していく方法は、まず属性リストのなかから自社の商品やサービスをもっとも評価してくれそうな項目(セグメント)を選択していきます。

その上で、**選んだ項目をより詳細にしていく**イメージです。

たとえば、年齢の項目を〝30代〟、年収を〝600万~800万円〟と選択したのであれば、年齢は〝33歳〟、年収は〝700万円〟というように具体化していきます。実際に典型的なお客様がいるのであれば、その方を想像すると考えやすいでしょう。いない場合は、これまで行なったインタビュー調査やお客様との対話などを参考に決めていってください。

具体化する時の注意点は「理想の顧客像」ではなく、自社の商品やサービスをもっとも評価してくれそうな「典型的な顧客像」を考えることです。

「理想の顧客像」で考えてしまうと、現実には存在しない自社にとって都合のいいペルソナを設定してしまうことになります。これでは、どんな施策を講じても何の効果も発揮しません。

また、**主観や思い込み、先入観も厳禁**です。

たとえば、「若い女性はインスタグラムが好き」というような先入観を持っていると、ズレたペルソナを設定してしまう可能性があります。

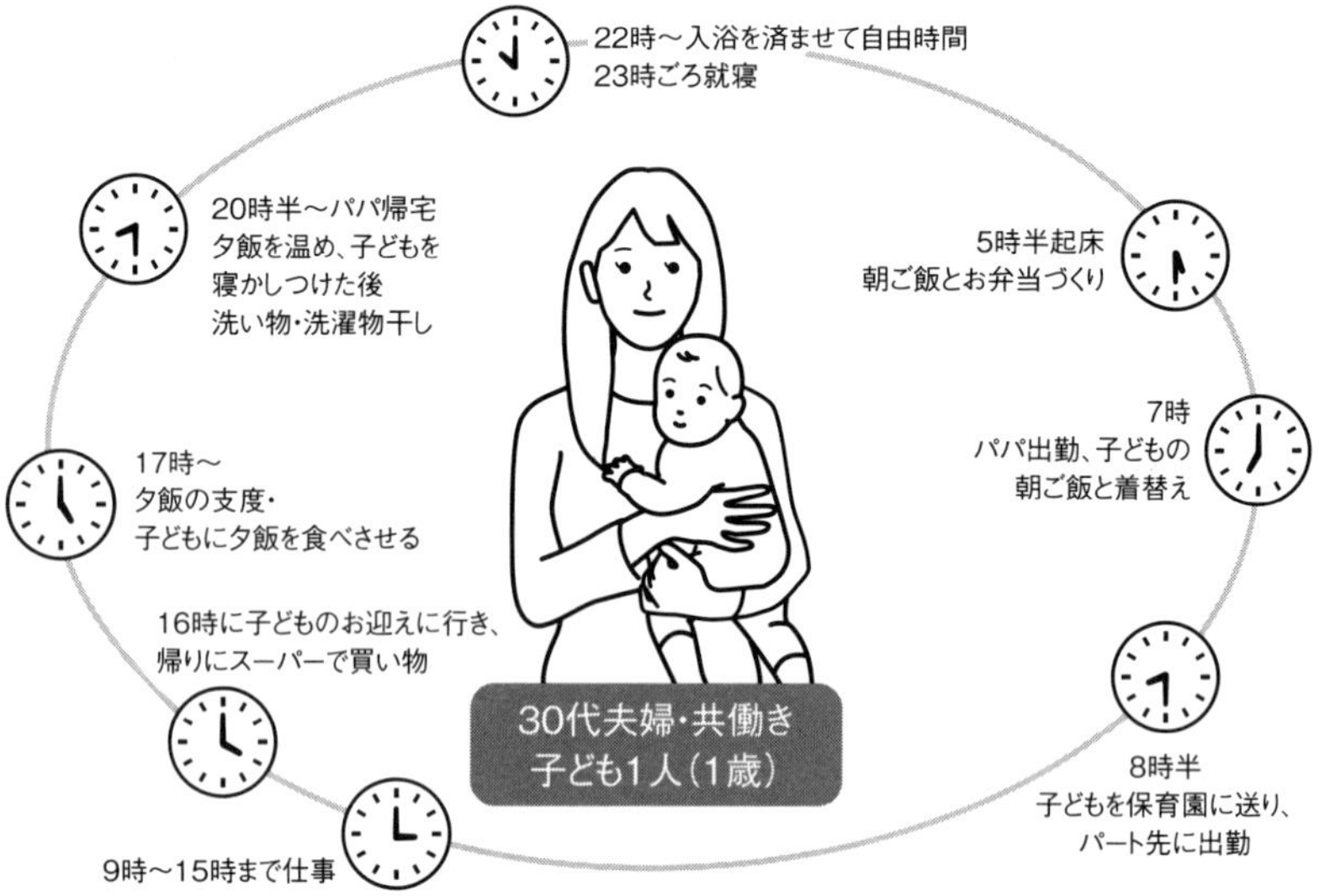
22時～入浴を済ませて自由時間
23時ごろ就寝
20時半～パパ帰宅
夕飯を温め、子どもを
寝かしつけた後
洗い物・洗濯物干し
5時半起床
朝ご飯とお弁当づくり
7時
パパ出勤、子どもの
朝ご飯と着替え
17時～
夕飯の支度・
子どもに夕飯を食べさせる
16時に子どものお迎えに行き、
帰りにスーパーで買い物
30代夫婦・共働き
子ども1人（1歳）
8時半
子どもを保育園に送り、
パート先に出勤
9時～15時まで仕事

そのため、ペルソナを設定する際には、調査などの客観的データに基づいて、「こんなお客様って、いそうだよね」というような顧客のリアルな実態を踏まえて考えてください。

その上で、**ペルソナの「典型的な平日の過ごし方」と「典型的な休日の過ごし方」**を考えていきます。

ペルソナの日常の過ごし方を考える理由は、ブランドとお客様との接点の仮説を立てる時に役立つからです。

たとえば、平日の夜10時まで仕事をしているペルソナであれば、どのようなメディアを使うと効果的な接点となるのか、また何時頃お届けするのがいいのかなどが考えやすくなります。

さらに、次のような質問に答えていくことで、ペルソナの深層心理にある欲求（インサイト）を見つけるヒントにつながります。

・ペルソナが好きなこと（もの）、嫌いなこと（もの）
・ペルソナが普段の生活で感じている不満
・ペルソナが普段の生活で感じている不安
・ペルソナが普段の生活で不便に感じていること
・ペルソナが普段の生活で不足していると感じているもの
・ペルソナが普段の生活で不快に感じていること
・ペルソナが普段の生活で幸せに感じること

これらの答えをもとにして、ペルソナのことをより理解できる「ペルソナストーリー」をつくることができます。

また、ペルソナは一度つくればよいというものではありません。

たとえば、２０２０年から始まったコロナ禍のように市場環境が大きく変化したタイミングや、自社ブランドのステージを上げる時には、それらに応じてペルソナを見直す必要があります。

一度つくったペルソナをいつまでも大切に使い続けるのではなく、時代や自社の変化に合わせてアップデートすることも必要だと覚えておいてください。

差別化の罠に気を付けろ

ここからは前項で決めたペルソナの頭のなかで、自社ブランドの独自性が発揮できるポジションを見つけていきます。他社にはない自社独自の価値をお客様に認識してもらうことで、競合と比較されることなく、選ばれる立ち位置を探すことを〝ポジショニング〟と言います。

ポジショニングは応援されるブランドづくりの成否を分けると言っても過言ではないくらい、極めて重要なポイントですので、まずはその考え方からお伝えしていきます。

【目指すべきは差別化ではなく差異化】

ポジショニングは〝競合との差別化〟という文脈で語られることが多いのですが、そもそも差別化の定義は「複数のものを比較して優劣をつけること」です。

複数のもの（競合）と比較されるということは、自社ブランドが既存の競争ルールのなかにいることになります。つまり、差別化はあくまで「競合との比較」であり、その上で「競争優位を築くこと」が前提となっているのです。

しかし、本来のポジショニングは競争に勝つことではなく、**競争しなくても勝てる立ち位置を見つけること**を表わしています。ゆえに**「ポジショニング＝差別化」という誤った認識のままでは、競合との不毛な争いから抜け出すことができません。**

なぜなら、競合と優劣を競い合っているようなレベルであれば、少しばかり抜きん出たところで、相手に真似をされるのがオチだからです。真似をされたらこちらも真似をし返すということを繰り返すうちに、いずれはお客様が感じ取れない過剰なレベルにまで品質やサービスが向上していきます。しかし、お客様が感じ取れないようなものは、そもそも価値とは呼びません。

よって、「ポジショニング＝差別化」という認識でいる限り、競合との〝価値〟競争になってしまい、その価値が価値として感じ取れなくなった時点で〝価格〟競争というラットレースに変わるのです。

そうならないために、ポジショニングでは次のことを意識してください。

それは**「ポジショニング＝差異化」という認識を持つ**ことです。差異化の定義は**「まったく性質の異なるものとして区別すること」**。つまりブランドは、同質化されない、あるいは同質化できないまったく性質の異なる自社独自の価値を見つける必要があるということです。

ここで、アメリカの「ザッポス」という企業の例をあげましょう。

ザッポスは靴を中心としたアパレル関連の通販小売店を運営している企業ですが、他に例のないカスタマーサポートで他社との差異化に成功しました。その特徴を一部ご紹介します。

・24時間365日対応の顧客サービス
・可能な限り翌日配送
・送料や返品は無料
・購入から365日以内であれば何度でも返品が可能
・在庫にない靴に関して問い合わせがあった場合には、少なくとも他社サイトを3社調べ、その情報を顧客に伝える

『ザッポスの奇跡　アマゾンが屈した史上最強の新経営戦略』石塚しのぶ著／廣済堂出版

他社の商品情報を自社の顧客に伝えるなど、短期的に見れば売り上げにつながらないどころかマイナスです。しかしザッポスでは、顧客からの問い合わせに対して誠実に対応することで、顧客にとって代わりのきかないブランドとして認知されています。

つまり差異化です。ザッポスはお客様と電話越しに接点を持てることを「この上ないブランディングの機会」と捉えるだけでなく、それを**実践し続けたことで、多額の費用をかけることなく口コミで売り上げを増やしていくことに成功**しました。

たとえば、ザッポスの競合が先のことを知ったところで、すぐに真似をできるでしょうか?

顧客満足を第一に考え、さらにそのサービスを徹底して提供できるよう社員教育も並行して行なっていることを考えると、容易に真似することはできないでしょう。

そのような真似のできないザッポス独自の価値こそが、差異化が成功した要因と言えるでしょう。

その価値をつくるために必要なのが、ペルソナ（お客様）の視点です。

自分たちが考える独自性でポジショニングするのではなく、ペルソナが感じる独自性のある価値をいくつも考え、それらの価値を有機的につなげることで、お客様から見て競合とはまったく性質の異なるブランドとして認知されます。

競合との優劣だけにフォーカスし、お客様を置き去りにするのではなく、**「ペルソナ（お客様）なら、何に対して価値を感じるのか？」という部分に焦点を当てることこそがポジショニングの要**なのです。

【具体的なポジショニングの進め方】

ここからはポジショニングの具体的な進め方について、実際の事例を通じて説明していきます。

ご紹介するのは、２０２２年から私がブランド戦略で関わっている「和歌山バターサンド専門店１０１（イチマルイチ）」（以降、バターサンド１０１）の事例です。

同店は、２０２３年12月１日にオープンした和歌山県で初となるバターサンドの専門店で、もともとは母体であるレストランの女性シェフが、自分が食べるためにつくったレーズンバターサンドが起点となっています。

レーズンの味は好きだけれど食感が苦手なそのシェフは、レーズンを砕いてクリームチーズを混ぜたバタークリームを使い、レーズンバターサンドをつくりました。

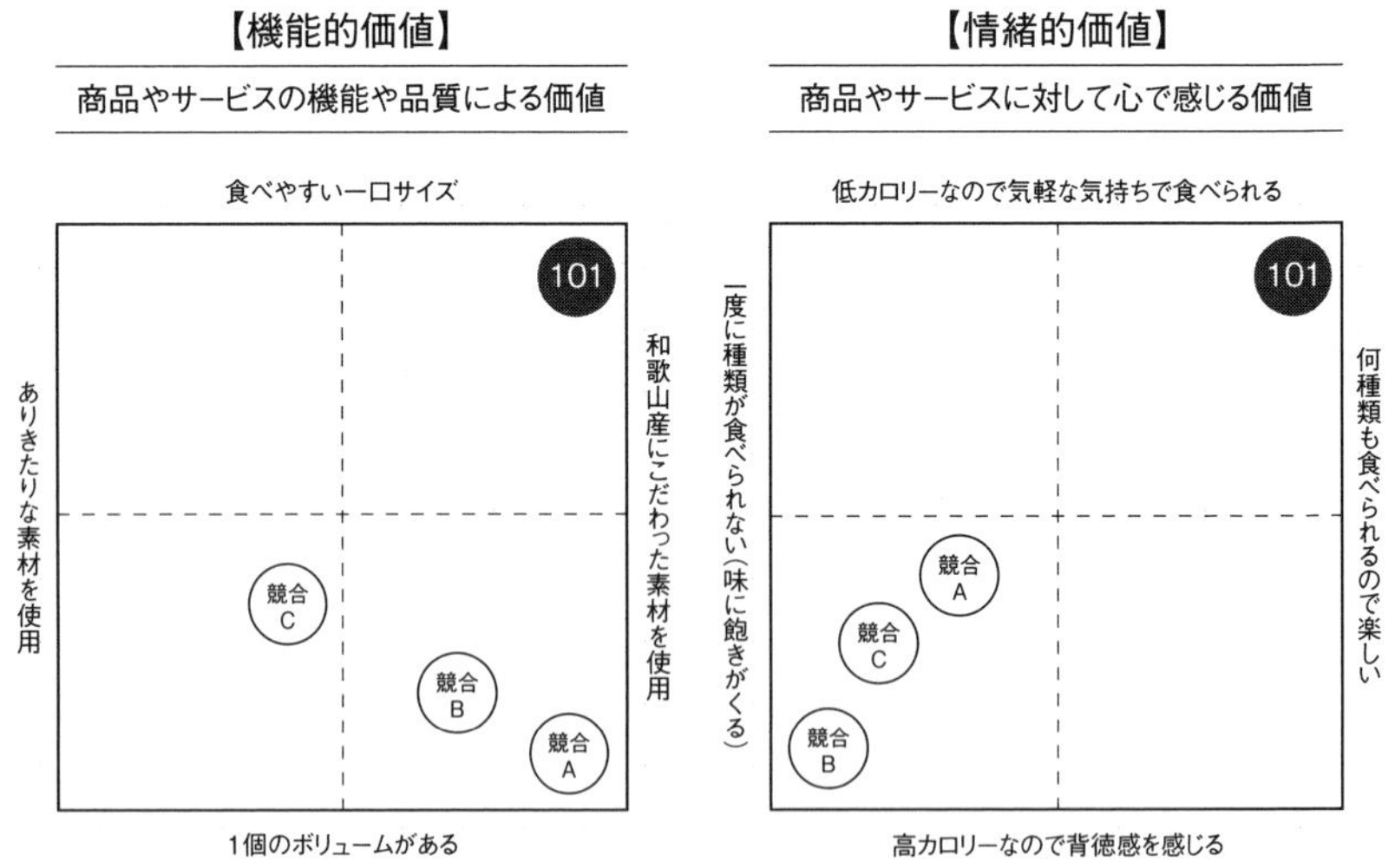

それをレストランのお客様に配ったところ、あまりのおいしさに「売って欲しい」という声が続出したため、販売することを考え始めたのです。そこから、地元和歌山産の素材を使ったバターサンドの着想につながっていきました。

では、ここからポジショニングに話を進めます。ポジショニングでは、はじめに切り口を考え、そこに当てはまる軸を考えていきます。

ひとつ目の切り口は、提供する商品（バターサンド）の機能的価値についてです。上図の左側をご覧ください。

機能的価値とは、商品やサービスの基本的な機能や品質のこと。バターサンド101では、この切り口に対し、「食べやすい一口サイズ」と「和歌山産にこだわった素材を使用」という2軸を考えました。

次にそれぞれの対軸を考えていきます。

ここでは「1個のボリュームがある」と「ありきたりな素材を使用」という対軸を設定しました。

対軸を考える時のポイントは、「安心」と「不安」というような対義語ではなく、ペルソナが使いそうな言葉にすることです。

たとえば、「食べやすい一口サイズ」の対義語だと「食べづらい大きなサイズ」となりますが、バターサンド101が立てたペルソナの場合、「1個のボリュームがある」という表現のほうが適切でした。

そして次の切り口は、**商品やサービスに対して心で感じる情緒的価値**について考えていきます。

ここでは、「低カロリーなので気軽な気持ちで食べられる」と「何種類も食べられるので楽しい」という2軸とし、それぞれの対軸は、「高カロリーなので背徳感を感じる」と「一度に種類が食べられない(味に飽きがくる)」となりました。

それらを縦軸と横軸に分けたのが、「ポジショニングマップ」と呼ばれるものです(前ページ図)。

このマップでは、自社ブランドが右上の位置にくるように軸を設定していくため、ペルソナにとってポジティブな軸は上と右に配置します。

その上で、先の競合分析で情報収集した競合をマッピングしていくのです。

現状では自社が右上には来ないけれど、どうしてもそのポジションを担いたいというのであれば、ブランドが目標とするポジションとして右上にマッピングしてもいいでしょう。ただし、その時は現状の位置も把握しておき、右上にリポジショニングするためには、自分たちに何が足りないのかも明らかにしておく必要があります。

【応援されるブランドに必要なポジショニング】

その他のポジショニングの切り口としては、お客様の属性、商品やサービスの用途（使い方）、時間（商品やサービスを使う時間帯）、選択プロセス（商品やサービスの買い方）、空間（商品やサービスの使用場所）など、ペルソナに差異化されるために必要だと思う切り口を考えてください。

加えて、応援されるブランドという切り口で考えると、**ソーシャル・ポジショニングである社会的価値は外せません。**社会的価値とは、ブランドが社会の持続可能な発展に寄与する事業を行なうことにより、社会全体が受け取れる価値のことです。

たとえば、スウェーデンの時計ブランド「ＴＲＩＷＡ（トリワ）」が販売する「ヒューマニウム39Ｂ・ブルーピース」は、違法銃器を溶かし不純物を取り除いてできた特別な金属Humanium Metal（ヒューマニウムメタル）を使用しています。世界を破壊する違法銃器から時計を生み出すというコラボレーションは、世界初の試みとして注目を集めました。加えて、Humaniumを使用した製品の売り上げの一部は、紛争によって引き裂かれた地域の復興や武器によって負傷した被害者を救うために寄付されます。

先程のバターサンド１０１では、地元でクラフトビールを製造している「ノムクラフト・ブルーイング」から出る麦芽粕（ビール製造で使われた麦芽の後に残る殻）をサブレ生地の一部として使用しています。

ノムクラフト・ブルーイングの麦芽粕（和歌山県有田川町）

麦芽粕は堆肥や飼料などに使用されるか、産業廃棄物として処理されることが一般的です。その理由は、非常に足が早い（タンクから取り出して数時間で発酵が始まる）こと、そして食用にするには時間をかけて乾燥させ、粉末にするまで手間暇がかかるからです。バターサンド101では、その作業を地元の就労継続支援施設・和の杜《もり》に依頼することで新たな仕事を生み出しています。

また、サブレ生地の機能面においても、麦芽粕に含まれる食物繊維や低糖質という価値を付与しているため、アップサイクルにもつながっているのです（アップサイクルとは、不要となったものに、新しいアイデアを加えることで、新たな価値のあるモノに生まれ変わらせること）。

ただし、ここで注意していただきたいのは、多くの人は**「社会的価値があるから購入する」のではなく、「品質がいいから購入している」という事実**です。

発展途上国にある素材や人材の能力に光を当てたモノづくりを行なう「マザーハウス」というブランドがあります。同社は、ＳＤＧｓが国連サミットで採択される9年前から「途上国から世界に通用するブランドをつくる」という理念を掲げている社会的企業です。

代表を務める山口絵理子氏は「ビジネス＋ＩＴ」の取材にて、社会や環境、サステナブルは大前提としながらも「エシカルなことは結構です。ただそれでも、やっぱり大事なのはプロダクトです。いくら環境にやさしくても、かわいくなかったら、品質が悪かったら、誰も買いません」と話されています。

ちなみにエシカルとは、「人や社会、地球環境に配慮した倫理的に正しい消費行動」のことを指します。

ＳＤＧｓやエコをどの企業よりも実践しているにもかかわらず、マザーハウスがそれらを標榜しないのは、ものづくりに対しての根本的な価値を見失っていないからではないでしょうか。

応援されるブランドづくりにとって、商品やサービスに社会的価値を付加するのは必須の条件ですが、それはもはや商品やサービスに備わっていて当たり前の価値であり、選ばれる理由の付加的な要素にしか過ぎません。

社会的価値が備わっているから選ばれるのではなく、**機能的価値（品質や機能）という土台の上に情緒的価値（デザインなど）が発揮され、さらにそれらが十分に備わっていてはじめて社会的価値が活きてくる**のです。

事例 社会的価値と高付加価値が備わった農園「藏光農園」

ここではブランド戦略を描く段階で、意図的に社会的価値を組み込んだブランドをご紹介します。

そのブランドとは、和歌山県日高川町で低農薬みかんや南高梅、ハッサクや甘夏の生産から通販まで行なっている「藏光農園《くらみつ》」です。

日高川町の人口は約９６００人、同園のある松瀬地区に至ってはわずか１５０人足らずの小さな集落にもかかわらず、全国の名だたるミシュラン星付きシェフから選ばれ続けています。

「知っていることが自慢になる農園」を目指すのは園主の藏光俊輔さん。同園は４つの経営方針を軸にし、経営理念を中心に意思決定を行なっている理念先行型農園です。

旬を大切に考えた「適期収穫」と、市場原理に左右されない果物本来の味を届ける「最速発送」をブランドの強みとしています。また、ブランド戦略においては、「高付加価値戦略」という攻めと「地域の維持・発展」という2軸をバランスよく描き、自分たちのことだけで精いっぱいという農家が多いなか、様々な地域づくり活動を農業と同じくらいの力を注ぎ、両立させている希有な農園です。

同園がそのようなブランド戦略を描くに至った背景や具体的な活動を、藏光さんの生い立ちから就農までの歩みを通じてご紹介しましょう。

利他の精神が生まれた学生時代

藏光農園の歴史は、藏光さんの父親が親戚の藏光家の養子に入られ、農家を継がれたところから始まります。最初は柑橘のみを栽培し、そこからハウス栽培の花き（花が咲く植物）が主な農産物となり、柑橘は従で栽培するという農家になっていきました。

藏光さんが子どもの頃、夏休みには毎日父親が川へ泳ぎに連れて行ってくれたこともあり、農業に対してはとてもポジティブな印象だったそうです。

そんな経験もあり、将来は農家になりたいと考えていたそうですが、仕事量が多い割にリターンが少ない仕事だと実感していた両親から猛反対されます。「農家を継ぐなんて言ってないで、しっかりと勉強しなさい」という両親と、「農業をしたい」という藏光さんとの間で折り合いがついたのが京都大学農学部への進学でした。

大学に進学後、自身の価値観を大きく変える先輩と出会います。入学当時、藏光さんは大学に入るため勉強ばかりしていたため、自分だけが大学に受かればいいというような利己的な考え方を持っていました。そして大学に入学後、どのサークルに入ろうかと考えていたところ、「アイセック・ジャパン」という海外インターンシップの運営事業をしているＮＰＯの部長に出会いました。

その先輩はすごく面白くて目立つ人なのに、自分は前に出ようとせず、一番地味な後輩をスターにすることに力を注いでいたため、「何でこの人は他の人のためにそんなに頑張るんだろう？」と藏光さんはその先輩のことをつかみ切れずにいたそうです。

その先輩は私生活でも、自分のことより他の人のことばかり考えているような人だったため、藏光さん自身も同じ立場になればその人のことが理解できるのかなと考え、3回生の時に部長に立候補します。

そして同じ立場になった時、先輩に教えてもらったのが、「自分が目立つのはそんなに難しくはない。でも、人を目立たせるのは難しい。だからこそ面白いんだ」ということでした。

その話を聞いた時、藏光さん自身も部長になっていたため、たしかにトップに立てば自然と目立つので、まだ目立っていない人を目立たせるほうがやりがいがあることに気付いたそうです。

そこから藏光さんは、「こんな時、先輩だったらどうするのかな?」と考えながら、人のために動くのが楽しくなりました。この時の出会いが、後の地域づくりなどの利他の活動につながっていきます。

●攻めと守りの応援されるブランド戦略

大学を卒業後、藏光さんは東京の高級着物販売会社に就職します。農家になることをあきらめたわけではなく、これからは農家が自分で販売しなくてはいけない時代がくると考え、モノを売る力が絶対に必要だと思ったからです。

就職後、実際に着物を販売するようになってからは、お客様との信頼関係を築くため、来店後やお客様宅への訪問後、季節の挨拶など、藏光さんはひたすらハガキを書き続けました。そのような基本的で地味なことが人の心を動かすことを実感し、農家になったいまでもお客様に商品を送る際は、必ず手書きの手紙を入れています。

また、着物は染めや織りなど一つひとつの手間の積み重ねに基づいた価格設定をしていたため、商品の背景にある、一見わからない価値をお客様に伝える大切さも知ります。

加えて、高額な着物の販売を経験することで、価格に対するメンタルブロックも外れました。自身の金銭感覚や相場で考えず、適正な価格を付けて、それに見合った価値を持たせれば売れるという自信につながったそうです。

その後、30歳で結婚し、32歳で脱サラしてふるさとに戻り、夫婦で就農します。

藏光さんが就農当時から懸念していたのは、農産物の単価が安いこと。これを適正な価格で販売したいという思いを常に持っていました。そこで考えたのが、攻めの「高付加価値戦略」と守りの「地域の維持・発展」という2軸のブランド戦略です。

最初の高付加価値戦略は、食品ネット通販最大手のオイシックスに個人農家として取り扱ってもらうことでブランドの価値を高め、商品価値を担保しました。そこからいまの藏光農園のブランド価値を高めている「ミシュランの星付きレストランに卸す」という高付加価値戦略に変化していきます。

一方、守りの「地域の維持・発展」については多岐にわたる活動をしています。

最初の活動は、寺子屋です。両親から「学習塾の経営」という道も残しながらの就農をすすめられましたが、その甘えを断ち切るため、就農と同時に地域の子どもたちに無料で勉強を教える寺子屋を始めました（第6章の283ページでも紹介しています）。

藏光農園・園主の藏光俊輔さん

そこには退路を断つという意図もありましたが、その根本には、地域の子どもたちが「田舎で育っても何にもいいことがなかった」と地元に対するネガティブな思いを持ったまま大人になって欲しくないという藏光さんの思いがありました。

その他、藏光農園の地域づくり活動は多岐にわたります。同園発の独立型研修制度だけでなく、農業関連では吉本興業と組んでの「耕作ＯＫ地プロジェクト」や、「高校生農育プロジェクト」「農業版地域おこし協力隊の受入れ」。また、農業を地域で広く捉えた時に観光も視野に入ってくると考え、観光協会の役を引き受けたり、「御坊日高博覧会」や「ヤッホーフェス」も開催しています。

藏光さんが攻めのブランド戦略と同じくらい、守りのブランド戦略に力を注いでいるのには、次のような考えがあるからだと言います。

「地域は、広大な農地に大きな農家が何軒かポツポツとあっても維持できません。新しい人が入ってきてくれないと、それこそスーパーが遠くなるとか、お医者さんもいなくなるとか、小学校が統合されるようになります。そうなると、たとえ個々の農家としては儲かっていても、地域インフラという側面で考えるとすごく貧しい町になると思うのです」

藏光さん自身は、お客様に応援されたいと思ってやっているわけではなく、お客様に忘れられないよう様々な活動をして発信をしているだけだと言います。

その理由は、藏光農園は歴史のある農家ではなかったため、それをブランドの価値に据えることができなかったからです。そこでいき着いたのが農業だけでなく、地域づくりなど様々な活動を通じてブランドの価値を高めることでした。

結果的に、歴史も何もない農家が一流のレストランから認められるまでに成長したことや、多くの地域づくり活動をしている姿を見せてきたことが応援につながっているのです。

みかんの場合だと、年に一度しかお客様と接する機会がありません。多くの農家では、みかんを販売する時期にはアピールしますが、それ以外の時期はあまり発信しません。しかし、藏光農園ではみかんの販売時期以外の11ヶ月の間にも様々なチャレンジをし、常に新しい活動をお客様に届けています。

そういった地域づくりに奔走する姿にお客様が触れることで、ブランドを応援したいという気持ちが湧いてくるのではないでしょうか。

自社ブランドの旗をつくる

ここからはいよいよフラッグフェーズの仕上げとなる自社の旗（ブランド・アイデンティティ）を考えていきます。第2章でもお伝えしましたが、ブランディングとは「自社が掲げる旗通りのイメージをお客様に持っていただくこと」です。

その旗が正しくつくられていれば、**理想のお客様が集まるだけでなく、その旗が物語る価値観に共感した仲間も集まりやすくなり、自社ブランドを大きく成長させるエンジン**となり得ます。

そのためには、どこかで聞いたことのあるような言葉を真似してはいけません。ブランド名を変えても通用するようなブランド・アイデンティティでは、自社の旗にはなり得ないのでしっかりと手順を踏んで考えるようにしてください。

【優れた旗（ブランド・アイデンティティ）の効用とは？】

具体的なブランド・アイデンティティのつくり方に進む前に、まずは優れた旗がもたらす効用についてお伝えします。

ここでは「ポルシェ」と「ザ・リッツ・カールトン」のブランド・アイデンティティを策定した背景やその意味を深掘りしながら、その効用を考えていきましょう。

・壊れないプレステージ・スポーツカー（ポルシェ）

１９９０年初頭、販売不振と高コスト体質により倒産の危機を迎えていたポルシェを蘇らせたのが、「壊れないプレステージ・スポーツカー」というブランド・アイデンティティでした。

ポルシェはもともと壊れやすくデリケートな車でしたが、「壊れない」というワードを自社の旗に掲げたことで、工場をはじめとするあらゆる部門の従業員たちが、実際に壊れない車をつくるため、自分たちでできることをやろうと動き始めたのです。

・第二の我が家（ザ・リッツ・カールトン）

ラグジュアリーホテルで有名なザ・リッツ・カールトンのブランド・アイデンティティは「第二の我が家」です。

リッツの館内に入ると目に飛び込んでくるのは大きなシャンデリア、ピカピカに磨かれた大理石の床にペルシャ絨毯、高級感のあるフラワーアレンジメントなど。このブランド・アイデンティティを額面通り受け取ると、リッツを「第二の我が家」と感じる人はアラブの石油王くらいでしょう。

しかし、リッツが掲げた旗はそういった目に見える部分ではなく、目に見えないホスピタリティを「第二の我が家」と表現したのです。

リッツの創業者であるホルスト・シュルツ氏は、自著のなかで「第二の我が家」について次のように説明しています。

幼いころ、家ではすべてが自分のために行われた。
あれが欲しいと言えば与えられ、これが嫌だと言えば遠ざけてもらえた。
あらゆるニーズが満たされていたと言ってよい。
電球が切れれば、いつの間にか取り換えられた。
芝生が伸びれば、いつの間にか刈りそろえられた。
そういう雑用をいつ誰がやってくれているのか、幼い子どもは考える必要がない。
何かについて心配するという必要がなかったのである。

『伝説の創業者が明かす リッツ・カールトン 最高の組織をゼロからつくる方法』ホルスト・シュルツ著/ダイヤモンド社

いかがでしょう。

このように説明すると、リッツの掲げる旗「第二の我が家」の意味する〝目に見えないホスピタリティ〟の意味が理解できるのではないでしょうか?

ポルシエやリッツが掲げた旗のように、優れたブランド・アイデンティティの効用は、ブランドを確立させるために自分たちが何をすればいいのかという行動をイメージしやすいため、**ブランドに関わる人たちの自発的な行動を喚起する**のです。

【顧客からの期待×自社ブランドの能力×自社ブランドの意思を明文化させる】

ブランド・アイデンティティと似ている概念に、「USP（ユニーク・セリング・プロポジション）」というものがあります。USPとは「独自の売り」という意味であり、有名なのが「ドミノ・ピザ」の「30 minutes or free（30分以内に届けられない場合は無料）」というコピーです。

ブランド・アイデンティティと混同されがちですが、USPは販売戦略のため、施策ごとに変更したり、キャッチコピーに使用することもあります。事実、ドミノ・ピザのUSPは、配達を急いだドライバーが事故を起こしたため現在では使われていません。

簡単に変えてはいけないブランド・アイデンティティと、施策ごとに柔軟に変えていくUSP。

どちらも大切な概念ですが、そもそもの起点が異なっているということを、ポイントとして押さえておいてください。

さて、いよいよ自社ブランドの旗づくりに入ります。

ここからは内容をイメージしやすいよう、ポジショニングでもご紹介したバターサンド101の事例を使って説明していきます。

まず、自社の旗とは、ペルソナに「こう思ってもらいたい」という自社ブランドのイメージを言語化したものです。

ペルソナ…山本 裕子さん（40歳）

基本セグメント

□学歴／看護学校卒
□職業／看護師（パート）
□家族構成／夫・娘（中学2年生）・ペット（犬）
□世帯年収／800万円
□性格／おおらかで明るく社交的
□よく使うSNS／LINE・Instagram

固有セグメント

□1ヶ月の小遣い／50,000円
□好きなお菓子／チーズケーキ・チョコ・タルト
□好きなフルーツ／桃・梨・いちご
□お菓子を買う動機／お気に入り・自分へのご褒美・手土産
□お菓子店選びの基準／おいしさ・値段・口コミ

ペルソナをひと言で表わすと　家族や人とのつながりを大切する自分軸を持ったミセス

そのため**ペルソナにとって好ましい内容か、そしてペルソナが理解しやすい内容か**が、旗をつくる上での大前提となります。ですので、旗を考える前にもう一度、197ページで作成した自社ブランドのペルソナ像を読み返してください。

上図はバターサンド101のペルソナ像の情報を一部抜粋したものです。

ご自身のブランドのペルソナ像を再認識した上で、次のような手順で旗を考えていきます。

はじめに、ポジショニングで出てきた軸のなかから、ペルソナがとくに独自性を感じるであろう価値を選び、それに優先順位を付けて並べていきます。

数が多過ぎると考えがまとまらなくなるので、ここでは5つ程度に絞り込むといいでしょう。

同店では次の5つの価値を集約しました。

・一口サイズなのでいろいろな味を楽しめる
・安心、安全な素材を使っている

・季節により様々なフレーバーがある
・見た目がおしゃれ
・進化する味と形

その上で、競合と比べて優位に立てる強みや自社にしかない価値を探っていきます。この時、改めて競合分析を読み返してもいいでしょう。同店の場合、次の5つを自社独自の価値として定義しました。

・食べやすい一口サイズ
・こだわりの素材を使用している
・バターサンドなのに低カロリー
・見た目がおしゃれ（中身・パッケージとも）
・素材の安心感がある（メインは地元産の素材を使用）

そして最後に、自分たちが提供したいものは何なのかという自社ブランドの意思を見つめ直します。

ちなみにバターサンド101を経営する株式会社クライスは、創作串揚げと創作すき焼きの飲食店も運営しています。それらのお店では「ひと串、ひと皿」にこだわった季節ごとに変わる創作料理を提供していることもあり、事業ブランドの一貫性を保つため、次のような意思を明らかにしました。

・食べやすい一口サイズのバターサンドを提供したい
・季節によって変わる地元素材のおいしさを提供したい

・何種類も食べられる幸せを提供したい
・カロリーが気になる人でも食べられるバターサンドを提供したい
・おいしく、楽しく健康になれるバターサンドを提供したい

このように、**お客様から求められること、自社ブランドができること、自社ブランドがやりたいこと**を明らかにすることで旗の輪郭が見えてきます。

バターサンド101の場合だと、「一口サイズ」というワードがどの項目においても頻繁に出てきました。このように重複して出てくるワードは旗のタネになることが多いのです。

また、同店では旗を考える時に自分たちの原点を見直しました。

株式会社クライスは、もともと「幸華(さちはな)」という一軒の串揚げ屋さんから始まったこと。そのお店はお客様が自分たちで串を揚げるスタイルだったこと。そしてそのお店のコンセプトが、「自分たちで串を揚げるという楽しい体験と創作串の味わいを通じて、お客様に幸せで華やかな時間を提供していきたい」というものだったのです。

そしてこれまでの情報をまとめると次のようになりました。

「ペルソナは食べやすい一口サイズを好んでいる」
「ペルソナはスイーツを手土産として利用する」
「お客様に幸せな時間を提供していきたい」

それらのワードや自社ブランドの想いから導き出されたのが、**「ひとくちの幸せ、という贈り物」**というバターサンド101の旗でした。

旗（ブランド・アイデンティティ）はキャッチコピーではないので、奇をてらった言葉でなくてもかまいません。ペルソナが好感を持てるか、また理解しやすい言葉なのかがポイントとなります。

顧客からの期待、自社ブランドの能力、自社ブランドのやりたいこと。これらがかけ合わさった言葉こそ、応援されるブランドに必要な旗印なのです。

【ブランドがお客様に約束すること】

ブランド・アイデンティティを策定した後は、それをより具体的に実行するために**「ブランド・プロミス」**を決めていきます。

ブランド・プロミスとは、そのブランドが保証しているとお客様が思っている品質や機能、価値のこと。簡単に言うと、自社ブランドとお客様との約束です。

たとえば、私の事務所であるエイドデザインでは、**「あなたのブランドを、あなた以上に大切にするブランディングパートナー」**という旗を掲げています。

それを具体的に実行するために決めたブランド・プロミスのひとつが、**「一業種一社制。顧問期間中およびプロジェクト期間中は、クライアントと商圏が被る同業からの受注は請け負いません」**という約束です。

ちなみに一業種一社制というのは、ひとつの会社が複数の競合他社の仕事を担当しないというやり方のことを指します。主に海外の広告代理店が行なっている考え方です。

一業種一社制をブランド・プロミスにしたのは、私が大切にしている「知りながら害をなすな」という仕事に対しての倫理観がベースにあります。この言葉の意味は、「お客様が不利益を被るのを知っていて、見て見ぬ振りをするな」ということです。

私の場合、前職においてひとつの業種で商圏が被る複数社の広告を担当していたことがありました。

もちろんこれは悪いことではなく、ひとつの業種に特化することでその業界の情報が集まりやすくなり、お客様にとってもメリットがあります。事実、マーケティングやブランディングに関しては、整体院専門とか不動産専門など、ひとつの業界に特化した会社が多いです。

ただ、商圏が被っている場合、A社が行なうマーケティング施策は、B社にとっては不利益になることも考えられます。

仮に、A社とB社が同じ時期にキャンペーンを行なうとして、A社のほうが魅力的な内容だった場合、B社のキャンペーンは確実に失敗に終わるでしょう。

この時、私はA社とB社両方の情報を知っていますが、守秘義務があるので何も話すことはできません。黙っていればB社に害をなし、逆にB社に話せばA社に害をおよぼします。

弊所が掲げている旗は**「あなたのブランドを、あなた以上に大切にするブランディングパートナー」**です。私が取る行動は言うまでもありません。

このように、ブランド・プロミスは**自社の旗を具体的な行動で表わしたもの**です。そのため、「自社の旗を体現するために必要な行動は何なのか」という視点でブランド・プロミスを考えていきます。

ブランド・プロミスは端的なフレーズで表現したり、少し長めの文章や項目に分けて表現するなど、とくに決まりはありません。先程の「一業種一社制」のように具体的な内容でも、ある程度抽象度が高くても大丈夫です。

たとえば、ライザップの**「結果にコミットする」**は、ブランド・アイデンティティでありながら、強烈なブランド・プロミスでもあります。なぜなら、結果にコミットできなかった瞬間、ライザップというブランドは毀損されるわけですから。

もうひとつ端的な例で言うと、イナバ物置の**「100人乗っても大丈夫」**も、それだけの人数が乗っても問題がない耐久性と安全性を約束しているので、ブランド・プロミスとも言えます。

また、少し長めの文章だと、Panasonicの例があります。

「私たちPanasonicは、より良いくらしを創造し、世界中の人々のしあわせと、社会の発展、そして地球の未来に貢献しつづけることをお約束します」

端的なフレーズの場合、インパクトはありますが、カバーしている領域が限定的になりがちです。

一方、長めの文章だと広範囲をカバーできる反面、抽象度が高くなり過ぎることがあります。

そのため、私は**「お客様」「自社」「社会」という３つの異なる視点でブランド・プロミスを考える**やり方をおすすめしています。

ここでも経営者ひとりで決めるのではなく、必ず従業員を巻き込み、ワークショップ形式で進めてください。ワークの流れは、次の質問に対してのアウトプットを付箋紙に書き込み、その内容をまとめ、後で文章化していくというものです。

Ｑ私たちがお客様に対して約束できることは何ですか？

〜お客様に向けての約束〜（お客様から期待されている品質や価値など）

Ｑ私たちが自社ブランドに対して誓約することは何ですか？

〜自社に向けての約束〜（ブランド価値を保ち続けるための技術の向上や制限など）

Ｑ私たちが社会やステークホルダーに対して約束できることは何ですか？

〜社会やステークホルダーに向けての約束〜（ブランド価値を提供し続けた先に実現できること）

ブランド・プロミスは多過ぎると従業員が混乱するので、この３つの質問に対するアウトプットを５〜７項目程度にバランスよくまとめてください。

ちなみに、バターサンド１０１のブランド・プロミスは次のような内容です。

▼和歌山バターサンド専門店101の旗「ひとくちの幸せ、という贈り物」

・**お客様に向けた約束**…和歌山を愛し、高品質で安心・安全なお菓子を届けます。

・**お客様に向けた約束**…お客様の喜びや四季を感じるお菓子を届けます。

・**お客様に向けた約束**…和歌山県産をはじめとした、こだわりの素材を使用します。

・**自社に向けた誓約**…お客様の幸せのため、新しいバターサンドにチャレンジし続けます。

・**自社に向けた誓約**…「また食べたい」「誰かに贈りたい」と思えるバターサンドをつくり続けます。

・**社会に向けた約束**…和歌山の一企業であることを自覚し、郷土と共進できる活動を行ないます。

・**社会に向けた約束**…和歌山県産の素材を使い、地産他消を実現し、地域に貢献します。

ブランド・プロミスをつくる時に、ひとつだけ注意しなければいけないことがあります。

それは、**できない約束はしないこと**。出来上がった内容をそのまま使うのではなく、「どんな状態でも本当に約束できるのか？」という視点で一度見直すようにしてください。

なぜなら、ブランドが試されるのは平時ではなく有事だからです。

ブランド・プロミスが守れていないということは、言行が一致していない状態のため、自社の旗が正しく認知されません。すなわちブランドが確立しないということです。

応援されるブランドは、約束（ブランド・プロミス）を守り続けた先にあるのです。

事例 ブランド・プロミスと顧客選定を同時に行なう学習塾「りんご塾」

ブランド・プロミスを策定してから飛躍したブランドをご紹介します。

そのブランドは、滋賀県彦根市という地方都市にありながら、算数オリンピックで毎年メダリストを輩出してきた「りんご塾」です。

りんご塾はオリジナル教材にこだわり、算数オリンピックに特化した塾ブランドとしていまや全国に知れわたり、フランチャイズ塾として東京、大阪などを中心に全国50教室以上の広がりを見せています。

また、塾長の田邉亨さんは2022年4月、りんご塾のオリジナル教材をベースにした著書『天才!!ヒマつぶしドリル』（学研プラス）を出版。教材としては異例の22万部を超えるベストセラーとなり、現在複数の出版社から執筆依頼が殺到するほど教材作家としても活躍されています。

そんな学習塾ブランドからは、ブランド・プロミスと顧客選定を同時に行なう方法とブランディングを継続するためのコツをお伝えします。

りんご塾のブランド・プロミス〜算数オリンピック・メダリストへの道8か条〜

りんご塾の由来は、作家の開高健がサインによく書いていたと言われる「明日、世界が滅びるとしても今日、あなたはリンゴの木を植える」というフレーズと、田邉さんがアメリカ留学中にニュートンの『自然哲学の数学的諸原理』に感銘を受けたことから決まりました。

2000年に開業し、その5年後、当時つくっていたオリジナル教材で生徒の成績がどんどん上がっていたこともあり、これを全国に広めたいと考え、オリジナル教材の販売に着手します。

そして、その教材を展示会で販売した時、あるベテランの塾講師から「彦根なんか中学受験もないのに何が成績アップだ。実績もないくせに」と言われたそうです。

その言葉をバネにして実績をつくるための方法を模索するなか、2009年1月に『算数パズルで難関中学の入試問題がスラスラ解ける』（エール出版社）という本を出版します。それをたまたま書店で見た人が「ぜひ、自分の息子をりんご塾に通わせたい」となり、彦根市内に住んでいた当時小学6年生の男の子が入塾することになりました。

ただ、その子はすごく賢かったため、どのようにして才能を伸ばしていこうかと悩んでいた時、友人から算数オリンピックのことを教えてもらいます。

そこから教材販売をやめ、その生徒と二人三脚で算数オリンピックへの挑戦が始まりました。

しかし、算数オリンピックのことはその時に知ったばかりだったため、それに特化した教材づくりも手探り状態でした。その生徒は、地元で最難関と言われている高校から現役で京大に合格するほど賢い子だったにもかかわらず、小6から中3まで4年連続で予選落ちさせてしまいます。

ちなみに算数オリンピックで予選を突破するということは、全国で150位以内に入らないといけないため、かなり高い壁だそうです。

小6と中学は算数オリンピックのなかでもとくに難しいということもあり、その子は毎回惜しいラインまでいきながらも残念な結果に終わってしまいました。

また、同じ時期に小4から小6まで挑戦した生徒も、3年連続で予選落ちさせてしまいます。その子も東大の法学部へ進学するくらい賢い子だったそうです。

人口が約11万人の彦根市で、そのような賢い子どもたちが集まってきた理由は、この頃から「算数オリンピックの塾」と打ち出していたためでした。塾の特長を明確に打ち出したことで、算数に素地のある子どもたちが自然と集まるようになっていったのです。

その後、2010年にひとりの子がギリギリのラインで銅メダルを取ります。

その翌年は、あと1点あれば銀メダルに届いたという銅メダル。そして2012年は銀メダルが2人、銅メダルが1人と年々その成果が現われてきました。ちなみに銅メダルの生徒は京大、銀メダルの生徒は東大の理科二類へ進学したそうです。

金メダルまでのよい流れが来つつありましたが、りんご塾はここで大きく失速します。

2013年はまさかのメダルゼロ……。誰も予選を突破できなかったのです。大きな要因は講師の精神状態にありました。

―算数オリンピック・メダリストへの道8か条―

第1条	「性　格」	算数が好きで、問題を解くことを喜びとするようなお子さんであること。
第2条	「保護者」	保護者もメダルを取ることに希望を持っていること。 ご家庭のサポートは、この年代のお子さんには不可欠です。
第3条	「指導者」	指導者が算数オリンピックの問題に精通していること。
第4条	「努　力」	定期的に塾に来て実力をつけていくこと。りんご塾ではスモールステップで成功体験を積み重ね、確実に実力を育みます。
第5条	「自　立」	人に解き方を尋ねるのではなく、自分で問題が解けるようになること。 りんご塾では、そのように指導していきます。
第6条	「平　穏」	落ち着いた精神状態でいること。りんご塾とご家庭とでタッグを組み、お子様の精神的な支えとなります。
第7条	「見通し」	指導者は、お子さんの上達を理解し、フィードバックで「やる気」や「自己肯定感」を高めていける存在であること。
第8条	「対　処」	指導者は、「成功恐怖」や「現状維持圧力」について理解し、対処法を知っていること。

「金メダルが取れそうだと舞い上がり、地に足がついていなかったこと。またその年に事務員が退職したことなどいろいろあって……」と田邉さんは振り返ります。

この年にわかったのは、算数オリンピックはレベルが高過ぎるため、生徒や保護者だけでなく、講師も含めた三者が無欲かつ心穏やかな精神でないとメダルが取れないということです。

素質のある子がいたのに、メダルを取らせてあげられなかったことを悔やみ、田邉さんはこの経験をベースにした「算数オリンピック・メダリストへの道8か条」をつくります。

これは自分たち指導者が生徒や保護者に約束するブランド・プロミスの役割を果たすだけでなく、生徒の資質や保護者の姿勢などにも触れているため、顧客選定にもつながっています。あえて入塾へのハードルを高めることで、生徒の質を担保し、メダリストを輩出する可能性を高めているのです。

継続するには成功のイメージを持つ

２０１３年のメダルゼロからメンタル面の大切さに気付いた田邉さんは、「算数オリンピック・メダリストへの道8か条」の通りに指導を続け、その翌年、8か条の正しさを示すかのようにひとりの生徒が金メダルと長尾賞をダブル受賞します。

その年、金メダルの取らせ方がわかったのと同時に、ひとつの地域でやる限界を感じたそうです。

そこで、メダリストを輩出してきたりんご塾のオリジナル教材とそのノウハウを提供する、フランチャイズ構想をブランド戦略として新たに描きました。

フランチャイズを実現したのはそれから3年後。２０１７年9月に天王寺校（大阪）、２０１８年4月に自由が丘校（東京）がりんご塾のフランチャイズに加わります。

田邉さんがブランディングで大切にしているのは〝継続性〟です。

「しっかりとブランド戦略を立てたのであれば、あとは粛々と積み上げていくだけ。〝石の上にも3年〟ということわざがありますが、私は〝石の上にも5年〟だと思っています。意味がわからないことでも5年は続けてみること。算数オリンピックで金メダルが取れたのも5年、フランチャイズは3年で1教室目が実現しましたが、本格的に広げるには5年ほどかかりました」

また、継続していくには、成功のイメージが必要だと言われます。それを試行錯誤しながらイメージを実現していくのです。

りんご塾・塾長の田邉亨さん

田邉さんが表現される成功のイメージとは、自社ブランドの旗であるブランド・アイデンティティと考えて間違いありません。それが間違っていなければ、うまくいかなくてもやり方が悪かったと考えて、うまくいくまで何度もやり方を変えて繰り返します。

しかし、成功のイメージがぼんやりとしていたら続きません。

たとえば、りんご塾の場合、「洛南高附属中への専門塾」を成功のイメージにしていた時期がありましたが、目標として広がりはなく、ターゲットも狭かったため、大変苦労したそうです。

その後、「小学生からの医学部医学科への専門塾」としましたが、今度は広過ぎてうまくイメージができませんでした。

そして、「算数オリンピックのメダリストをつくる塾」ということをイメージしたらピントが合い、そのためにどうすればいいかを模索して、5年で金メダルを取ることができたのです。

田邉さんはこう言います。

「大き過ぎず、小さ過ぎない成功のイメージが必要です。自分にピッタリ合うイメージ、しっくりくるイメージが持てると、継続が苦にならなくなります。イメージは言葉を変えるとゴールです。ゴールが見えているのであれば、そこに向かって進むだけ。継続できないということは、イメージ=ゴールが明確ではないのだと思います」

また、成功のイメージに到達しない時は、「自分の訴求の仕方が間違っている」と考えるようになってから成果が出るようになりました。

「世の中は、なぜ自社ブランドを評価しないのか？」という問いへの答えは、「世の中が自社ブランドを評価する手段がないから」だと言います。

りんご塾の場合で言うと、本を出版してはじめて本を買ってもらうことができました。この「出版した」ことにより、世の中がりんご塾を評価できるようになったのです。

その文脈で言うと「継続」は、「世の中に評価してもらう手段を探すこと」かもしれません。

田邉さんは「継続」というより、「探し続ける」ことに近いと言います。なぜなら、探すのをあきらめた時点で終わりだという点が似ているからです。

第4章のまとめ

☑ フラッグフェーズは、できるだけ多くの従業員と一緒に進めていく。

☑ 顧客分析は「不」に着目して潜在的ニーズを考える。

☑ 競合分析の目的は、「自社とどんな違いがあるか」を明確にすること。

☑ 市場機会は、あなた自身が「本当はどうしたいのか？」を考える。

☑ ターゲティングは顧客選定戦略でもある。

☑ 機能的価値という土台の上に情緒的価値が発揮され、その上で社会的価値が活きてくる。

☑ 「顧客からの期待」「自社ブランドの能力」「自社ブランドのやりたいこと」がかけ合わさった言葉こそ、応援されるブランドに必要な旗印。

第5章

「応援されるブランド」のつくり方

③ファン

自社の旗の届け方を考える

ここからは、前章で掲げた自社の旗を日々のビジネス活動で体現できるよう、具体的なマーケティング戦略に落とし込んでいきます。

【自社の旗を具体的なマーケティング戦略に落とし込む（４Ｐ）】

マーケティング戦略に落とし込むと言っても、マーケティングの領域は広範囲にわたるため、どこから手を付けていけばいいのかわからない方も多いと思います。

そこで、アメリカの経済学者であるエドモンド・ジェローム・マッカーシーが提唱する、マーケティングのフレームワーク「４Ｐ」を使用して、自社の旗を強化させるための分析を行ない、マーケティングの具体化戦略を練っていきます。

４Ｐとは「製品戦略（Product）」「価格戦略（Price）」「流通戦略（Place）」「プロモーション戦略（Promotion）」の頭文字を取ったものです。

まずは売り手の視点から、各戦略の内容を具体的に整理していきます。

▼製品戦略（Product）

製品戦略では、これまでのフェーズにおいて明らかになっている商品のコンセプトやお客様に提供する価値、自社ブランドの独自性などを改めて確認していきます。その上で商品のラインナップやデザイン、そこに付帯するサービスなど、自社が掲げる旗に相応しい内容を設計していきます。

▼価格戦略（Price）

価格戦略で肝となるのは標準価格の設定、いわゆる値付けをどうするかです。価格設定の基本的な方法は、大きく3つに分類されます。

製造コストを基準に価格を設定する**「コスト基準型」**、競合がすでに設定している価格を基準に設定する**「競争基準型」**、マーケティング戦略を軸にして最適な価格を設定する**「マーケティング戦略基準型」**の3つです。

応援されるブランドづくりでは、商品やサービスに独自性のある価値が付与されているため、それに見合った価格を付けなくてはいけません。そのため、コストの積み上げや競合他社に合わせるような価格設定ではなく、「マーケティング戦略基準型」で適切な値付けを行なってください。

その上で、支払方法や取引条件、仕入れ価格などを決めていきます。

加えて、**割引に対するルールを厳格に定めておく**必要があります。自社だけで販売するのであれば、自らで販売価格に対するハンドリングが取れますが、商品やサービスを卸す場合だと、販売先が野放図的に割引をするとブランドの毀損にもつながりかねません。

とくに賞味期限のある食品の場合だと、このような問題が起こりやすいので廃棄ルールも含めた細かな設定が必要です。

▼流通戦略（Place）

流通戦略では、自社ブランドの商品やサービスを**どこで提供するのか、またどのように売るべきか**を考えていきます。

実店舗で販売するのであれば、店舗の立地や品揃え、在庫をどれだけ持つのか。商品を卸すのであれば、問屋や小売店などの外部の流通経路についても考える必要があります。また、オンラインであれば、自社のECサイトなのか、ネットモールに出店するのか、などを決めていきます。

その際、発生する商品の配送も重要な流通戦略のひとつです。なぜなら、商品の購入後はできるだけ早く受け取りたいとお客様は思うからです。

しかし、**2024年問題により物流コストが高騰するだけでなく、輸送する時間も長く**なります。

第6章の291ページで紹介している漁師通販のパイオニア・弁慶丸では、今日水揚げされた魚を翌日届けることをお客様に約束しています。

ところが、2023年の6月から運送会社の配送エリアが変わり、弁慶丸が所在する鳥取県から関東への発送が、翌日に届かなくなるという通達がありました。関東圏に顧客が多い弁慶丸にとってこれは死活問題です。

弁慶丸・代表の河西信明さん

弁慶丸・代表の河西信明さんはそこから打開策を考え抜き、関東への発送が翌日到着のエリアである隣の兵庫県まで商品を自分たちで持ち込むという方法でこの問題を解決されました。

弁慶丸では自社で物流の一端を担うことで乗り切りましたが、新たなブランドを構築する上で、今後は配送日数も含めた流通範囲をしっかりと設計しておくことが必要になるでしょう。

▼プロモーション戦略（Promotion）

最後のプロモーション戦略は、自社ブランドの認知度を高め、好意的なブランドイメージを構築し、実際の購買につなげることを目的とした一連の活動です。

プロモーション戦略は、主に**「広告宣伝」「広報・PR」「セールス・プロモーション（販売促進）」「営業活動」**がありますが、それぞれ目的が異なるため、伝えるべきメッセージの内容を変えていかなくてはいけません。

ひとつ目の「**広告宣伝**」の目的は、様々なメディアを通じて自社ブランドの特長を世に広めること。自社ブランドの特長を知ってもらうということは、いわゆる認知度を高めることです。もちろん、「広告宣伝」では購買につなげるような導線を入れることも多いですが、認知度を高めながら購買につなげるのが、応援ブランディングにおける広告宣伝の前提となります。

2つ目の「**広報・PR**」の目的は、自社ブランドの活動やその価値を理解してもらい、あらゆるステークホルダーとの信頼関係を構築することです。そのため、ポジショニングで定めた社会的価値に関する取り組みや考え方などを積極的に発信していきます。ここでは基本的に購買につながるような表現は行ないません。

3つ目の「**セールス・プロモーション（販売促進）**」は、自社ブランドの認知度とお客様の購入意欲を高め、商品の購入を促すきっかけをつくることが目的です。小売店であれば陳列やPOP、お客様へのDMやニュースレター、商品サンプリングや体験会などの各種イベント、オンラインであればホームページやSNSなどを使って販売促進を行なうことなどです。

4つ目の「**営業活動**」は、人的資源を使い、双方向のコミュニケーションを通じて、自社ブランドの価値を伝えながら販売に結びつけることが目的です。ただし、ここでも前提となるのは自社ブランドの認知度を高めることです。認知度を置き去りにして、販売にだけ比重を置くと、お客様に誤ったイメージを植え付けることにもなりかねません。自社ブランドが提供する価値をしっかりと伝えた上で行なうのが、ブランド戦略上の営業活動です。

「広告宣伝」「広報・PR」「セールス・プロモーション（販売促進）」「営業活動」、いずれの活動においてもその効果を最大化するためには、**お客様が普段どのような生活を送っているのかという仮説を立てながら設計していく**必要があります。そのため、4Pでは第4章の197ページで定めたペルソナ像を意識しながら進めるようにしてください。

【お客様の視点での振り返り（4C）】

売り手の視点から4P（製品戦略・価格戦略・流通戦略・プロモーション戦略）を具体化した後は、お客様の視点からその戦略が本当に機能するかチェックしていきます。

この時に使用するのが、4Cと呼ばれるフレームワークです。これはもともとあった4Pに対して、顧客の視点から見直したものです。また4Cは4Pに相対して考えていきます（次ページの図を参照）。

▼顧客価値（Customer Value）

まず、「顧客価値」は、4Pの「製品戦略」のなかで考えた内容が、顧客にどんな価値をもたらすのかを考えていきます。

4Cは4Pに相対して考える

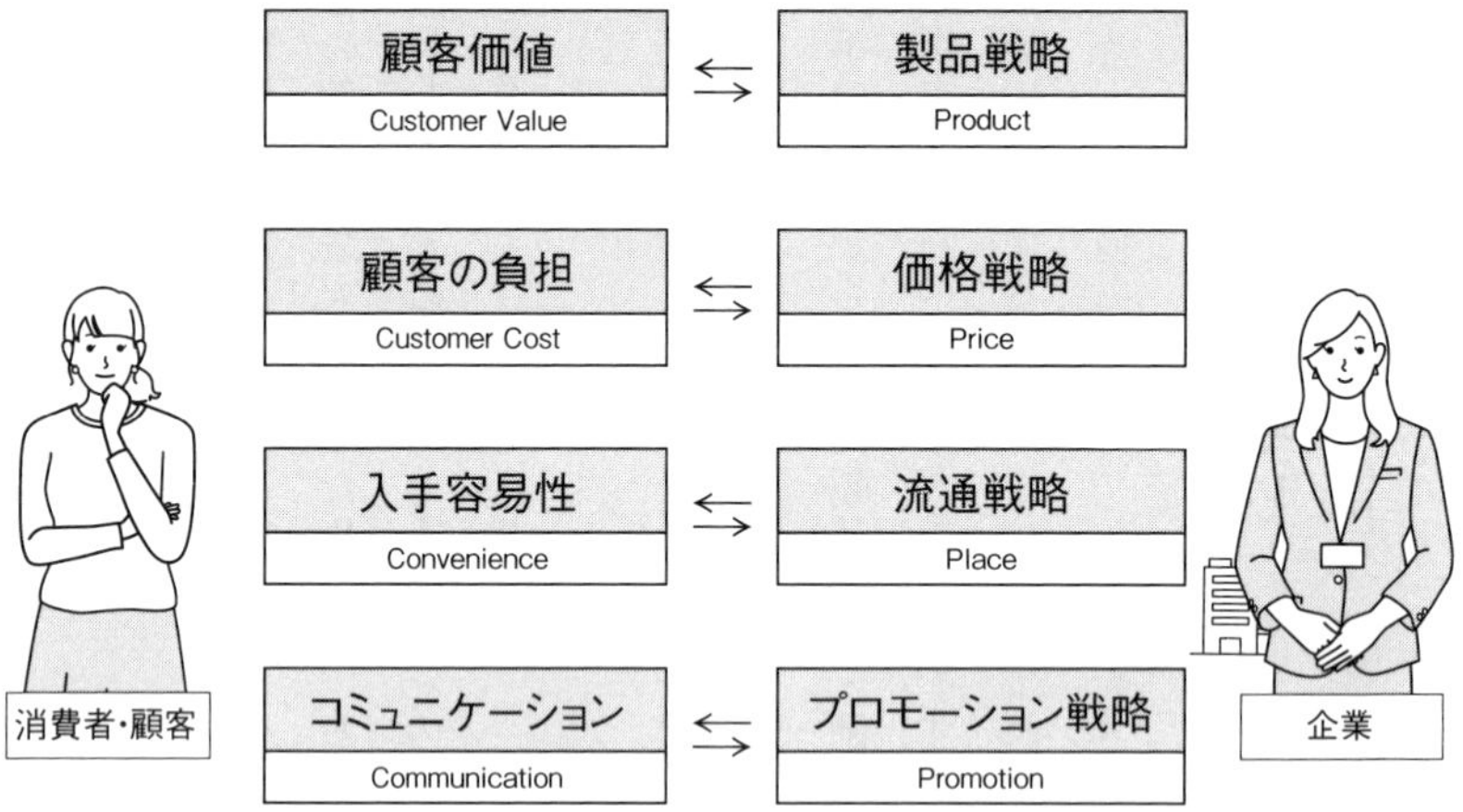

出典：（一財）ブランド・マネージャー認定協会

ブランドがもたらす価値は、第４章のポジショニングの切り口に出てきた「機能的価値」「情緒的価値」「社会的価値」に、「自己表現的価値」を加えた４方向からチェックしてください。

- **機能的価値**…商品やサービスの機能面や品質面においての価値
- **情緒的価値**…商品やサービスを使用した際に心で感じる付加価値
- **社会的価値**…商品やサービスを購入することにより社会全体が受け取れる価値
- **自己表現的価値**…商品やサービスが自身のオリジナリティを表現している価値

これらの価値が「製品戦略」で考えた内容に対して、本当に備わっているかをお客様視点で考えていくのですが、この時「お客様にとっての機能的価値は？」というように「お客様」を主語にすると範囲が広過ぎて漠然としたものになります。

そのため、ここでは「ペルソナにとっての機能的価値は？」と、**主語をお客様からペルソナに置き換えて考えてください。**

▼顧客の負担（Customer Cost）

「顧客の負担」では、**お客様がその商品やサービスを手に入れるのに、どれだけのコストがかかるのか**を考えていきます。

ひと言でコストと言っても価格だけではなく、お客様がその商品を手に入れる時に感じる心理的なハードルや価格以外に生じる物理的なコストなども考えなくてはいけません。

たとえば、第４章で紹介したバターサンド１０１で言うと、「贈り物ならいいけど、自分用には価格的にちょっと……」というような心理的なハードルや、「並んでいる時間がもったいない」という物理的なコストが考えられました。

そのため、自宅用の簡易パッケージやプチギフトをつくって買いやすくしたり、ネット上での予約販売で店舗受取もできるようにするなどの対策を講じていったのです。

そして、それらを総合した価値に対して、お客様はいくらなら支払えるかなど、４Ｐの「価格戦略」で分析した内容と照らし合わせてチェックします。

▼入手容易性（Convenience）

「入手容易性」では、自社ブランドが提供する商品やサービスの買いやすさを、４Ｐの「流通戦略」と合わせて考えていきます。なぜなら、お客様にとっての買いやすさと、自社ブランドにとっての流通はコインの裏表のような関係だからです。

たとえば、その商品が店舗でしか買えなかったり、ネットでの販売であっても、決済手段が代引きと銀行振り込みだけであれば、お客様にとって買いやすいとは言えません。また、店舗に駐車場がなかったり、SNSからのネットショップへのアクセスのしやすさも「入手容易性」のひとつです。

ペルソナの立場になって「入手容易性」を考えていくと、4Pの「流通戦略」で分析した販売方法や販売エリアの足りない部分が見えてくるので、その部分を補って流通戦略を最適化してください。

▼コミュニケーション（Communication）

「コミュニケーション」とは、相手と意思を伝え合ったり、交流を図るなどの行動を指します。つまり、ここでは4Pで立てた「プロモーション戦略」が、**お客様と双方向のコミュニケーションになっているのか**を考えます。

たとえば、イベントや催事などの対面でのコミュニケーション、またSNSを中心としたオンラインでのコミュニケーションが、ブランドの一方通行になっていないかを精査していきます。

なかでも「広告宣伝」と「セールス・プロモーション（販売促進）」で考えた施策は、一方通行になりがちなので注意してください。

理由は、それら2つのゴールが数字（売り上げ）だけになっていることが多く、それを追うこと自体が目的となってしまい、お客様とのコミュニケーションが置き去りになってしまうことがあるからです。

また、応援されるブランドづくりにおいては、双方向のコミュニケーションに加えて、**「お客様の共感が得られる内容か」「お客様が応援したくなるような内容か」「お客様がフィードバックできる仕組みがあるか」**なども合わせて考えていきます。

そのためには、ファンミーティングや工場（会社）見学、商品開発会議への参加など、お客様にとって特別感があり、かつブランドと直接コミュニケーションを取れる場の設計が有効です。

第1章で紹介したイエステージでは、分譲地の住民を対象にした防災イベント。第2章で紹介したラペでは、顧客を対象にした料理教室。ウィー東城店では、店舗での様々なイベント。人形工房ふらここでは、お客様のスタイルで人形を見て回れるショールーム。第3章で紹介したコスコジでは、ポイントカードを使ったお客様とのコミュニケーション（恋の悩み相談・コスコジの仕入れに参加など）。それぞれがブランドの特色を活かした独自のコミュニケーションを設計されています。

応援されるコミュニケーション施策については、第6章の「ブランドが応援されるための8か条」に掲載されている事例なども、ぜひ参考にしてみてください。

お客様の声を受け取れる接点づくり

お客様の視点から４Ｐ（製品戦略・価格戦略・流通戦略・プロモーション戦略）を見直した後は、それを具体的な接点として設計していきます。

【ブランドを識別してもらう要素を整理する（ブランド要素）】

まず、具体的な接点を考える前に、ブランドを識別してもらうための基礎パーツとなるブランド要素を設計していきます。

ブランド要素の代表的なものは全部で９種類あり、それぞれが自社の旗（ブランド・アイデンティティ）を表現しているものでなくてはいけません。

①ブランド名　②ロゴ、マーク　③色　④キャラクター　⑤パッケージ、空間デザイン
⑥タグライン　⑦ジングル、音楽　⑧ドメイン（ＵＲＬ）　⑨匂い

もちろん、これら９種類はすべてをつくらないといけないというものではなく、自社ブランドに必要な要素だけで問題ありません。

ブランド要素（エイドデザインの事例）

① ブランド名
② ロゴ、マーク
③ 色
④ キャラクター
⑤ パッケージ、空間デザイン
⑥ タグライン
⑦ ジングル、音楽
⑧ ドメイン（URL）
⑨ 匂い

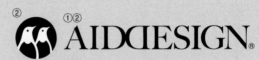

② ①②
AIDDESIGN®

④

⑥
あなたのブランドを、あなた以上に大切にする

⑧
https://aiddesign.jp

まず、①**「ブランド名」**は文字通りブランドの名称のことです。私の事務所だと「AID DESIGN（エイドデザイン）」がそれにあたります。

「AID」は日本語に訳すと「応援」という意味です。このブランド名は私のビジョンである「応援される人の扉を開くブランディングパートナー」という、在りたい姿を表わしています。そして「Design」は、見た目を整えるだけでなく、デザイン思考で問題を解決するという意図で付けました。

②**「ロゴ」**は文字のデザインのことです。AID DESIGNの場合だと、Timesというフォントをベースにして、「DESIGN」のDを反転させることで、「扉」のような視覚効果を持たせました。

一方、**「マーク」**は図案という意味で、AID DESIGNでは2羽のペンギンを使ってデザインしています。これはファーストペンギンの背中を押す、プッシュペンギンで在り続けたいという思いを込めています。

ちなみにファーストペンギンとは、群れで行動するペンギンのなかで、天敵がいるかもしれない海へ、魚を求めて最初に飛びこむ1羽目のペンギンのこと。そのペンギンのように、リスクを恐れず初めてのことにチャレンジするベンチャー精神の持ち主に対しての敬称がファーストペンギンです。

③**「色」**はブランドカラーのことです。人は目から入る情報のうち、8割以上が色彩からの情報だと言われています。そのため、多くのものは色によって記憶されています。たとえば、あなたが夜に車を運転していてコンビニを探していたとします。すると、かなり先のほうで光っている青地に白色の看板が見えれば「ローソン」だと認識できるようなイメージです。

AID DESIGN では、バランスと調和を表わす色として、エメラルドグリーンを採用しました。**ブランドカラーは経営者の好きな色を選ぶのではなく、自社ブランドのイメージに合った色**を選んでください(ちなみに私が個人的に好きな色はオレンジです)。

④**「キャラクター」**はブランドのキャラクターのことです。主に親近感を持ってもらうためにつくることが多いものです。AID DESIGN では、プッシュペンギンをキャラクターにしています。

⑤**「パッケージ」**は容器や包装、**「空間デザイン」**は室内外の空間に関するデザインのことです。これは有名な事例でご紹介します。たとえば、パッケージで有名なのはコカ・コーラの瓶です。そこにコカ・コーラのロゴが入っていなくても、瓶の形状だけでコカ・コーラだと識別できると思います。

この瓶は「コンツアーボトル」と呼ばれ、１９６０年に瓶のボトル自体が商標として米国特許局に登録されています。また、空間デザインではApple storeやDyson Demoなどの直営店が有名です。**いずれも自社ブランドの世界観を訴求する空間が設計**されています。

⑥「タグライン」はブランド・アイデンティティをわかりやすく簡潔にしたものです。**ブランドの持つ価値を端的に伝えるため、自社の旗を短い言葉で表現**します。

AID DESIGNでは、「あなたのブランドを、あなた以上に大切にするブランディングパートナー」という旗に対して、「あなたのブランドを、あなた以上に大切にする」というタグラインにしています。自社の旗が短いフレーズであれば、同じ言葉を使っても問題ありません。

⑦「ジングル、音楽」はブランドを区別し、印象付けるために用いられる短い曲のこと。**一般的にジングルは、ブランド名とともに組み込まれる**ことが多いです。

有名なジングルに、マクドナルドの「パラッパパッパー」というフレーズがあります。現在は同じリズムで様々なパターンを展開しています。

⑧「ドメイン（ＵＲＬ）」はウェブ上での住所となるホームページのＵＲＬのことです。**①のブランド名を決める際には、必ずそのブランド名の英語表記でドメインが取得できるか確認しておく**必要があります。AID DESIGNのドメインは、「https://aiddesign.jp」です。

⑨「匂い」は文字通り嗅覚に訴えかけるブランド要素です。日本で活用しているブランドは少ないですが、外資系のホテルや外車のディーラーでは、嗅覚からも自社ブランドの記憶を呼び起こすため、独自の香りを使用しています。たとえば、私はＭＩＮＩという車に乗っていますが、ディーラーの建物のなかはいつも同じ香りです。ちなみに、そのディーラーではＭＩＮＩとＢＭＷが壁を隔てず同じ建物内で営業しているのですが、それぞれのブランドで香りを変えています。

これらのブランド要素は、**お客様が自社ブランドのことを思い出すきっかけとして作用するため、必ず自社の旗を表現するものになっていることが前提**となります。

また、自社でコントロールできないものはブランド要素として適切ではありません。ファンが勝手につくった非公式のキャラクターなどは野放しにせず、自社でコントロールできる状態にするか、それが難しい場合には非公式ということをしっかりと明示してもらってください。

【お客様との接点を考える（ブランド体験）】

ここからは、自社ブランドの世界観を伝えていく〝ブランド体験〟を設計していきます。

ブランド体験は、先程考えたブランド要素を含めて構成する「お客様との接点」のことです。主にブランドの世界観を訴求することが目的となります。

お客様とブランドとの接点は購入時だけではありません。ブランドに出会う前、ブランドを購入検討している時、購入時、使用時、使用後、リピートするか検討している時など、様々な接点が考えられます。

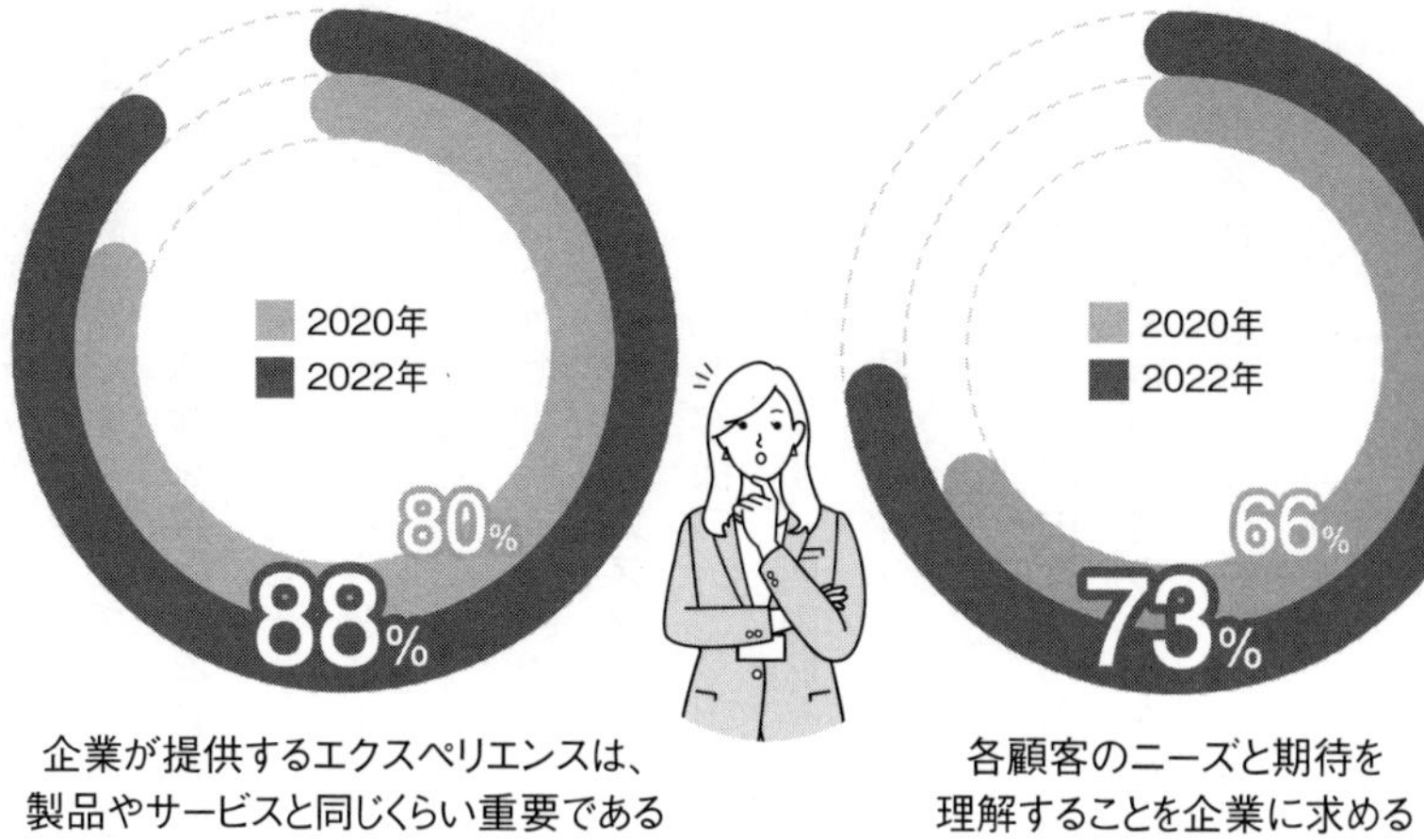
以下の記述に対して「当てはまる」と答えた回答者の割合

出典:株式会社セールスフォース・ジャパン「コネクテッドカスタマーの最新事情(第5版)」

これらの接点に対して適切なタイミング、適切な場所、適切なツール、適切な対応をすることで、お客様の記憶のコップに自社ブランドの世界観が積み上がっていくのです。

では、なぜこのような接点(ブランド体験)を考える必要があるのでしょうか?

その必要性を示す調査データがあります。

一般消費者1万3020人と法人顧客3916人を対象とした調査(上図)では、回答者の88%が**「企業が提供するエクスペリエンスは、製品やサービスと同じくらい重要である」**と答える結果が出ているのです(エクスペリエンスはブランド体験と同じ意味合いを持ちます)。

また、回答者の73%が**「各顧客のニーズと期待を理解することを企業に求める」**と答えています。

つまり、お客様にとってブランドとの接点は商品やサービスと同じくらい重要で、さらに自分たちのニーズと期待を理解して欲しいと望んでいるのです。

そのため、お客様を数字として取り扱うような企業は、今後どんどん淘汰されていくでしょう。

このような調査結果から考えても、**お客様とのあらゆる接点において、お客様のニーズや期待を先取りするようなブランド体験を設計する必要があります。**

ブランド体験は一から考えるというものではなく、基本的な施策は4P／4Cマーケティングミックスで整理できているので、それらをベースにペルソナのライフスタイルに合わせて設計していきます。ですが、それぞれの接点に対して施策を落とし込むだけでは不十分です。各施策を行なった時のお客様の感情の変化やそれに対する課題や対策なども同時に考えなくてはいけません。

この時に役に立つのが、**カスタマージャーニーマップ**というツールです。

カスタマーとは「お客様」、ジャーニーは「旅」、マップは「地図」なので、日本語に直訳すると「お客様の旅の地図」となります。何の旅かと言うと、お客様がブランドに出会ってからファンになるまでの旅路であり、それを1枚のマップに落とし込んだものがカスタマージャーニーマップです。

このマップが役に立つ理由は3つあります。

ひとつ目は、**お客様の感情の変化を社内で共有できる**こと。ブランディングは社内全体で行なうチーム戦です。お客様の感情の変化に対して認識のズレがあれば、その施策だけでなくブランド戦略全体にブレが生じてしまう可能性があります。

2つ目は、**お客様視点に立った打ち手が考察できる**こと。ブランド戦略を考えている時はお客様の視点になっていても、いざ現場に出ると主語がお客様から自分に変わってしまうことも多いものです。カスタマージャーニーマップで、お客様がブランドに出会ってからファンになるまでの一連の流れを体感することで、お客様視点を徹底的に身につけることができます。

３つ目は、**各施策の課題や対応策を事前に考えることができる**ことです。一つひとつの施策単体としては完璧なものでも、全体的な流れのなかでは綻《ほころ》びが見えることもあります。その課題を洗い出すことで、事前に対策を講じることができるだけでなく、全体像から課題を見ることができるため、取り組むべき優先順位も明らかにすることができるのです。

【お客様がブランドのファンになるまでの旅路を描く(カスタマージャーニーマップ)】

ここからは、カスタマージャーニーマップの具体的な描き方について説明していきます。マップの描き方は取り扱う商品やサービスの内容により異なるため、ここではあくまで基本的なやり方として受け止めてください。

まず最初は、**マップで描く対象ブランドの商品やサービスを決めます。**

そして次に**お客様（ペルソナ）のスタートとゴールの状態**を考えてください。この状態を描く時には、具体的かつ変化がわかりやすい内容にします。

たとえば、スタートが「ブランドのことを知らない」という状態であれば、どの程度知らないのかを明らかにしておきます。また、ゴールが「ブランドのファンになる」という状態であれば、何をもってファンとするのかが曖昧なので、その場合は「ブランドのファンになる＝年に６回以上のリピート、かつブランドのイベントに毎回参加」というような指標を入れておいてください。

次に**考えたスタートからゴールまでの期間を設定**します。

この時、「キャンペーンからのＳＮＳのフォロー」というようなゴールだと、数日の行動を洗い出す短いマップとなります。一方で先のような「年に６回以上のリピート、かつブランドのイベントに毎回参加」がゴールだと、数年単位の壮大なマップを描かなくてはいけません。

そのため、最初にマップをつくる際は１回目のリピートまでの時間軸でゴールを描き、そのマップの精度が明らかになった時点で、その先のファン化までのマップを新たに考えることをおすすめしています。

２段階で行なう理由としては、ファン化までがゴールだと、マップを描く時間が膨大なものになるだけでなく、描くマップはあくまで仮説なので最初の接点でつまづいてしまうと、以降のマップが機能しなくなるためです。

では、ここからマップの中身に入っていきます。ちなみにマップづくりは経営者ひとりではなく、ブランドの主要メンバーと一緒に考えていきます。また、マップづくりは全員で内容を共有しながら進める必要があるので、ホワイトボードか大きな模造紙を用意して進めてください。

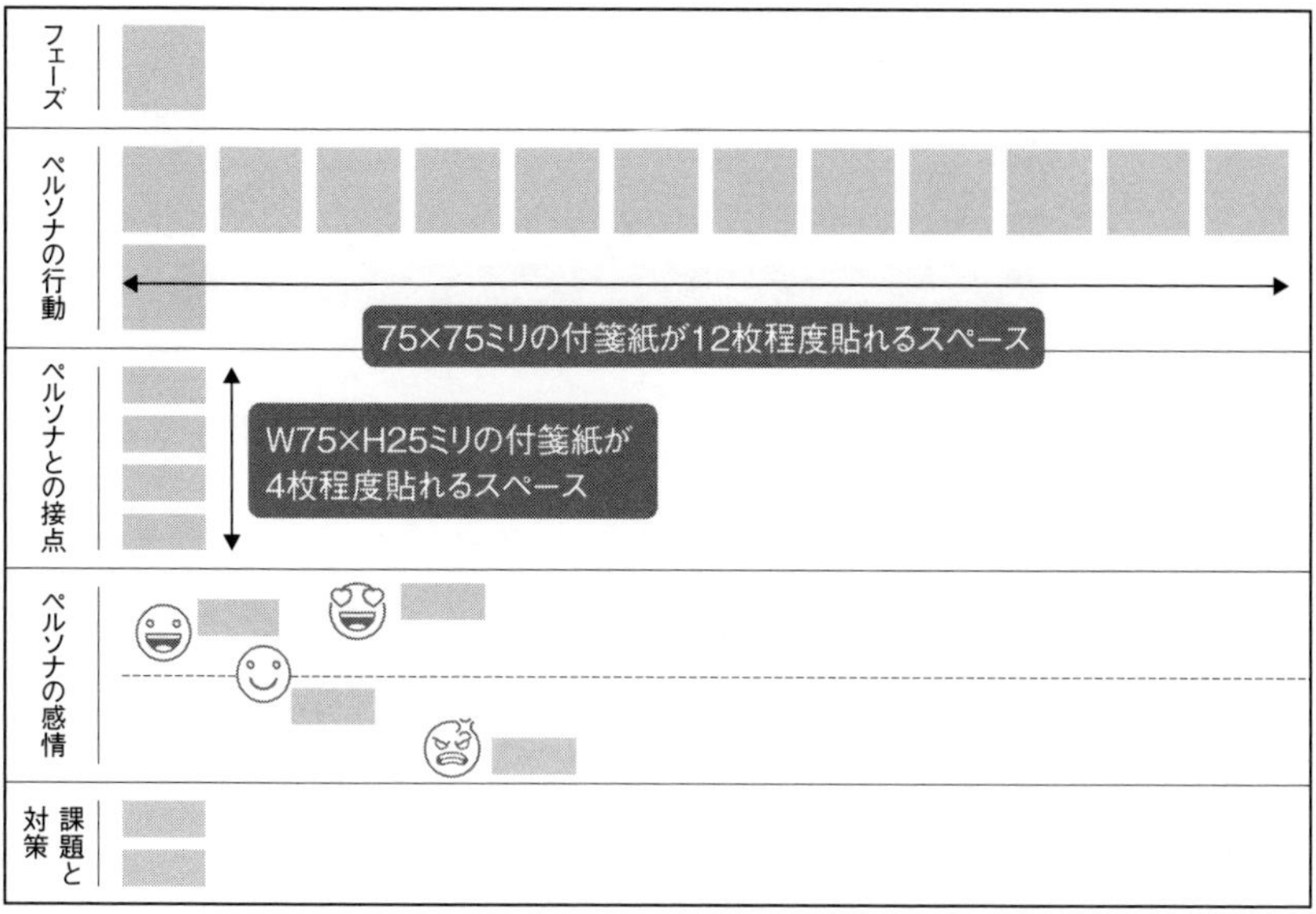

そこに上の図のような項目をつくります。それぞれの項目に色違いの付箋紙を貼り、マップを形づくっていくイメージです。

各項目のスペースは、そこに貼る付箋紙のサイズに合わせるといいでしょう。私は75×75ミリと75×25ミリの付箋紙を併用して使うので、そのサイズに合わせています。

マップ内の項目に「ペルソナの行動」「ペルソナとの接点」「ペルソナの感情」とある通り、**ここからはペルソナの行動から接点を探り、その感情の動きから課題と対策を練っていきます。**

そのため、第4章で考えたペルソナの情報をメンバー内でしっかりと共有してから進めるようにしてください。「ペルソナの……」と書かれた部分はすべて主語がペルソナです。

考える順番は、**「ペルソナの行動」**→**「フェーズ（段階）」**→**「ペルソナとの接点」**→**「ペルソナの感情」**→**「課題と対策」**という流れで進めていきます。

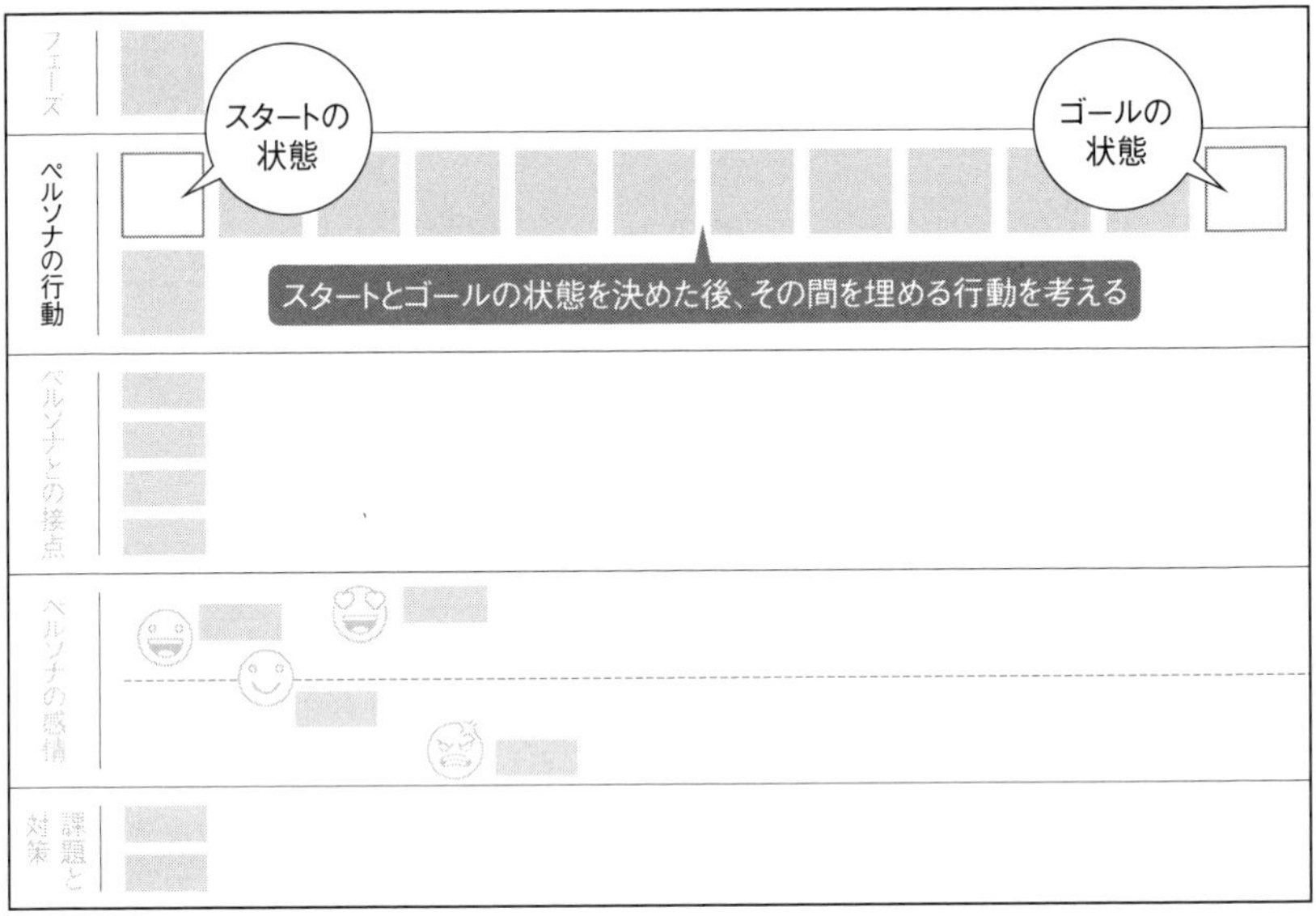

最初の「ペルソナの行動」では、ペルソナの行動を思い付く限り付箋紙に書き出していきます。

書き出す時のポイントは、**スタートとゴールの行動を最初に書いておき、その後に間を埋めるような行動を考える**と書きやすいでしょう。

たとえば、256ページで設定したスタートの状態が「ブランドを認知していない」で、ゴールの状態が「商品を購入し、さらにリピート購入する」であれば、「〇〇というワードで商品を検索する」をスタートの行動とし、「アプリの会員ページからリピート購入する」をゴールの行動として貼っておくというようなイメージです。

付箋紙は後からグループにまとめたり、入れ替えたりするので、ここではとにかく数を出すようにしてください。

次に書き出した行動を時系列に並び替えます。

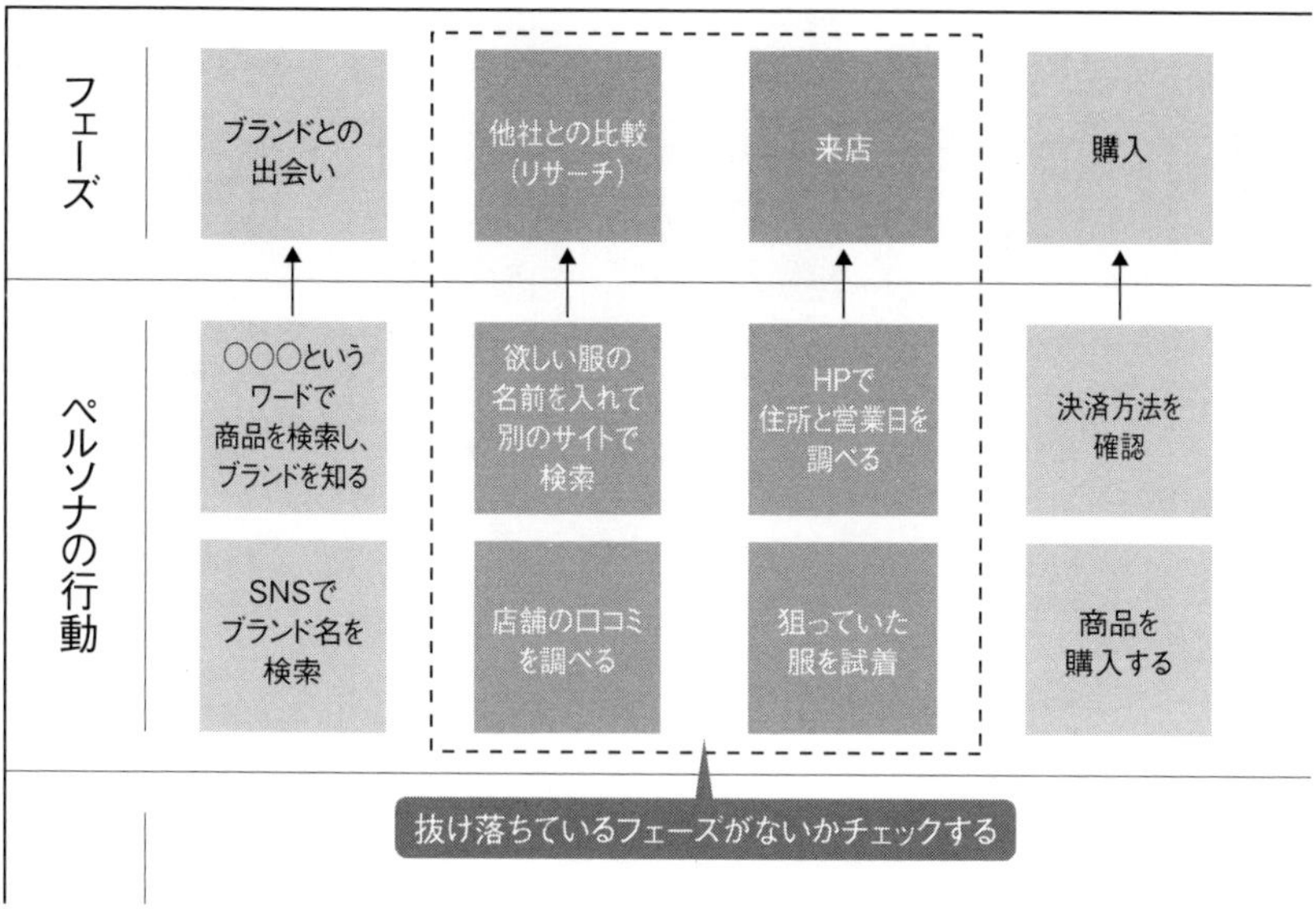

そしてそれらの行動を見て、ペルソナがいまどの「フェーズ（段階）」にいるのかを考えていくのです。たとえば、「〇〇というワードで商品を検索し、ブランドを初めて知る」という行動であれば、「ブランドとの出会い」というフェーズになります。

そして、**行動を時系列に並び替えた後は、抜け落ちているフェーズがないかチェック**してみてください。たとえば、自社ブランドと出会った後、いきなり購入というフェーズは考えにくいでしょう。他社と比較（リサーチ）をするでしょうし、実店舗であれば「来店」というフェーズも考えられます。

ここでは、各フェーズの間に新たなフェーズが存在しないかを考え、追加するフェーズがあれば、それに該当する行動も合わせて考えてください。

ペルソナの行動を明らかにした後は、「ペルソナとの接点」を考えていきます。

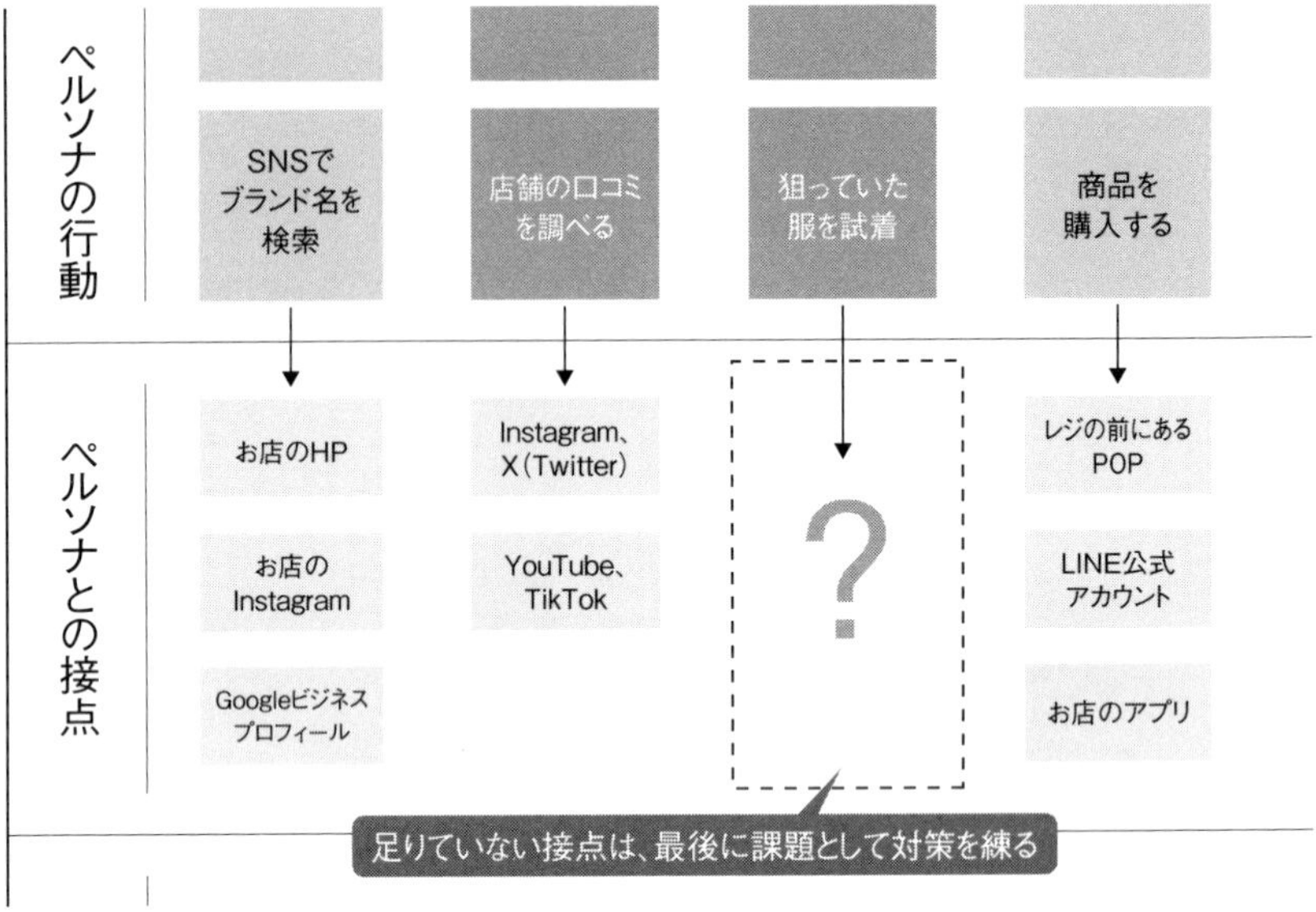

たとえば、「SNSでブランド名を検索」という行動に対しての接点で言うと、自社のHPやSNSだけでなく、Google ビジネスプロフィールでの口コミなどを見ることも考えられます。

そのため、ひとつの行動に対してひとつの接点ではなく、考えられるすべての接点を書き出す必要があります。加えて、ここでは自社が提供している接点だけに限定してはいけません。

「ペルソナとの接点」は、ペルソナの行動を生み出す源泉です。**あくまで、ペルソナが行動するのに自然な接点を書き出していきます。**

これらの接点を俯瞰して見ていくと、自社に足りていないチャネルが手に取るようにわかります。この足りていない部分が、最後に課題として対策を練る部分です。

そして、ペルソナとの接点を明らかにした後は、「ペルソナの感情」を探っていきます。

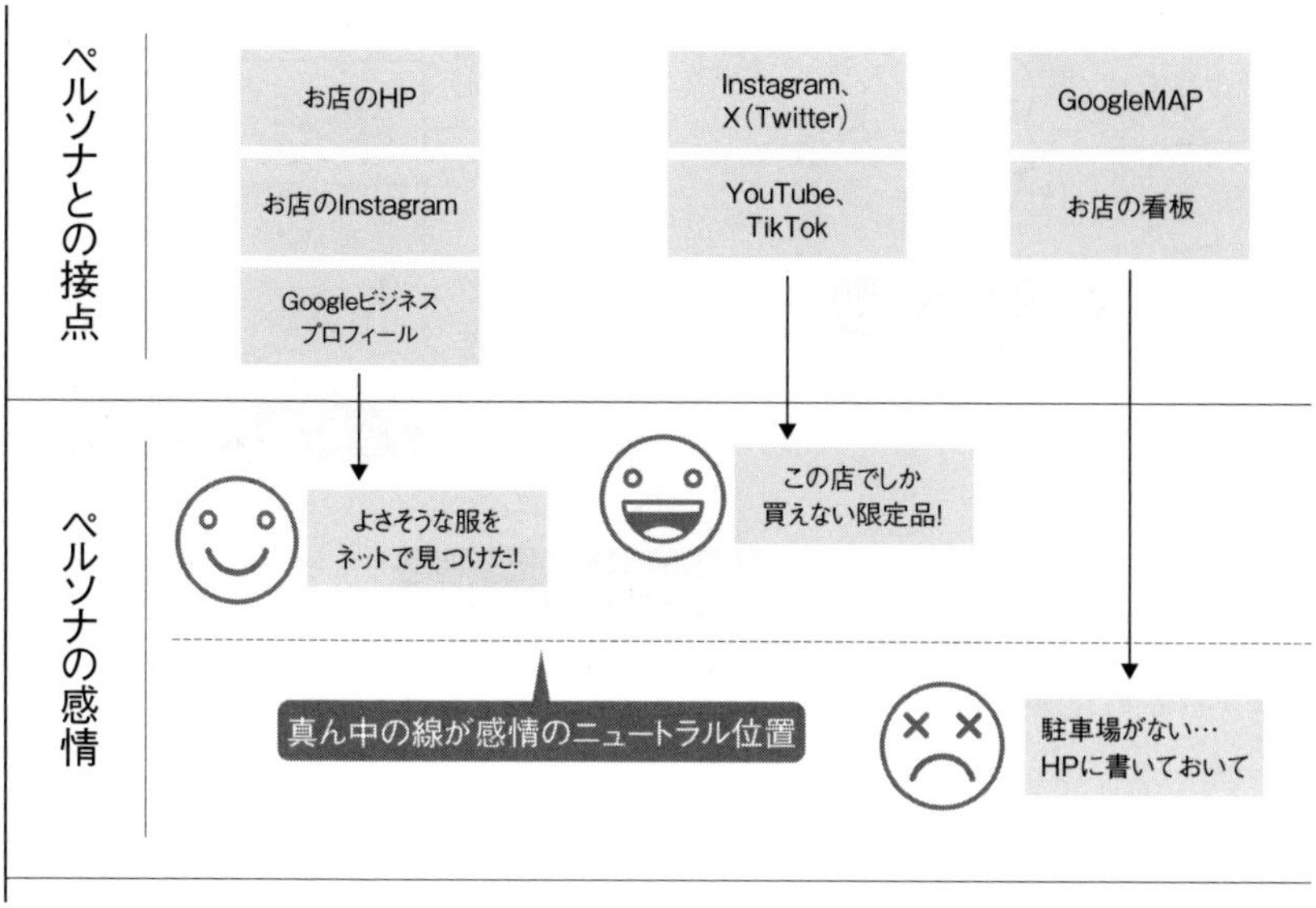

ここでは感情の起伏をビジュアル化するため、上の図のように感情のニュートラルな位置を定めた上で、各接点においてペルソナがどのような感情になっているのか考えてください。

たとえば、お気に入りの服をネットで見つけた時には気分が上がります。その後、ネットでリサーチし、その店でしか買えない限定品とわかるとさらに気持ちが高まってくるでしょう。

そこからスマホでお店の場所を調べて車で向かったところ、駐車場がなくて、かなり離れたコインパーキングに駐車することになったとします。

この時、ペルソナとしては「駐車場がないのであれば、ホームページに書いておいて欲しい」と気分が少し下がったと思います。

このように、**ペルソナの感情は常に一定ではなく、上げ下げをしながら購入まで進んでいく**ことがほとんどです。

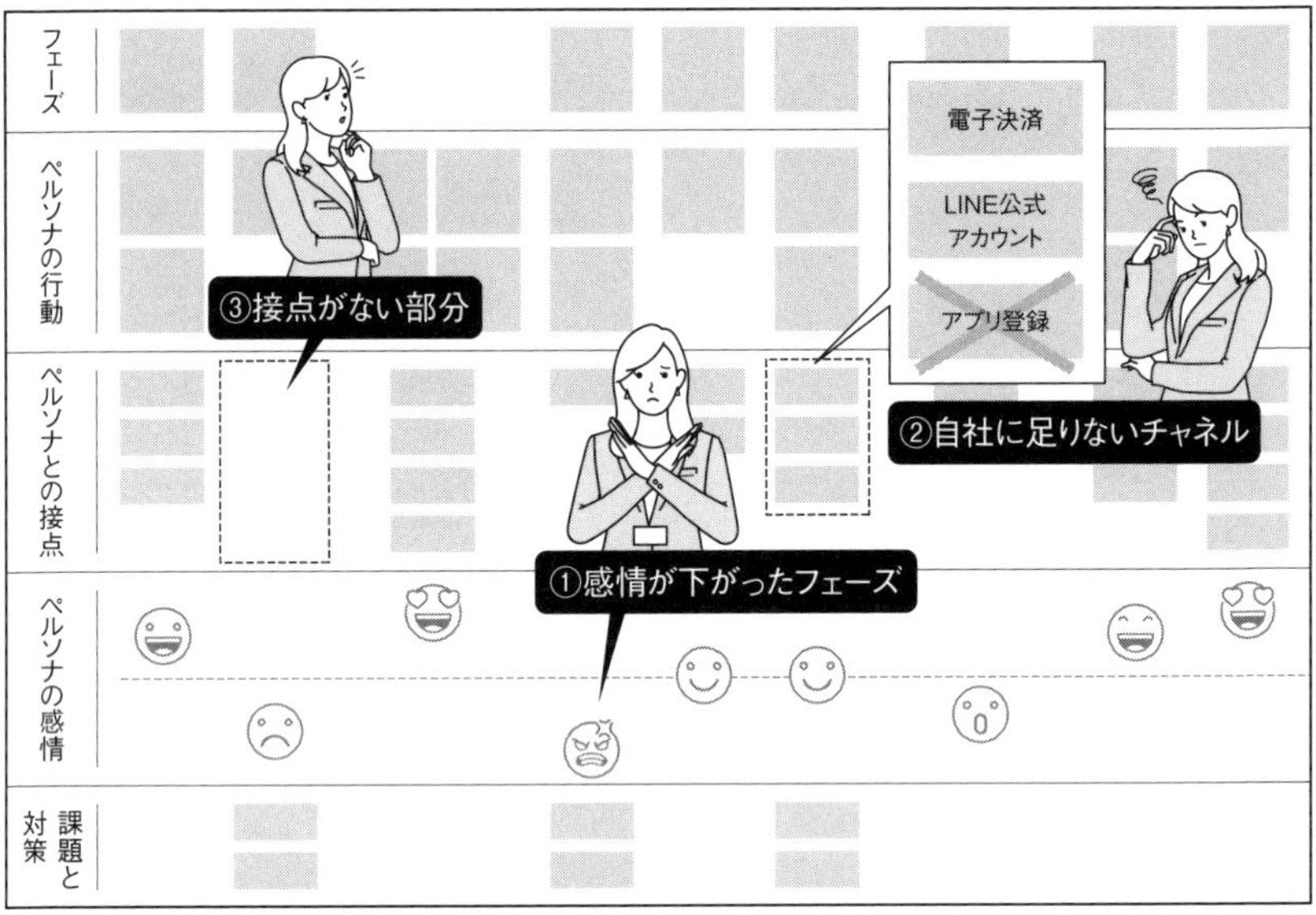

そのため、感情をビジュアルで表現するだけでなく、その時に感じた心境も言語化しておくと、後に対策が講じやすくなります。感情の表現は、多彩なバリエーションのある絵文字を使うといいでしょう。

感情の振れ幅が大きい部分、とくに感情が下がり切ったタイミングで離脱することが多いので注意が必要です。

その感情が下がったフェーズがひとつ目の「課題」。そしてペルソナとの接点を探った時、自社に足りていないチャネルが2つ目の「課題」、さらに3つ目の「課題」は接点がない部分です。

ここまではペルソナの視点で考えてきましたが、これら3つの課題に向き合う際には、お客様の体験をよりよくできないか、ブランド側の視点で「対策」を講じていきます。

この3つの課題にしっかりと向き合うことで、マップの精度を高めることができるのです。

【お客様との共創を生み出す接点のポイント】

ここまでがカスタマージャーニーマップの描き方となります。

マップを描いた後は、取り組むべき課題に優先順位を付け、アクションプランに落とし込んでいきます。また、マップ上でのペルソナと自社ブランドとの接点は簡略化して書いているので、このままの状態ではただの顧客体験であり、まだブランド体験と呼べるような接点にはなっていません。

ここから、お客様にブランドの世界観を感じてもらう〝ブランド体験〟へ昇華していく必要があります。ブランド体験を設計する際は、自社の旗であるブランド・アイデンティティを体現する接点になっているかを考えてください。

さらに、お客様との〝共創〟を目指す応援ブランディングにおいては、ブランドの世界観を体現するだけでなく、次の３つの接点も考慮する必要があります。

①お客様との関係性を深める接点はあるか？
②売り手と買い手という立場以外でコミュニケーションが取れるフラットな接点はあるか？
③お客様からフィードバックをもらえるような接点はあるか？

①については、共創の前提となります。なぜなら、お客様との関係性が希薄であれば、どんな素晴らし

い接点があったとしてもフィードバックはおろか、コミュニケーションすら生まれないからです。

②については、③のフィードバックに大きく関わってきます。

基本的にお客様は思っていることを伝えてくれません。本当のことを伝えてもらうには、売り手と買い手という立場を離れたコミュニケーションが必要です。

たとえば、第3章で紹介したレディースファッションのセレクトショップであるコスコジ（埼玉県）では、毎月必ず一回、会員様限定イベントを開催しています。

毎年開催している「バーベキュウ大会」、そのほかにも「仕入れ体験ツアー」「スタッフとの小旅行」「ランチ会」「カラオケ大会」など、普段ではなかなか体験できない様々なイベントを通じて、売り手と買い手という立場を離れたコミュニケーションを取っています。

そのような場が定期的にあることで、お客様から自然な形でフィードバックをいただけているのです。

また、第6章で紹介する漁師通販の弁慶丸（鳥取県）では、大阪と東京で定期的に「弁慶丸を囲む会」を開催しています。

会の内容は、定期注文コースのお客様を対象に食事をともにするというものです。

普段は通販という顔の見えにくい関係ですが、実際に会って食事をすることで、アンケートには上がってこない細かなフィードバックをいただけるそうです。また、そのような場でお客様と密なコミュニケーションを取ることで、ブランド側もお客様に感情移入することができます。

③については、リアルな場だと直接聞くこともできますが、仕組みとして設計しておくことも大切です。

たとえば、第2章で紹介した人形工房ふらここでは、４つのシーンでお客様からアンケートをいただいています。

ひとつ目はカタログの請求時、２つ目はショールームへの来店時、３つ目は商品の購入時、そして４つ目は節句が終わった後にそれぞれアンケートをお送りしているそうです。

これら３つのポイントは、優先順に並べられています。

たとえフィードバックを受け取れる仕組みがあったとしても、お客様との関係性とフラットな場の設計ができていなければ、機能することはないでしょう。

そういう文脈において言うと、**共創を生み出すのは〝物事の順序が要〟**なのかもしれません。

事例 お客様が自発的に発信してくれる靴下工場のブランド体験「創喜」

インターナル（社内）とエクスターナル（社外）の双方に効果のある、秀逸なブランド体験を生み出しているブランドを紹介します。

そのブランドとは、靴下の町・奈良県広陵町で曾祖父の代から続く工場を温故知新の考え方で再構築し、「日本一ワクワクするソックスファクトリー」を目指す「創喜（SOUKI）」です。

代表の出張《でばり》耕平さんは、アナログの靴下編み機と自転車を融合させてつくった「チャリックス」というブランド体験を軸に、全国の催事やイベントに出かけ、自社ブランドの認知を獲得しています。

その後、靴下をもっと楽しんでもらいたいという思いから、「であう・まなぶ・あそぶ」という3つの体験ができる「くつ下たのしむ実験室S.Labo（エスラボ）」を工場横に併設。様々なワークショップを通じてお客様とモノづくりの魅力を共有しながら、未来の靴下づくりを考えています。

「人に喜んでもらえる製品を創り、創る喜びを感じる」という理念のもと、自社ブランドを展開している創喜は、どのようにしてチャリックスというブランド体験を生み出したのか。創喜の歴史を紐解きながら、自社ブランドができた背景やチャリックスを発想した起点、そのブランド体験がもたらす効果などをご紹介します。

モノづくりのプライドをズタズタにされた下請け時代

1927年、創喜の歴史は曾祖父がつくった出張靴下工場から始まります。最初は農家の副業として始め、戦後になってから本格的に事業化されました。その後、出張さんの父親が跡を継ぎ、子ども用の靴下を中心に生産する下請けメーカーとして徐々に工場が大きくなっていきます。

しかし、1985年のプラザ合意から急激な円高になったことで日本製品が高くなり、韓国製の靴下が日本に入ってくるようになりました。とくに子ども用の靴下は低価格品が多かったため、輸入品との価格競争で経営状況はどんどん悪化していきます。

そんな折り、靴下のOEM元（製品発注者）から価格を落とすよう加工の指示が入ります。そのやり方とは、小さい靴下に圧力をかけてプレスし、大きく見せるというもの。そういった靴下は洗えばすぐにもとに戻ります。モノづくりにプライドを持っていたご両親は、見せかけだけの靴下をつくることに葛藤したそうです。自分の子どもに履かせたくないような靴下をつくっていることがつらく、仕事に意義も見出せない状態となり、この時から靴下以外のモノづくりにチャレンジしていきました。

靴下の機械では筒状のものがつくれるため、関節を保護するサポーターや洗顔ミトン、ヘアバンドなどを次々と企画していきますが、下請けなので価格はどんどん下げられていきます。

そして、ついに人を雇う余裕がなくなり、当時働いていた従業員を解雇し、工場を貸すことになりました。ご両親は自社工場での生産をやめ、企画と開発だけで小さくやろうと舵を切ります。この時に出張靴下工場での靴下づくりは止まりました。

出張靴下工場から創喜（SOUKI）へ

広陵町を出てサラリーマンをしていた出張さんは、脱サラして起業するためいろいろと模索しているなかで、実家から「家業を手伝って欲しい」という連絡が入ります。

当時のご両親は日銭を稼ぐため、外注していた一部の商品を自分の工場で内製化していました。そんな折り、父親が靴下組合の理事長に就任したため、組合の仕事をしている間、機械を見ている人が必要になり、出張さんに声がかかったのです。

最初は家業を手伝っているという感覚で始めたものの、次第にモノづくりへの面白みを感じ始めます。そこから機械のことがわかり始め、サンプルを依頼されればひと通りのものがつくれるようにまで成長していきました。また、このタイミングで、出張靴下工場から「創喜」に屋号を改めます。

これまでの下請け一辺倒ではなく、自社製品をつくりたいという強い想いから、「人に喜んでもらえる製品を創り、創る喜びを感じる」という、モノづくりの原点に立ち返った屋号で再スタートを切ることにしたのです。

チャリックス誕生秘話

前職で営業や販売の仕事をしていた出張さんは、「企画のよさ」「確かな技術力」「多品種小ロットに対応」という自社の持つ強みを分析し、それらが当てはまりそうな会社へ営業に行きます。

すると、そのような強みを欲する会社からの受注が徐々に増え、経営が安定していきました。

ある時、営業に行った得意先からこんなことを言われます。「せっかくよいローゲージの機械があるのだから、それで編んだ靴下をつくったらいいのに。そんな靴下だったら買うよ」と。

ちなみに靴下の編み機にはハイゲージ、ミドルゲージ、ローゲージという種類があり、ここで言う〝ゲージ〟とは靴下を編む針の本数のことを指します。針数が多いハイゲージは編み目が細かく繊細な印象になり、針数が少ないローゲージは粗く編まれるため、ざっくりと分厚い靴下に仕上がります。ミドルゲージはその中間です。

出張さんが戻ってきた当時はローゲージ機械を使って、靴下ではなくレッグウォーマーなどのファッション雑貨をつくっていました。その時はただ仕事が欲しかったため、「それならローゲージの靴下をつくろう」とチャレンジしたのが、止まっていた靴下づくりを再開したきっかけだったそうです。

ローゲージの機械は全国的に希少だったこともあり、つくった靴下は高い値段にもかかわらず、受注がどんどんと増えていきました。

ローゲージで編んだ靴下の受注が増えていくことに手応えを感じていた出張さんは、法人化した２０１５年の夏に、自社ブランド「Re Loop（リ・ループ）」をリリースします。

Re Loopは順調に立ち上がったものの、まわりに広めていく段階で、競争があることがわかってきました。たとえば、展示会ではもともとＯＥＭで発注してくれていたメーカーの隣で売ることもあったり、百貨店のポップアップ店に出店すると、別の靴下屋さんが出店していたりすることもあったのです。

そこで、「昔の編み機で靴下をつくる工程を実演したら、同じようにつくられているローゲージ靴下の価値を伝えられるのでは？」と考えたのがチャリックスの始まりです。

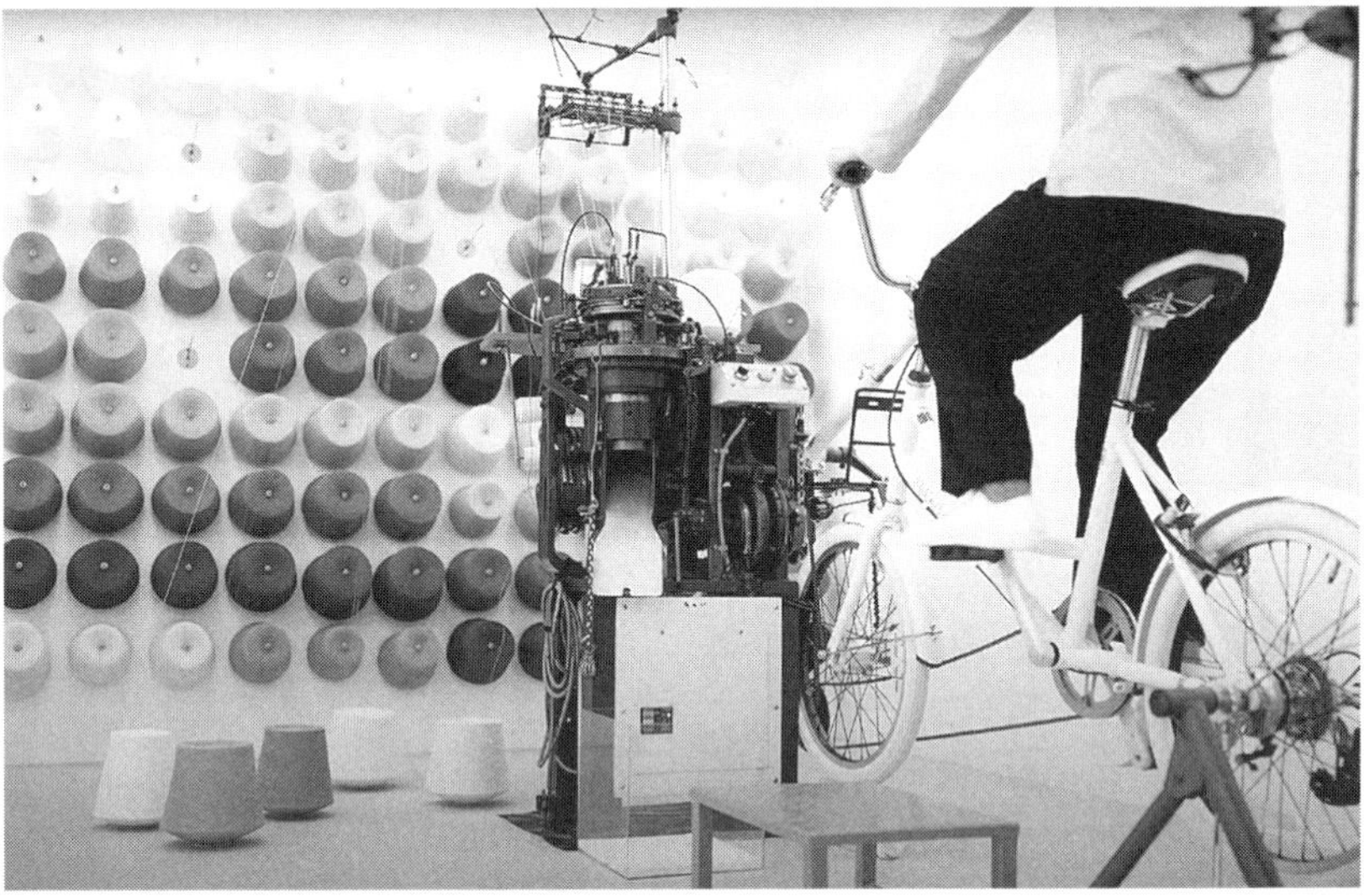
「くつ下たのしむ実験室 S.Labo（エスラボ）」に設置されているチャリックス

はじめはハンドルが付いている小型の機械を購入しましたが、手でまわし続けるのは面倒なため、電気で実演することを考えます。しかし、その機械は200Vの電圧が必要だったため、普通のコンセントでは動かないことがわかりました。

そこで何かうまい方法はないかなとハンドルをまわしながら考えていたところ、「あれ、これって自転車の回転と同じだな」ということに気付きます。

手でまわすのは大変ですが、自転車を漕いで靴下ができるのであれば楽しいだろうなあと思い、そこからトントン拍子にチャリックスが完成しました。

そして、ものづくりの展示即売会に出展したところ、自社ブランドのまわりに人だかりができるようになりました。

それまでは興味がある人だけが靴下を手に取って話を聞いてくれましたが、チャリックスをつくってからは人が人を呼び、賑わいをつくれるようになったのです。

もともとは自社のローゲージ靴下のよさを伝えるためにつくったものでしたが、実際にチャリックスを体験したお客様は、「靴下ってこういうふうにつくられているんだ」という発見する喜びが先にくることがわかりました。また、チャリックスを体験した方が、驚きと喜びを商品とともに持って帰ってくれるため、自然と創喜がつくる靴下にも興味と関心を持ってもらえるようになったのです。

現在、チャリックスは工場に併設する「くつ下たのしむ実験室S.Labo（エスラボ）」に置かれ、ネットからの予約制で体験することができます。

このチャリックスというブランド体験の優れた点は、「自転車を漕ぐことで靴下が丁寧につくられることを体感できる」「お客様が自ら自転車を漕いで編み込んだ靴下なので、商品（ブランド）に対する愛着が湧く」というエクスターナル（社外）に向けての効果だけでなく、「従業員が、お客様が喜んでいる姿を見ることで、自分たちが幸せな気分になっていることを実感し、創喜の原点である『人に喜んでもらえる製品を創り、創る喜びを感じる』という理念を体感することができる」というインターナル（社内）の効果もあることです。

加えて、お客様自身が自転車を漕ぐという能動的な体験をすることで、自主的に発信をしてくれるというＵＧＣ（ユーザー生成コンテンツ）を高める効果もあります。ＵＧＣはUser Generated Contentの略で、ブランド側ではなく、ユーザー（お客様）によって制作・発信されるコンテンツを指します。

いまは企業発の情報だけでなく、有名人やインフルエンサーの発信ですら懐疑的に受け止められる時代です。チャリックスのように、お客様が自然とまわりに広めてくれるようなブランド体験を設計することで、さらなる応援を呼び込むことができるのです。

第5章のまとめ

☑ マーケティング戦略は「企業視点」と「顧客視点」で考える。

☑ コミュニケーションは、「お客様の共感が得られる内容か」「お客様が応援したくなるような内容か」「お客様がフィードバックできる仕組みがあるか」を合わせて考える。

☑ ブランド要素は、自社の旗を表現するものになっているかが前提。

☑ ブランド体験は、ブランドの世界観を訴求するだけでなく、お客様のニーズや期待を先取りするような設計が望ましい。

☑ ペルソナは、感情を上げ下げしながら購入まで進んでいく。

☑ 共創を生み出す要は物事の順序にある。

第6章

ブランドが応援されるための8か条

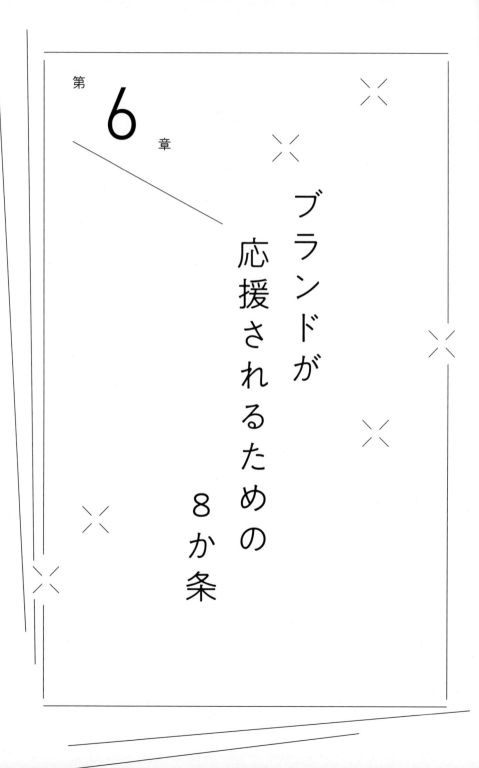

ブランドが応援されるために必要な8か条

応援される人やチームに特徴があるように、応援されるブランドにも共通項があります。最終章では、ブランドが応援されるために必要な8か条について事例を踏まえてお伝えします。

①応援されるためには――ありのままを見せる――

私が好きなディズニーアニメに『アナと雪の女王』という映画があります。この映画の内容は、望まない魔法の力を持った雪の女王エルサとその妹アナの冒険を描いたストーリーです。

映画では様々な名曲が生まれましたが、なかでも「レリゴー」の愛称で親しまれた「レット・イット・ゴー」という楽曲はMay J.さんや松たか子さんが歌われたことで有名になりました。ちなみに「レット・イット・ゴー」は日本語では「ありのまま（の自分）で」と訳されます。

応援されるブランドになるには、雪の女王エルサのように**「ありのままの自分の姿を見せればいい」**のです。要は自社ブランドを必要以上に飾り過ぎないということ。

とはいえブランドをつくった当初は、できていないことが多いので飾りたくなる気持ちもわかります。ただ、**最初から完璧なブランドなど世の中には存在しません。**

多くのブランドは、日々のブランディング活動を通じて紆余曲折、試行錯誤を繰り返しながら、少しずつブランドとして成長しているのです。

ブランディングは自社ブランドの目的（ミッション）と目標（ビジョン）を実現するための手段です。目的は方向、目標はそこまでの距離と言い換えることができます。

当たり前の話ですが、ブランドをつくった段階では目標との距離はかけ離れています。その距離を縮めるため、自社ブランドの価値観（バリュー）を定め、日々の行動をズレないようにしていくのです。

つまり、「現在のブランドの状態」と「理想とするブランドの状態」は、そもそもギャップがあって当然の話。これはブランドの黎明期だけでなく、自分たちが理想とするブランドの姿がある以上、１００%完璧という状態はあり得ません。

目指すべき目的や目標（ミッション・ビジョン）に対して、挑戦している等身大の姿を見せればいいのです。

もちろん、ブランドとして完璧さを求めることを否定するつもりはありません。その姿勢は素晴らしいものです。しかし、完璧なブランドの姿を見せようとするがあまり、ブランディング活動が止まるようであれば、その手綱を少し緩めることをおすすめします。

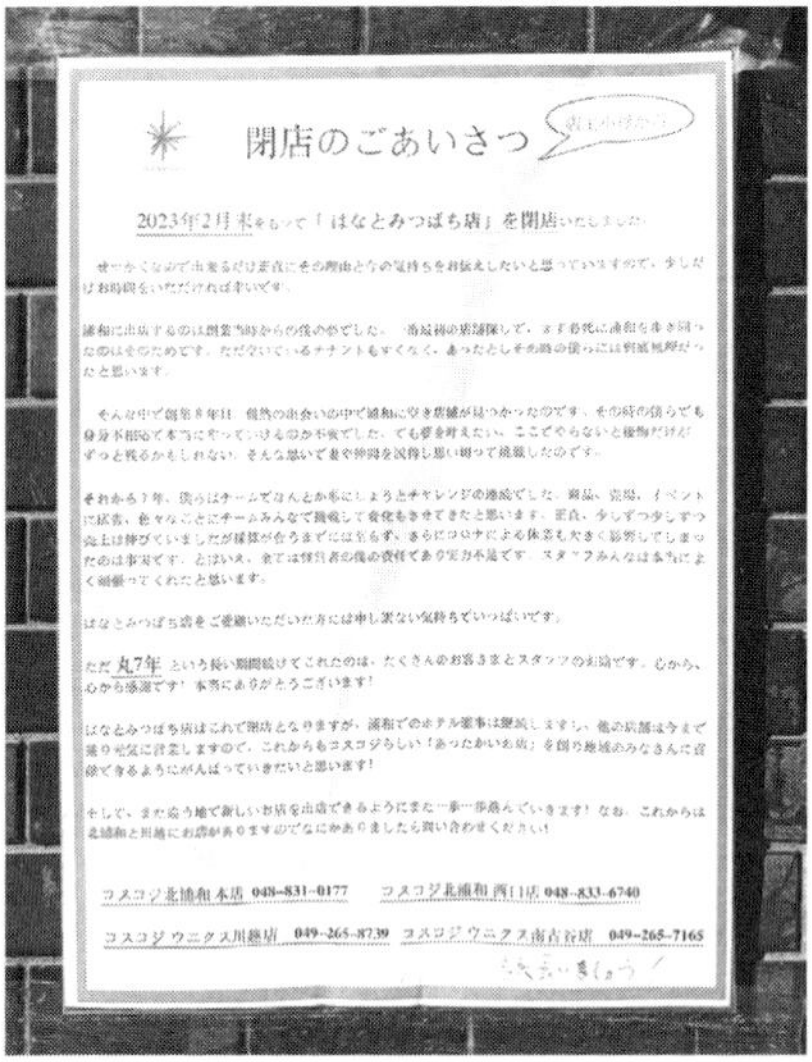

コスコジはなとみつばち店（浦和店）に貼られた閉店の挨拶

第3章の139ページで紹介したコスコジは、まさにありのままの飾らない姿を日々発信することで、多くの人から応援され、愛されているブランドです。

コスコジは、埼玉県北浦和を拠点に多店舗展開しているレディースファッションのセレクトショップですが、２０２３年2月末に「はなとみつばち店（浦和店）」を閉店しました。

上の写真（左）は実際に店舗に貼っていた閉店の挨拶です。「これまでのご愛顧ありがとうございました」というような簡素な貼り紙1枚をシャッターに貼って済ませる経営者が多いなか、代表の小杉光司さんは閉店というネガティブな情報にも思いを込め、ありのままを伝えることでコスコジのファンを増やす手段にされました。

小杉さんはこう言います。

「嘘偽りのない想いを書いた文章は一番遠くに届き、人の心の奥底にまで響きわたります。そしてその想いが新しい出会いを生むと僕は信じているのです」

あなたが応援している人を思い浮かべてください。

たとえば、私の妻はいつも笑顔で誰からも応援される明るい女性ですが、物忘れがひどく、買ってきた野菜を高確率で腐らせる達人です（笑）。完璧だから応援されるのではなく、ありのままの等身大の姿を見せられる人が愛され、応援されるのではないでしょうか。

②応援されるためには――時に弱さも見せる――

多くの人は、自分の弱さを見せることに対して一定の抵抗感を持っています。

「自分をよく見せよう」とか「評価を下げたくない」というのは人だけの話ではなく、ブランドにおいても同じです。

もちろん、普通のブランドづくりであれば、強さだけを見せてブランディングを進めても問題ありません。ただし、**応援されるブランドを目指すのであれば、時に弱さも見せることも大切**です。

私はお酒が好きなので、にごり酒でたとえさせてください。

強さだけを見せるのは、にごり酒で言うときれいな上澄みの部分だけを味わうようなもの。たしかに米本来の旨みは上部に集まるので、すっきりとおいしくいただけます。

では、にごり酒の下に沈殿している澱（おり）をゆっくりと絡めて味わうとどうなるのか？

その味わいは一転して、クリーミーで独特な風味に変化します。

上澄み＝強さ
澱＝弱さ
にごり酒
←白く沈殿している部分が澱
上澄み（強さ）だけだと
体温を感じない
平べったいブランドに
上澄み（強さ）と澱（弱さ）を
混ぜることで独特の風味に変化
体温を感じる
独自のブランドになる
（応援されるブランド）

上澄みを〝強さ〟だとすると、沈殿している澱は〝弱さ〟でしょうか。それぞれを単体で味わうのであれば、澱は弱さでしかありませんが、上澄みと絡め合わせれば、澱は俄然、素晴らしい役割を果たします。

これはブランドづくりにおいても同じです。

上澄みだけをすくったようなきれいなブランドは数多く存在しますが、そこに体温を感じることはありません。**ある種の人間くささ、体温を感じるような〝弱さ〟が見え隠れすることで、その人を応援したくなる**のではないでしょうか。

ミシュランにも掲載された焼鳥の名店「炭火やきとり新太郎」（和歌山市太田）は、まさに体温を感じるブランドです。同店は1999年に開業してから、様々なチャレンジを繰り返してきました。もともとは大衆的な焼鳥屋から始まりましたが、オーナー兼料理人でもある新谷洋平さんは、年々焼鳥とサービスのクオリティを高めながら客層を変化させていきます。

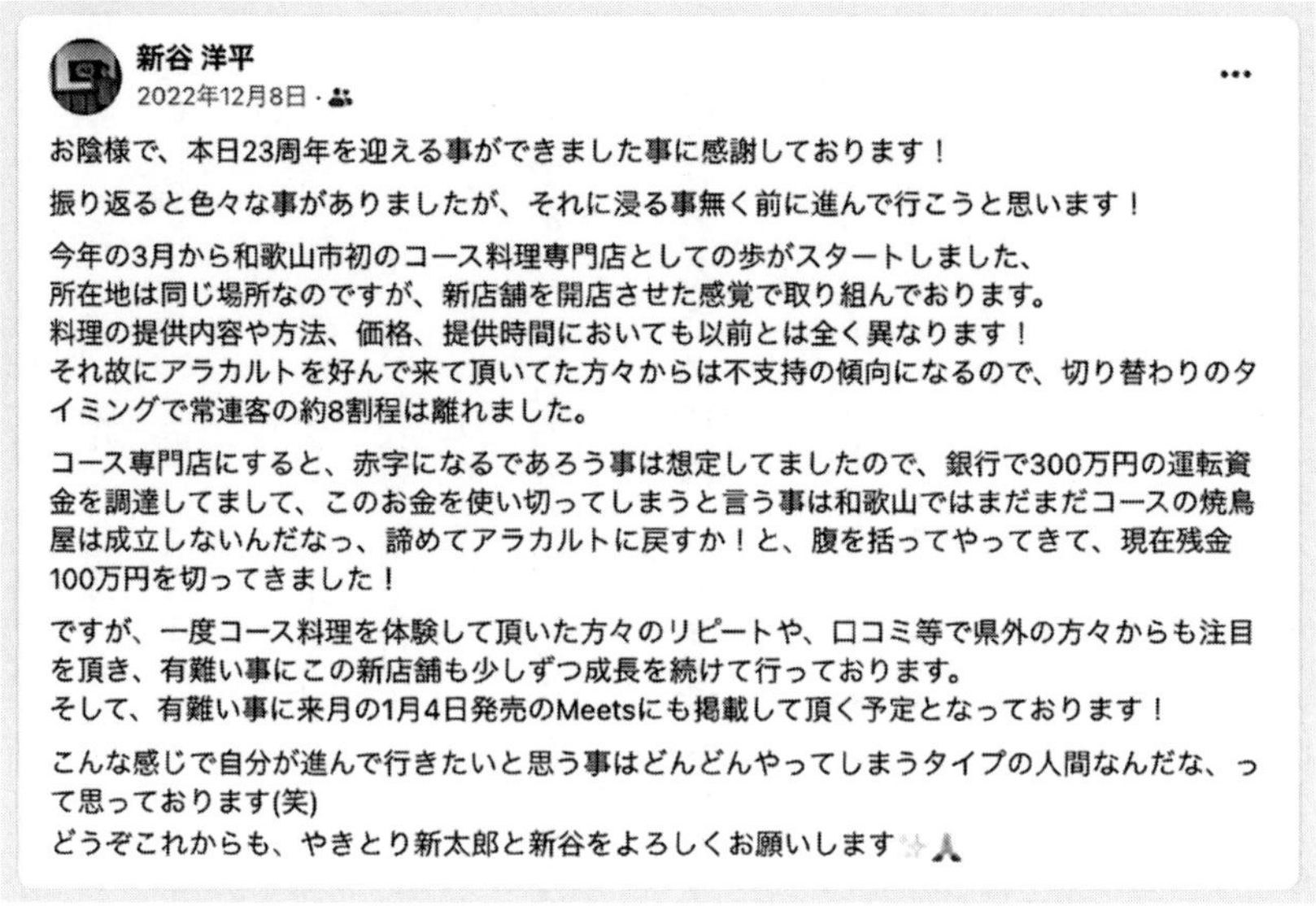
新谷 洋平
2022年12月8日・

お陰様で、本日23周年を迎える事ができました事に感謝しております！

振り返ると色々な事がありましたが、それに浸る事無く前に進んで行こうと思います！

今年の3月から和歌山市初のコース料理専門店としての歩がスタートしました、
所在地は同じ場所なのですが、新店舗を開店させた感覚で取り組んでおります。
料理の提供内容や方法、価格、提供時間においても以前とは全く異なります！
それ故にアラカルトを好んで来て頂いてた方々からは不支持の傾向になるので、切り替わりのタイミングで常連客の約8割程は離れました。

コース専門店にすると、赤字になるであろう事は想定してましたので、銀行で300万円の運転資金を調達してまして、このお金を使い切ってしまうと言う事は和歌山ではまだまだコースの焼鳥屋は成立しないんだなっ、諦めてアラカルトに戻すか！と、腹を括ってやってきて、現在残金100万円を切ってきました！

ですが、一度コース料理を体験して頂いた方々のリピートや、口コミ等で県外の方々からも注目を頂き、有難い事にこの新店舗も少しずつ成長を続けて行っております。
そして、有難い事に来月の1月4日発売のMeetsにも掲載して頂く予定となっております！

こんな感じで自分が進んで行きたいと思う事はどんどんやってしまうタイプの人間なんだな、って思っております(笑)
どうぞこれからも、やきとり新太郎と新谷をよろしくお願いします

２０１７年にソムリエ資格と酒ディプロマ（日本酒と焼酎の資格）を取得してからは、こだわりの鶏肉とワインや日本酒のペアリングを楽しむことができる焼鳥店として、ハイエンド層から支持される名店となりました。新谷さんは、新しいことにチャレンジする姿やその時々の感情をＳＮＳやブログを通じて、詳らかに発信されています。

そして、２０２２年3月から、アラカルトメニューを一切やめ、「おまかせ」のみの焼鳥コース料理専門店に業態変更したのです。

その9ヶ月後の12月、23周年を迎えたタイミングで新谷さんは自身のＳＮＳで上の写真のような発信をされています。

常連客の8割が離れたこと、銀行から３００万円調達していたこと、さらにそのお金が１００万円を切ったことなど、その時の正直な気持ちを、思いを込めながら発信されました。

おそらくこの投稿を見たお客様は、新太郎がそのような状態だと知ることで「コース料理専門店として成立させるために、来店（応援）しなくては」と感じたはずです。

これは確信を持って断言できます。なぜなら、私がそのひとりだったからです。

その後、新太郎はコース料理専門店としての認知と支持を獲得しただけでなく、いまでは新太郎改め「新谷」として、さらなる高みを目指して挑戦を続けています。

もちろん、弱さだけを売りものにしていては応援が続くことはありません。**〝強さ〟があってこその〝弱さ〟であり、それらがバランスよく絡みあうことでブランドは応援される**のです。

③応援されるためには——人を巻き込む——

本書のテーマが「応援ブランディング」ということもあり、読者は中小企業の経営者や個人事業主、またそれ以外の方でもビジネスへの感度が高い方が多いかと思います。

あくまで私の経験則ですが、そのような方は仕事の能力が高い傾向があります。もともと、すぐれたプレイヤーだった方が経営者になられることが多いからでしょうか。

それゆえ、ある病にかかっている方を目にすることがあります。

その病とは、ずばり**「自分でやったほうが早い病」**。

・**誰かに依頼するより自分でやったほうが早いと思い、ついつい自分でやってしまう**
・**誰も手があがらなかった案件は自分で引き取ってしまう**
・**他の人の仕事に対してフィードバックするつもりが、自分で仕上げてしまう**

これらにひとつでも当てはまるようなら、あなたはその病に冒されている可能性があります。

ブランドはあなたひとりでつくることはできません。とくに応援されるブランドを目指すのであれば、**お客様だけでなく、従業員や取引先などあらゆるステークホルダーを巻き込み、その人たちからも応援される必要**があります。

そのため、たとえ自分でやったほうが早いことでも、人に任せ、まわりを巻き込んでいかなくてはいけないのです。

たとえば、第1章で紹介した株式会社イエステージの和田さんは、小規模分譲地ブランドのクリエイティブも含めたブランディングを、私に権限委譲してくれました。

そのため、非常にスピード感が出て、通常よりも早くブランドイメージが浸透したのです。ただし、権限委譲と言っても丸投げするのではなく、ブランドの軸がズレていないか経営者としてじっくりと見きわめ、そのフィードバックをもとに私とキャッチボールをしながら進めていきました。

彼はこう言います。「自分は何もできないから人に頼っている」と。

実際はすべての面において能力の高い方です。しかし、自分が得意でない分野においては、社内外を問わず然るべき専門家を頼り、人を巻き込み、そしてその人たちに感謝することで、和田さん自身が多くの方々から愛され、応援されています。

一方で、有名な国立大学出身の2代目経営者さんは、自分は能力が高く、何でもできるという万能感を持ってまわりと接しています。

たとえば、ホームページやパンフレットなどのブランディングツールを人に任せるのではなく、ご自身でつくられていました。

しかし、実際にその方がつくったツールをいくつか拝見したことがありますが、正直レベルが高いとは言えない内容のものばかりです。また、そのような方なので、人に仕事を任せても心から感謝することはなく、まわりからどんどんやる気を奪っていきました。結果、先代が築き上げた自社のブランドイメージを大きく後退させただけでなく、その人自身もまわりから孤立していったのです。

もし、あなたが応援するのであれば、前者と後者、いずれの経営者でしょうか?

④応援されるためには――本気度を伝える――

ブランドが応援されるためには、**そのブランドが本当にミッションやビジョンを実現しようとしているのか**という、いわゆる本気度を見られます。

たとえば、母校の野球チームが「甲子園で優勝する」という高い目標を掲げていても、普段の練習で頑張っている姿を見ることができなければ、本気度が伝わらず、感情移入して応援することはできないでしょう。

これはブランドも同じで、掲げているミッション（目的）やビジョン（目標）に対して、何らかのアクションを通じてまわりに伝えていなければ、本気ではないと思われてしまいます。

この「本気度」の伝え方がわかる素晴らしいマンガがあります。

それは猪ノ谷言葉さんが描かれた『ランウェイで笑って』（講談社）という作品です。このマンガは、身長に恵まれなかったモデル志望の女子高生が、同級生のデザイナー志望の男子とともに、業界のトップにのぼり詰めてくというストーリーです。

夢が「パリコレモデル」という主人公は、ある時から身長が伸びずモデルは無理だと言われますが、決してあきらめず、モデル体型を維持するために家でもヒールを履き、徹底的な食事管理を続けます。

正直、この主人公のような努力を真似することは難しいと思いますが、人が本気で頑張る姿に触れることで応援せずにはいられなくなるというメカニズムを、このマンガで体感することができます。

また、**〝退路を断つ〟というのも、本気度を伝えるのに有効な手段**です。

第４章の２１１ページで紹介した藏光農園の園主・藏光俊輔さんは、京都大学を卒業後、東京の会社へ就職し、32歳で脱サラして実家の農業を継ぎました。

父親の代では、売り上げが徐々に下がりつつあり、ご両親は「学習塾の経営」という道も残しながらの就農をすすめたそうです。

しかし藏光さんはその甘えを断ち切るため、就農と同時に地域の子どもたちに無料で勉強を教える寺子屋を始めました。そう、「学習塾の経営」という退路を断ったのです。

そういった活動をすることで、まず一番身近な家族に本気度を伝え、また寺子屋での活動をSNSなどで発信することで、まわりにもその本気度が少しずつ伝播していきました。

その後、就農した2011年。藏光農園に大きな試練が訪れます。

台風12号による100年に一度の大雨により、農園の近くを流れる日高川の各所で堤防が決壊。藏光農園でもハウスや畑が浸水するだけでなく、川沿いにあったみかん畑では、ほぼすべての木が根こそぎ倒されたそうです。

呆然となりながらも立ち上がれたのは、多くの人からの応援だったと言います。**その応援を生み出したひとつの要因は、退路を断って農業に向き合う藏光さんの本気度に触れたこと**ではないでしょうか。

多くのブランドは本気で事業に取り組んでおられます。しかし、本気だったとしてもそれが相手に伝わっていなければ、意味がありません。それでは応援されることはないでしょう。

自分たちの本気度はただ活動するだけでなく、伝えたい相手に伝わっているか。**大切なのは「伝えている」という思い込みではなく、「相手に伝わっている」という結果**なのです。

⑤応援されるためには ― まずは自分がまわりを応援する ―

「はじめに」でも書きましたが、私は２０１６年、地場産業の振興を目的としたクラウドファンディング・プロジェクトを立ち上げました（プロジェクトの内容はMakuakeサイトで「すまほぶくろ」と検索してみてください）。

当時はまだ、クラウドファンディングの黎明期だったこともあったのでしょうか。プロジェクトを成功に導いた後、地元の自治体や商工会議所、日本を代表するようなマーケッターの方からセミナーを依頼されただけでなく、多くの知人からクラウドファンディングの相談を持ちかけられたのです。

その時、セミナーに登壇しても相談を持ちかけられても、私が最初にする質問は同じでした。それは、「実際にクラウドファンディングで支援したことはありますか?」という問いです。すると面白いことに、９割以上の方が「支援したことがない」と答えられました。

ここから、当時お伝えしたことをそのまま転記します。

「クラウドファンディングでご自身のプロジェクトを支援してもらいたいのであれば、支援する人たちの気持ちを知る必要がありますよね。実際に支援したことがなければ、その人たちの気持ちがわかるはずがありません。ですので、まずはご自身が心を動かされた他人のクラウドファンディング・プロジェクトに支援してみてください」

文中での「支援」という言葉を「応援」に置き換えると、ここでの答えとなります。

応援されるブランドになるためには、クラウドファンディングと同じように、**まずはあなた自身がまわりを応援する気持ちを持つ必要**があります。

その理由は、応援する人の気持ちを知ることもありますが、そもそもあなた自身がまわりを応援していないのに、応援されるブランドになることなど不可能だからです。

2014年に出版された『GIVE & TAKE「与える人」こそ成功する時代』（アダム・グラント著／三笠書房）には、人の思考と行動には3タイプあると書かれています。

- **ギバー（GIVER）…人に惜しみなく与える人**
- **テイカー（TAKER）…真っ先に自分の利益を優先させる人**
- **マッチャー（MATCHER）…損得のバランスを考える人**

著者の調査結果によると、成功からもっとも遠かったのがギバーであり、同時にもっとも成功しているのもギバーであるという驚きの事実でした。

実はギバーには二種類のタイプがあり、テイカーから搾取され続ける「自己犠牲型」と、他者の利益を大切にするのと同じくらい自分の利益も大切にする「他者志向型」があるそうです。ちなみに成功からもっとも遠かったのが前者、もっとも成功しているのは後者です。

実際に全国で応援されるブランドの取材を重ねてきましたが、**多くの経営者は後者のギバーであり、お客様をはじめとするステークホルダーを大切にされていました。**

「まわりの人を応援している」という文脈で印象的なブランドは、第2章の88ページで紹介した広島と岡山の県境にある、人口わずか７０００人の小さな町に佇むウィー東城店という複合型書店です。

ウィー東城店の経営理念は「たらいの水」です。

この言葉は二宮尊徳翁が伝えたとされるもので、「たらいの水」は自分のもとにかき集めようとしても集まることはありません。そればかりか、水はどんどん自分から逃げていってしまいます。でも逆に、自分と反対のほうに水を押し出すと自分のもとへ水が返ってくるというもの。

つまり、**最初に相手のほうに差し出すことで、幸せは自分のもとに返ってくるという訓話**です。

もともとは社長である佐藤友則さんの家に代々伝わる家訓であったものを、会社の経営理念に押し上げ、愚直に「たらいの水」を実践されてきました（その内容は佐藤さんの著書『本屋で待つ』（夏葉社）に詳しく掲載されています。良書ですのでぜひご覧ください）。

「最初に相手のほうに差し出す」という姿勢は、**応援ブランディングの文脈で言うと「最初に相手を応援すること」**です。また、相手を応援するためには、その人のことを知らなければいけません。何も知らない人を応援する気にはならないでしょう。

実際に応援することも大事ですが、何より「最初に相手を応援する」というギブの気持ちを持つことのほうに大きな意味があります。

まずは、あなた自身がお客様、従業員、取引先などのステークホルダーを応援するという気持ちを持つことで、その思いが相手に伝わり、自然と応援というカタチで返ってくるのではないでしょうか。

⑥応援されるためには ―自己開示をする―

あなたがいま、応援している人を思い出してみてください。芸能人でもスポーツ選手でも身近な人でも結構です。おそらくその人の姿形だけでなく、出身地や年齢、どんな価値観を持っているのかなど、深い部分まで把握していると思います。なぜ知っているのかというと、その人自身が自分のことを隠さず開示しているからではないでしょうか。いわゆる**「自己開示」を行なっている**のです。

先程もお伝えしましたが、私たちはよく知らない人のことを応援することはありません。

圧倒的なカリスマ性を持った芸能人であれば、私生活を一切見せないミステリアスさが受けることもありますが、私たちがビジネスで応援するのは一般的な人です。

たとえば、あなたがA店とB店で、同じ車の購入を検討していたとします。

A店の営業マンと話をしていると、その人から「自分は東京大学の出身で、いったんはキャリア官僚になったものの、車が好きなのでディーラーの営業マンに転職した」と言われました。

一方、B店の営業マンと話をしていると、偶然にもあなたと同じ高校の出身ということを知ります。大学受験に失敗したことで、自分を見つめ直すため、アルバイトで貯めたお金を持ってインドを放浪。その旅で経験した数々の恥ずかしい失敗談をディーラーの採用面接で話したら、店長が面白がって採用してくれたと赤裸々に話してくれました。

もし、A店とB店の営業マンが同じ条件の見積もりを提示してきたとすれば、あなたはどちらの営業マンから車を購入するでしょうか？　おそらくB店の営業マンだと思います。

A店とB店の営業マンはともに自分のことを話していますが、前者の営業マンは自己開示ではなく、「自己提示」をしています。自己提示とは、自分をよく見せるようにアピールすること。本人は話していい気分になるかもしれませんが、ただの自慢話なので、それを聞いている相手との距離が縮まることはありません。**自己開示とは、B店の営業マンのように「飾らず、ありのまま正直に話すこと」**です。

たとえば、第16代アメリカ合衆国大統領エイブラハム・リンカーンは、大統領選で貧しい家に生まれたという自分の生い立ちを包み隠さず話したことで、多くの民衆からの支持を集めたと言います。

加えて、**今後はブランドとしての価値観やスタンスを開示することも求められる**でしょう。

２０２０年、アメリカ・ミネソタ州で黒人男性が警察の拘束下で死亡し、全米各地でこれに対する抗議運動が起きた時、米スポーツ用品大手のナイキは自社のスローガンをもとにした反人種差別キャンペーンを立ち上げました。

それまでにも同社は、反人種差別のアメフト選手をCMに起用するなど、賛否両論を巻き起こすスタンスを取っています。

賛否両論とは文字通り、賛成と反対の2つの意見に分かれること。

もちろん、ブランドと反対の価値観を持つ人からは選ばれませんが、そもそも異なる価値観を持つ人がブランドの応援者になることは考えにくいです。

お客様のニーズや考え方が多様化している現代において、**ブランドの価値観やスタンスが明らかになっていると購買を決定する時の一助**となります。

それであれば自社ブランドの価値観やスタンスを明らかにし、発信することで、その価値観やスタンスに共感する人たちに選ばれ、応援につながっていくのではないでしょうか。

事例　徹底した自己開示と情報発信で応援を生み出す漁師通販「弁慶丸」

鳥取県賀露《かろ》港で漁師直送の鮮魚通販をスタートさせ、いち早く漁業の6次産業化に着手した株式会社弁慶丸の河西信明さん。

産地と消費地で二重のセリを経るという漁業特有の複雑な流通システムにメスを入れ、「日本海で水揚げされた天然魚のみ取り扱い」「魚を捌かずに丸のままお届け」「翌日に届かない地域には送らない」というこだわりの「鮮魚通販・弁慶丸とれたて直送便」を15年間で7万セット以上販売。さらに新規注文の限定セットは常に完売状態という人気振りです。

楽天などのモールに依存せず、自社サイトだけで販売を確立するスタイルは、様々なメディアから取材され、全国の漁業関係者だけでなく、農業など他の一次産業生産者からも熱い視線が注がれています。

そんな弁慶丸のすごみは、徹底した自己開示です。

ホームページにある「弁慶丸について」「弁慶丸誕生物語」「漁師のお仕事」という3項目だけで合計2万6114文字。400字詰めの原稿用紙で換算すると65枚分のボリュームになります。

漁師直送のパイオニアである弁慶丸が、このような自己開示をするに至った背景やその考え方について、創業前のエピソードも含めてご紹介します。

トップセールスマンから漁師への転向

大阪府東大阪市で生まれた河西さんは関西大学を卒業後、地元の中堅住宅メーカーに営業職として採用されました。しかし、最初に配属された住宅展示場で、店長と営業成績ナンバーワンの2人が新人の契約を横取りしていることを知ります。曲がったことが大嫌いな河西さんはその2人に詰め寄り、言い争いになりました。その後、展示場には行かず、ひとりで飛び込み営業を始めました。

ただ、お客様を見つけることはできるものの、新入社員なのでその後に何をすればいいかわかりません。困り果てていると、他店で店長をしていたある方が「俺が引き取ってやる」と言って、入社から3ヶ月後に異例の人事異動になりました。そこからその支店長に鍛えられ、在籍8年間でセールスコンテストに6回入賞するようなトップセールスマンに成長します。当時の支店長から教えてもらった仕事に取り組む姿勢は、いまのビジネスの根源になっていると河西さんは言います。

漁師への転向は偶然見つけた鳥取での漁業体験がきっかけでした。

海との関わりは仲間同士で素潜りをして遊ぶ程度でしたが、もっと腕を上達させたいと考え、漁業体験に申し込みました。実際の体験は素潜り漁ではなく底びき漁でしたが、船いっぱいに魚がピチピチと跳ねる光景を見て大きな感動を覚えたと言います。

この時はまだ漁師になるつもりはまったくなかったそうですが、一緒に体験をした仲間が本気だったため、その人たちと情報交換している内に、徐々に漁師の世界へのあこがれを持つようになっていきます。

とはいえ、仕事があり、お客様もいたため、すぐには行けないと思っていた矢先、会社が買収され社内が大きく変わることになったそうです。そこで吹っ切れてスイッチが入り、漁師への転向を決めました。

漁師は意外と食えない職業？

2002年4月から漁師研修が始まり、2004年9月に弁慶丸を建造し、独立開業することになります。最初の3年間は出漁日数を限界まで増やし、700万円くらいの水揚げができるようになりましたが、船の借金や燃料代、漁協への手数料などを支払うと手取りが300万円を切り、このままでは生活ができないと河西さんは考えます。

ただ、出漁日数は限界で漁獲量も自然相手なので増やせない。漁獲単価も仲買さんの競りで決まってしまう。その頃から河西さんは漁業生産以外の道を模索していました。

そんな折り、大阪で活動していた有名な市民団体の方が鳥取に来られた際、同じ関西人ということでアテンドを任されます。その時、「漁師って意外と食えないんですよね」とその市民団体の方に話したところ、「じゃあ、こっちで売ってあげるから魚を送ってきてよ」と言われました。

半信半疑で4～5箱送ったところ、翌日に「売り切ったよ」という電話がかかってきました。

その後、入金された金額を見て「こういうのもありなんだ！」と気付き、漁師直送がスタートしたのです。

その後、その人たちが関西エリアで直販のことを広めてくれ、100~200名くらいの人がグループとなり、魚を買ってくれるようになりました。

当時は魚の仕分けはせず、河西さんのほうからまとめて送り、市民団体の人が現地で仕分けしてくれていましたが、仕分けはとても手間のかかる作業のため、発送前に仕分けして各家庭に直接送って欲しいと言われ、いまの漁師直送の原型ができました。

●貯金の底が尽きたサイト黎明期の苦悩

実は漁師直送をスタートさせた当時、河西家の貯金はすでに底を尽いていて、かなり追い込まれた状況だったそうです。

漁から帰ってそのままバスに乗り込み、大阪や東京へ移動。マーケティングやコピーライティングのセミナーに参加し、そこで得た知識をサイトに反映させるという過酷な日々が続きます。

お子さんの幼稚園の月謝が払えないかもしれないという状況のなか、セミナー代や交通費にお金をつぎ込まないといけなかったため、たった1本のマーケティング教材を買うのにも奥様に頼み込んで買っていたそうです。

「売れる仕組みをつくるまでのこの時期が、体力的にも精神的にも一番苦しかったですね」と河西さんは当時を振り返ります。

事実、18時間漁に出て、疲れ切って帰ってきた後に10セットほどの鮮魚の箱を仕立ててお客様に発送し、眠い目をこすりながら情報発信を続ける。河西さんはそんな毎日を繰り返していました。

そのような苦しい時期を乗り越えられたのは、起業家仲間に成功曲線のことを教えてもらっていたことが大きいと言います。結果はすぐに出るものではなく、長いトンネルを抜けた後に出てくるものだと。

そんなある日、メディアから弁慶丸サイトを見て取材したいという連絡が入ります。

そこから、次から次へと取材の連鎖が始まり、取材された番組が放映されると注文が入り、しばらくしてリピートされるという好循環に入っていきました。成功曲線がぐんと上がるブレイクポイントでした。

応援されるために必要なのは徹底した自己開示

弁慶丸サイトでは、自分（河西信明）を先に知ってもらい、ファンになってもらった後で商品を買ってもらおうと考え、その流れをつくっていきました。

実はこの流れは、住宅営業をしている時から行なっていたことでした。当時、お世話になった支店長から「商品よりも自分を売れ」と教わっていたため、自分のプロフィールシートをつくり、それを住宅のカタログと一緒に渡すような売り方をしていたそうです。

河西さんは、商品だけを強引に売るようなやり方をしたことがなかったため、まずは弁慶丸を好きになってもらった後に商品を買ってもらおうという流れは自然な考えでした。

そのためには、嘘偽りなく自分をさらけ出すことが一番だと言います。

自己開示を細部にわたり徹底して行なうことで、どこかで引っかかりがあれば必ず共感されるのです。

河西さんの場合、お客様から「同じ高校の出身です」とか「息子が関西大学に行ってます」というようなコメントをいただくことが多いそうです。

意外にも共感されたのが「弁慶丸」の屋号だと言います。この屋号は河西さんが子どもの頃に飼っていた猟犬の名前から付けたそうですが、「犬好きには悪い人はいない！」という人から注文をいただくことが多いと言います。これも細かな部分にまで自己開示していた成果ではないでしょうか。

最初から自己開示をしておけば、お客様が勝手に自分とブランドとの共通項を見出し、興味を持ってくれるため、よい循環が生まれます。

応援され続けるには、自己開示だけでなく、情報発信も定期的に続けなくてはいけません。

弁慶丸で言うとメールマガジンやYouTube、そして弁慶丸新聞という紙媒体のニュースレターを毎月発行されています。弁慶丸はネット通販ですが、アナログのお客様も多いため、その方たちをフォローする紙媒体も積極的に使っています。河西さんはこう言います。

「自己開示を含めた情報発信は、実際にやり始めてから効果が出るまで時間がかかるので、途中でやめてしまう人が多いのです。できる人が少ない分、やり続ければ確実に勝てるのですが、長く暗いトンネルを抜けるまで辛抱できないのでしょう」

お客様は、知らない相手のことを応援することはありません。また、お客様が他社に乗り換える最大の理由は「何となく」という統計データもあります。

ブランドはお客様の頭のなかに居続けることで、はじめて応援され続けることができるのです。

⑦応援されるには ―関係性と姿勢と場づくり―

応援ブランディングでは、競合との競争ではなく、ステークホルダーとの共創でブランドの価値を進化させていきます。共創とは、多様な立場のステークホルダーと対話しながら、新しい価値をともに創造していく考え方のこと。

簡単に言うと、お客様や取引先といったステークホルダーから適切なフィードバックや要望をもらい、それをもとにしてブランドの価値をブラッシュアップさせていくのです。言葉にするとすごく単純なので、「自分たちはできているな」と思われる方も多いと思いますが、ここでのポイントはステークホルダーからのフィードバックが **〝どのレベルでいただけているか〟** ということです。

適切なフィードバックをいただくためには、次のような順番があります。

①ステークホルダーとの適切な関係性づくり

まずは、ステークホルダーがあなたに対してフィードバックを言いやすいような関係性をつくることが必要となります。ひと言で言うと、上下のない対等な関係でしょうか。

本来、**商品やサービスを提供する側とそれを受け取る側に上下関係はありません。** これは相手がお客様であっても仕入先でも同じです。多くの場合、ステークホルダーとそのような関係性をつくれず、適切なフィードバックどころか、その声自体が上がってきません。

たとえば、〝お客様は神様です〟という姿勢で過度なクレームにも対応し続ける会社や、自社の利益しか考えず仕入先に無茶な値引きを要求する会社では、共創につながるようなフィードバックは永遠に生まれないでしょう。

ちなみに〝お客様は神様です〟というフレーズは、演歌歌手の故三波春夫さんが生み出した言葉ですが、その真意は「雑念を払って澄み切った心で歌う」という心構えを説いたものなので、先のような意味合いではありません。

②フィードバックを受け取る姿勢づくり

プロとしての自信やプライドを持ち過ぎるがゆえに、ステークホルダーの声を聞き入れないということもあります。「いやいや、声は聞いている」という方もいるかもしれませんが、それは文字通り門構えの〝聞く〟です。声や音として耳に入っているだけで、それをヒントにして新しい価値を生み出そうという姿勢ではないはずです。適切なフィードバックは、耳へんの〝聴く〟姿勢から生まれます。

「傾聴」という言葉もある通り、**相手の声に対し、相手の立場になり、相手の気持ちに寄り添いながら積極的に耳を傾ける**のです。その姿勢や態度にステークホルダーが触れ続けることで関係性が深まり、適切なフィードバックにつながっていくのです。

③ステークホルダーとの適切な場づくり

ステークホルダーとの関係性が深まっていたとしても、共創につながるようなフィードバックを受け取れないケースもあります。

ここで考えていただきたいのは、フィードバックがどこから生まれるかです。たとえば、お客様に限って言うと、接客などのリアルな場、ネットやSNSなどのデジタルの場、アンケートや手紙などのアナログの場などがあります。それらの場は多くの会社に備わっているのにもかかわらず、適切なフィードバックをいただけないのはなぜでしょうか?

それは、買い手と売り手という立場での〝場〟になっているからです。仕入先で言うと、発注側と受注側という立場での〝場〟になります。

適切なフィードバックや苦言、遠慮のない指摘をいただきたいのであれば、**心理的安全性の高い場づくりが必要**です。心理的安全性の高い場をひと言で説明すると、自分が意見を言うことによって関係性が悪くなったり、相手から拒絶されないと感じられるような場です。

それには、**ステークホルダーとの上下のない対等な関係性に加えて、買い手と売り手という立場ではないフラットな場を設計**する必要があります。お客様とであれば販売を目的としないファンミーティング、仕入先ならランチをともにしながら話すリラックスした場であれば、本音が出やすくなります。

物事の成果はすべて〝場〟から生まれます。

自分ひとりで成果をあげられる人はこの世に存在しません。同じようにフィードバックも場があってこその話。そのような**場づくりができると適切なフィードバックが生まれ、そこからブランドを進化させる共創へとつながっていく**のです。

事例　お客様と場づくりを大切にするプロ用雨合羽メーカー「尾崎産業」

尾崎産業の歴史は1908年（明治41年）、初代・尾崎義雄氏が和歌山県海南市野上中において尾崎義雄商店を創立した年まで遡ります。

事業内容はプロ用雨合羽やブラシ材の製造販売、日用雑貨の加工販売、タワシ・ほうきなどの輸入業です。なかでもプロ用雨合羽事業は、自社ブランド・自社縫製・自社販売を貫き、徹底した品質管理のもと純国産の製品を供給。その品質の高さは一次産業や二次産業、水族館や動物園などに従事している全国の様々なプロフェッショナルから絶大な支持を得ています。

そんなプロ用雨合羽ブランドが誕生した背景や、そのブランドを育てる過程において必要なお客様との場づくりについてお伝えします。

どんなに営業力があっても、商品自体に魅力がないと売れない

尾崎産業の名前は知らなくても、イカリマークのロゴが入った合羽を目にしたことがある人は多いのではないでしょうか。

それもそのはず。尾崎産業の合羽はＮＨＫのテレビドラマ「水族館ガール」、日テレの「ザ！　鉄腕！

DASH!!」や「ぐるぐるナインティナイン」など、数々のメディアで使用されています。

いまでこそ自社ブランド・自社縫製・自社販売をしているプロ用雨合羽事業ですが、現会長の尾崎卓司氏が3代目としてバトンを引き継いだ時は、まだ大手メーカーの雨合羽をOEMで生産していたそうです（OEMとは、メーカーが自社ではないブランドの製品を製造すること）。

当時、雨合羽のOEM事業は、海外製品に押され、生産量が下降していましたが、まだまだ会社の柱となる事業のひとつでした。

しかし、事業を引き継いだ時期に大口の取引先がなくなり、経営状態が見る見るうちに悪化。尾崎会長は円形脱毛症になるほど悩み、人生のどん底を味わったと言います。

そんななか、OEMの受注を増やすため、尾崎会長は夜行列車に乗り込み、始発で大阪を出発。翌朝、青森に着くと、雨合羽のサンプルを持って現地にある問屋を駆けずりまわりました。

しかし、相手から返ってくる答えは、「取引はやめようと思っている」というような辛辣なものばかり。理由はOEMでつくっていた合羽が時代遅れだったからです。

尾崎会長自身もそれに気付いていたため、何度もOEMの発注先に改良点を提案していましたが、「全国に代理店があるから勝手に変えられない」と言う一辺倒。それなら「自分が着たい合羽をつくろう」と、自社ブランドの製造に着手します。

OEMでつくっていた雨合羽はスーツのような襟元だったため、首から水が入ってくるのがわかっていました。

陸上用の雨合羽「レリーロイヤル」のラインナップ

そうならないため、立襟のデザインに変更し、さらに襟裏をボア生地にして着心地を向上。

その他にも水を防ぐ二重袖や着脱可能なフード、ホック付きの前ポケットなど、自身のアイデアをすべて盛り込み機能性を高めたのです。

この時、開発された商品がいまでも根強い人気を持つ陸上用の雨合羽「レリーロイヤル」です。

その後、水産用の雨合羽「マリンレリー」も開発し、それらは瞬く間にヒット商品となり、会社は窮地を脱することができました。

全国の問屋を営業で駆けまわり、尾崎会長が身に染みてわかったのが、「営業力ではなく、ブランド力も含めた商品力の大切さ」です。

事実、OEMの合羽では見向きもしなかった問屋へ再度「レリーロイヤル」を持って行くと、すぐに売れました。

言われるがままにつくっていたOEMから、機能性を追求した自社ブランドを創り出した尾崎会長は、「どんなに営業力があっても、商品自体に魅力がないと売れない」ことを痛感します。

商品力という土台があってこその営業力。こう書くと当たり前のことのように思えますが、ブランドづくりで失敗するのもこれと同じパターンです。デザインや見た目などの情緒的価値ばかりに目が向けられ、商品やサービスの機能的価値が十分ではない場合、一度は売れることはあっても、売れ続けることはありません。ましてや応援されることなど皆無でしょう。

応援されるブランドになるためには、ブランドの土台にある「機能的な価値」が十分に備わっているか、またそれをブラッシュアップし続けているかがポイントとなるのです。

● 短期的な売り上げより長期的な信頼を勝ち取る

現会長（3代目）から2011年に舵取りを任された4代目社長の尾崎昌司氏。尾崎社長が家業を継ぐきっかけになったのは、「人の役に立つ仕事をしたい」という思いからでした。

大学院を卒業した後は大手メーカーに就職し、半導体の回路設計という専門職に従事していたものの、大企業ゆえの、お客様の顔が見えにくい仕事に疑問を感じ、2008年に転職を決意。

3代目である現会長は息子に会社を継がせたいという気持ちはまるでなかったそうですが、転職への思いやこれからの展望を聞く内に会長が折れ、尾崎産業への入社が決まりました。

入社後、尾崎社長は独学でホームページをつくり、BtoCのネット販売に取り組みます。

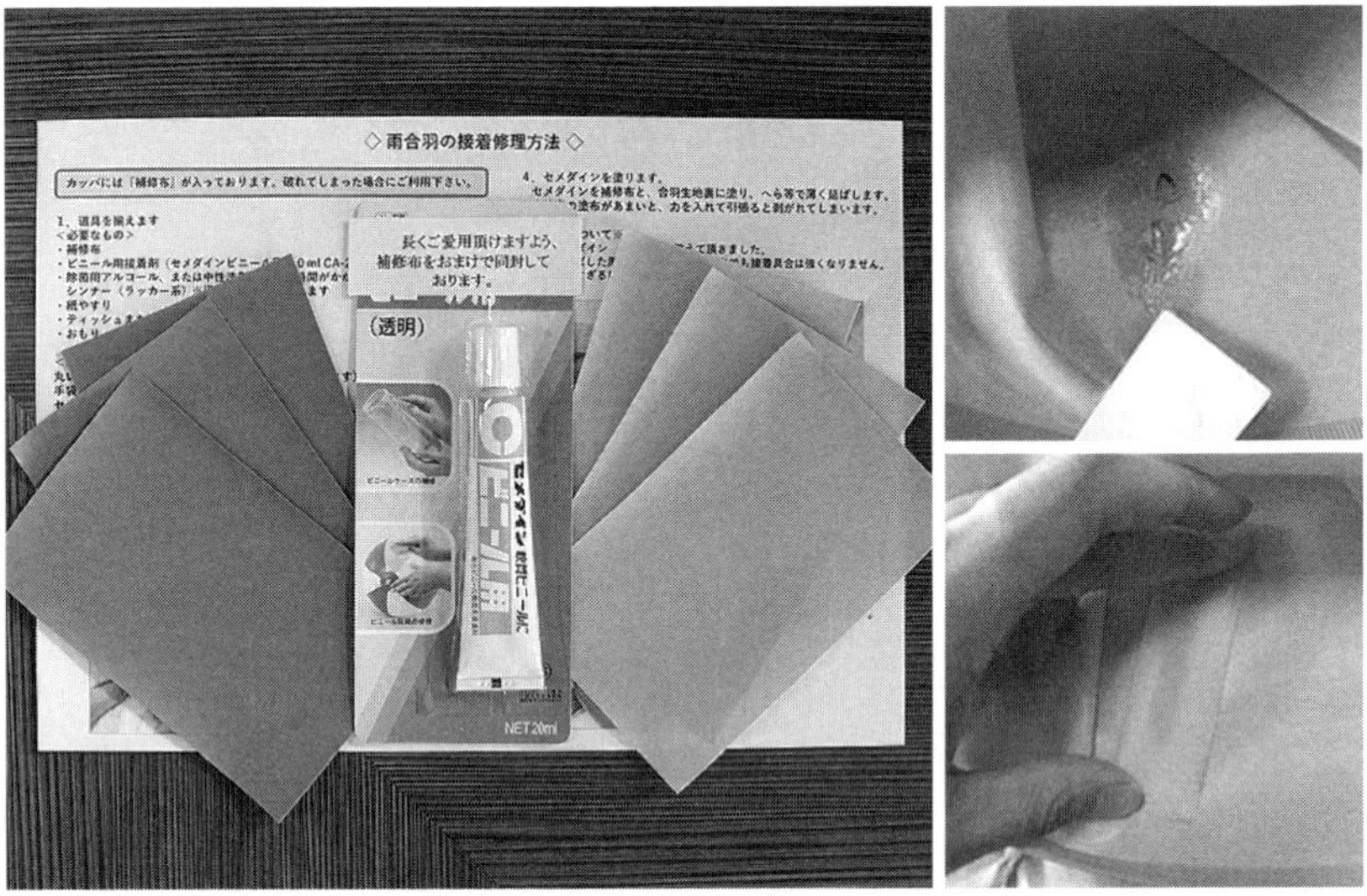

合羽に同封する尾崎産業オリジナルのリペアセット

しかし、その目的は販売ではなく、自社ブランドのことを深く知ってもらい、ファンになってもらうためのものでした。

ネット販売というと、売り上げを中心に考えてしまいがちですが、尾崎産業の場合、雨合羽の大半は問屋に卸していることもあり、ホームページでの販売価格は問屋が付けている上代以上に設定しています。

そのため、ホームページから購入した方には毎回、お客様のことをイメージしながら書いた手紙を同封するなど、少しでも寄り添えるような対応を心がけているそうです。

そんな心のこもった対応をすることで、お客様とのコミュニケーションが生まれ、そこから発想したアイデアが「補修布」でした。

尾崎産業の合羽はプロ仕様なので耐久性は抜群ですが、お客様が使う環境もハードなため、「一部分に穴が開いたので、新しい合羽を購入したい」という声をいただくことがあったそうです。そこで尾崎社長は、合羽専用の接着剤を付けたリペアセット（補修布）を商品に同封するようしました。

尾崎社長はこう言います。

「うちの合羽は決して安いものではないので、何か対応できるのであればと考え抜いた末の答えが補修布でした。これだとまだ着られる合羽を捨てずに済みますし、補修布は端材を利用しているのでゴミも少なくなり、環境問題も考えるとＡＬＬ ＷＩＮだなと。何よりお客様に喜んでいただけることが一番うれしいですね」

そのような思いが伝わるのか、尾崎産業のサイトから購入したお客様から、尾崎社長宛てにお礼の手紙やメッセージがたくさん届きます。なかには、自分たちで栽培したりんごやお礼の品を送ってくれる方もいるそうです。

ネット販売と言うと短期的な時間軸で考えがちですが、応援されるブランドは長い時間軸で物事を捉え、お客様と接しています。

お客様が意見を言いやすい場（関係性）をつくる

尾崎社長がネット販売に取り組んだもうひとつの理由は、実際に合羽を使ってくださっているお客様から、直接ご意見をいただきたかったからです。それまでは、つくった合羽は問屋にだけ卸していたため、エンドユーザーからの直接的なフィードバックがいただけない状態でした。

問屋を経由して意見をいただくことはありましたが、細かな部分まで拾い切れていない気がしていました。

たとえば、マリンレリー（水産用合羽）の胸についているワッペンは、もともと金型で融着していましたが、サイトから購入した複数のお客様から「ワッペンが外れる」という意見を写真付きでいただいたそうです。おそらく、ワッペンは合羽の基本的機能と関係がないため、そんな細かな意見は問屋にまで上がってこなかったのでしょう。

そこから尾崎社長は、すぐにワッペンが外れないような改良を加えました。

お客様の細かな不満を見逃すと、ブランドスイッチ（他社製品への乗り換え）につながりかねません。そう考えると尾崎産業のネット販売は「お客様の生の声が聴ける」貴重なフィードバックの場ということになります。

ネット販売している多くの会社では、お客様とやり取りができるお問い合わせフォームなどの仕組みがありますが、ほとんどは双方向のコミュニケーションとして機能していません。そのような仕組みを双方向で機能させているのが、尾崎社長が行なっているお客様が意見や本音を言いやすい場（関係性）づくりです。

商品に同封している手紙ではもちろんのこと、ブログやＳＮＳでも「何かありましたら私までご連絡ください。１００％回答します」と、お客様に繰り返し伝えています。

また、価格改定などでお客様の不利益になる時には、「価格だけで言うと他社サイトで購入されるほうがお安いですよ」とできるだけ正直にお伝えしているそうです。

そんな尾崎社長がブランディングで心がけていることは、自分から感謝の気持ちを伝えること。

たとえば、テレビを見ていて自社の合羽を使っている人を見かければ、ＳＮＳなどでお礼のメッセージを送っています。お客様からすると、自分が使っている雨合羽ブランドの社長から直接お礼を言われるので、より愛着を持つようになります。

そのようなお礼のメッセージからお客様とのコミュニケーションが生まれ、さらにその声を社内で共有することにより、従業員のモチベーションアップにもつながっているそうです。

直近のエピソードとしては、「合羽の背中に尾崎産業のロゴを大きく入れたい」というご依頼をいただいたこと。

理由は単純に、尾崎産業を応援したいからだそうです。

「お客様が費用をかけてまで弊社を応援してくれるって、もう本当に幸せですよね」

そんな応援されるブランドの土台にあるのは、尾崎社長の愛に溢れるお客様との寄り添い方ではないでしょうか。

⑧応援されるには ―正直かつ誠実であること―

「正直」と「誠実」は似たような概念なので、まずはこれらの言葉の定義をさせていただきます。

正直とは「真実を語る」ことであり、言い換えれば「現実」に「自分の言葉」を合わせること。それに対し誠実とは、「自分の言葉」に「現実」を合わせること。これはスティーブン・R・コヴィーによって書かれた『7つの習慣』（キングベアー出版）からの引用です。

たとえば、あなたが「1ヶ月で5キロ、ダイエットする！」と宣言したとします。

1ヶ月後、「結局、ダイエットしませんでした」というのが正直、それに対して「5キロのダイエットに成功しました」というのが誠実です。

ダイエットであれば自分ひとりのことなので、やらなかったとしてもまわりに何の影響もありません。

しかしビジネスの場合、自分が宣言したことを守らないのであれば、社内の仲間やお客様をはじめとするステークホルダーに対してネガティブな印象を与えてしまいます。

とはいえ、宣言したことに対して正直に答える姿勢も大切です。何のアクションも起こさないのは論外ですが、自分の言葉に現実を合わせにいこうと努力する姿勢も誠実です。

先のダイエットで言うと「5キロを目指して頑張ったが、最後の3日間で体調を壊してしまい、4キロで着地してしまった」というのであれば、それは誠実なプロセスだと思います。

改めて、「正直」と「誠実」を定義すれば、**行動に言葉を合わせる姿勢が「正直」、言葉に行動を合わせる姿勢が「誠実」**です。

応援されるには、「正直かつ誠実であること」が必要となります。

おそらくそんなことは私が改めて言うまでもなく、誰もがわかっていることでしょう。しかしながら、なかには、人を騙したり、不誠実なビジネスを行なう会社も少なくありません。

「ブランディングの力で正直者がバカを見ない社会を創る」というのが私のミッションですが、裏を返せば、ずる賢い者が利益を得て、正直者はまじめに生きて損をする「正直者がバカを見る」ことのほうが多いということです。

たとえばマーケティングという名のもと、解除することを忘れる人が一定数いることを見越して無料のアプリを登録させたり、一度登録すると解約するページが見つけられないようなサブスクなど、情報弱者を狙い撃ちにしている企業を目にしたことはないでしょうか。ひと昔前のやり方ですが、これらは実際に大きな企業が行なってきたことです。

第2章でもお伝えしましたが、いまの時代は「何がマーケティングで、何が真実なのか」、直感的に識別できる人と、マーケティング臭がきつい情報を避ける人が多数を占めています。

つまり、そのような不誠実なことを行なう企業は自然に淘汰されていくでしょう。

そんな時代においての最大の戦略は、「正直かつ誠実であること」だと私は考えます。

なぜ、正直かつ誠実であるべきなのか。ここでは「アカロフのレモン市場」の話を用いて説明させていただきます。

「アカロフのレモン市場」とは、カリフォルニア大学バークレー校のジョージ・アカロフ教授が1970年に発表した論文のなかに出てくる話です。

半世紀以上も前の論文ですが、いまでもよく使われているビジネスにおける本質が書かれています。

ここで言うレモンとは、英語の俗称で中古車のことを指します。なぜ、中古車のことをレモンと言うのかというと、皮が厚く外見からは質がわからないことからそのような俗称が付けられました。

定価のある新車とは異なり、中古車の正確な価値は買い手にはわかりません。仮に故障歴や事故歴があったとしても、中古車1台1台の本当の価値は売り手にしか判断がつかないのです。

もちろん買い手自身も正確な価値はわからないと自覚しているので、売り手側が本当の価値より高い売値を提示している可能性があることも知っています。

そう考えると、値引きを求めたり、他社と比較するのが自然な流れです。

たとえば、Aディーラーが140万円の価値がある中古車を150万円で売りに出したとします。

しかし、買い手はその情報を鵜呑みにはしません。おそらく同じ車種、同じ年型を販売しているディーラー何社かと比較するでしょう。

そこで虚偽の表示をするBディーラーが、100万円の価値しかない中古車を150万円で売りに出したとします。

- **Ａディーラー…１４０万円の価値がある中古車を１５０万円で販売**
- **Ｂディーラー…１００万円の価値がある中古車を１５０万円で販売**

いずれも同じ車種、同じ年型で売価はともに１５０万円です。ここで買い手が「１２０万円に値下げして欲しい」と交渉したとします。

Ａディーラーは１２０万円だと赤字になるので売ることはできません。

一方、虚偽の表示をしているＢディーラーは本当の価値は１００万円なので、30万円値引きをしても利益を確保することができます。

これが続くと、**誠実な売り手は市場からいなくなり、虚偽の表示をする不誠実な売り手だけが残る**ようになります。この現象を「アドバース・セレクション」と言い、これは中古車業界だけでなく、どのような業界でも起こり得る問題なのです。

とくに定価がなくて、買い手側に価値判断できる情報がない商品やサービスだと、この現象は起こりやすくなります。買い手の疑心暗鬼が誠実な売り手を少なくするだけでなく、質の悪い売り手をのさばらせ、その結果、自分たち（買い手）の不利益につながっている……。

何とも皮肉な話ですが、「悪貨（不誠実）は良貨（誠実）を駆逐する」のがビジネスの現実なのです。

ただし、**「良貨（誠実）を持って悪貨（不誠実）を駆逐する」**方法があります。

それこそが応援されるブランドに必要な「正直かつ誠実であること」です。

そもそも不誠実な売り手は、誠実な売り手が行なっている面倒なステップは踏みません。

たとえば先の中古車業界だと、誠実な売り手であればしっかりと車の価値を判断し、正確な価値付けをすることに時間を割きます。

それに対し、不誠実な売り手であれば、さも価値のあるような虚偽の発信に執着し、利益が出るのであればどんどん値引きに応じるでしょう（発信がよくないのではなく、虚偽の価値付けをしている部分がポイントです）。

悪貨に駆逐されないためには、**そもそも不誠実な会社と同じ土俵に上がらない、またそんな会社を自分の土俵に上がらせないようすること**が大切です。

そのためには、お客様にとって必要な情報を正直に発信し、誠実に対応することが大切です。誠実な人は自分の生き方や在り方が言行一致しているので、そこがお客様から選ばれるポイントになります。

またそうすることにより、不誠実な売り手はあなたの土俵には上がってこれません。なぜなら、不誠実な売り手は行動が場当たり的で言行が一致していないからです。

一番わかりやすいのが見積もりでの対応でしょう。

たとえば、私は住宅を建てる時に次のような体験をしたことがあります。あるハウスメーカー2社と話を進め、ある程度プランが固まったため、「次回の打ち合わせ後にどちらで建てるかを決めるので、最終の見積もりを出してください」と伝えました。

結果はデザインが気に入ったA社に決めたのですが、その前に見積もりをもらっていたB社の営業マンに断りの連絡を入れたところ、A社の見積もり金額を聞くことなく、「A社より価格を下げるので、うちに決めてもらいませんか?」という打診があったのです。

実際にはA社のほうが見積もり金額は高かったのですが、仮にA社のほうが安かったとするなら、B社が最後に出した見積もりは一体何だったのかと不信感しか残りませんでした。

私は住宅の見積もり内容を正確に判断するような知識や情報を持ち合わせていませんでしたが、いずれの会社から購入したかは言うまでもありません。

悪貨によって良貨が駆逐されるのは、そもそも悪貨と同じ土俵で勝負していることが原因です。

あなたと悪貨との違いは何なのでしょうか。

それこそが「正直さと誠実さ」であり、その姿勢や態度でお客様に臨むことにより選ばれ、応援されるのです。

事例　正確さは誠実さの証。応援される家づくりブランド「創人」

ここでは誠実さを日々の仕事で実践しているブランドをご紹介します。

株式会社創人（sooto）は、「快適さを超える、満ち足りた住まい」という自社の旗（ブランド・アイデンティティ）を掲げ、住宅としては珍しい施工図を使った正確な家づくりを行なう一級建築士事務所です。

施工図とは、建物の施工内容が詳細に記載された最終決定の図面であり、主にマンションや商業施設など大型の建築物を建てる際に使われます。通常の家づくりは設計図だけで進められることが多く、その場合、設計を無視して現場の判断で施工する〝現場合わせ〟という大工さんの経験や勘に頼る工事が多くなります。それにより、ドアの位置が図面より数ミリ寄っていたり、収納の位置がズレたりするのです。

創人では、緻密な施工図を一邸ごとに50枚以上描くことで、ミリ単位の収まりまで制御し、正確な家づくりを行ない、世界基準の快適さを提供しています。

そんな創人からは、家づくりに際しての誠実な姿勢をお伝えします。

前職で施工技術とコミュニケーションを学ぶ

株式会社創人の歴史は２００９年、代表を務める足立良二さんが前職の住宅ビルダーを退職し、個人事務所として設立した一級建築士事務所創人から始まります。

足立さんは建設の専門学校を卒業後、地元大阪の中堅ゼネコンへ入社。そこは技術力が高い会社として南大阪で名前が通っており、当時はスーパーゼネコン（鹿島や大林組）の仕事など、会社の規模に対して考えられないくらい大きな物件を請け負っていたそうです。足立さんはその会社で9年間、マンションや商業施設といった大型の建築物ばかりを手がけ、いまの創人の基盤となっている施工技術を身につけることができたと言います。

そこから当時の社長が亡くなったこともあり、会社を縮小してたたむという話になりました。そこで次の職場を探している時、求人募集をしていた住宅ビルダーを偶然見つけます。そのビルダーは建売専門の住宅をつくっている会社でした。前の会社では大型物件ばかり手がけていたため、先輩からは「木造住宅は建築物ではない」と言われてきましたが、それでも足立さんは自分が手がけたことのない建築に興味があり、そのビルダーへ入社することを決めました。

前職で建築の基礎をしっかりとたたき込まれていたこともあり、そこでの仕事の流れは1年ほどでつかむことができたと言います。また、前職では設計士とのやり取りだけで施工が進んでいましたが、その会社ではお客様と直接コミュニケーションを取って進めていくため、大きな学びになったそうです。

そこから約7年間、現場監督として当時の会社で新記録となる3ヶ月で60棟の住宅を建築、部長になった時は社長の肝いりで手がけるようになった注文住宅事業の目標売り上げを達成するなど、社内で大きな活躍を見せます。

しかし、その活躍とは裏腹に、仕事が同じことの繰り返しになってきたことに疑問を感じるようになりました。その時から、もっと自分が考える家づくりをしたいと思うようになっていったのです。

そして、「それならもう自分でやろう」と考え、独立を決意しました。

個人事務所の設立後、前職時代のお客様から連絡があったり、当時から付き合いのあった不動産屋さんからマンションのリノベーションを依頼されたりなど、そこからどんどん仕事がつながっていきます。

その後、順調に売り上げを伸ばし翌年に法人化、株式会社創人を設立しました。

規模の大きさよりも、その場をよりよくする

法人化した翌年、最初の新築自社物件を手がけた頃から仕事が殺到するようになります。実は、前の会社を退職してから同業者に独立したことを伝えていなかったため、法人設立の際、懇意にしていた設計士に連絡を取ったそうです。そうすると設計事務所の横のつながりでまわりに一気に広がり、「この物件できますか?」という連絡がどんどん入るようになりました。

そこからは、他社設計・自社施工の仕事で忙しくなり、業績がどんどん上がっていきます。一時期は従業員が20人、事務所も3つに分けて仕事をするようになりました。さらにその当時、前職の住宅ビルダーが大手設計事務所と取引をしていて、自社で施工ができない複雑な物件を創人に紹介してくれたこともあり、年間売り上げが一気に6億円まで増えていったのです。

しかし、売り上げが増えていくにつれ、お客様との関わりはどんどん少なくなっていきます。

契約時には会うけれど、その後に1回か2回会ったくらいで家が建っていくという流れになり、明らかに自分の目が届いていない実感がありました。

そういう状態が続いたため、新たな物件を断るようにしたものの、様々なトラブルに見舞われ、そこから4つの大きな現場で納期が間に合わなくなり、違約金やそれにかかる人件費などで5000万円のキャッシュが必要となりました。

その支払いのために当時持っていた収益物件をすべて処分しましたが、それでも間に合わず、友人にも用立ててもらい、数年間かけてその苦境を乗り越えることになりました。

当初は売り上げ10億円を目標にしていた足立さんですが、その時のことを次のように振り返られます。

「自分の思う家づくりができた上で、目標が達成されていくという認識でしたが、売り上げが上がるごとにまわりがどんどん見えなくなっていきました。それと同時に、自分と同じような目線で管理ができることをスタッフに求めるのは難しいことを知ったのです。それであれば、すべて自分の目が行き届くようにして、創人に頼んでよかったと言ってもらえるようにしなければと思うようになりました」

そして、そこからどうすればいいのかを考え抜いた結果、規模の大きさを目標にするのではなく、まずはその場をよりよくすることを決意します。そこからは自分の目の行き届く範囲まであえて受注量を下げ、規模については社内が落ち着いた時点で改めて考えるよう、会社の舵を切り直したのです。

●妥協しない家づくりが応援につながる

そこから「自分の思うよい仕事って何なんだろう?」と足立さんは考え始めます。すると、独立して最初に建てた自社設計・自社施工の家を思い出しました。

その家は「夏は暑くなく、冬も寒くない家にして欲しい」という施主の要望で、いまで言う高性能住宅

「A`Design Award2018」（イタリア）の Good Spatial Design 部門において金賞を受賞

の仕様で施工したため、点検でお家へ伺うたびにすごく喜んでいただいていたのです。「創人に頼んでよかった」と言ってもらえるようにするため、こういう快適な家づくりをしていきたいと考え、自社設計・自社施工の仕事に移行していこうと考えます。

そんな折り、パッシブという考え方と出会います。

パッシブとは自然エネルギーを利用したり、建築技術で快適さをつくっていくことですが、これまで自分たちがやってきたことがパッシブそのものだということがわかり、そこから自社ブランドのコンセプトを「快適さ」にし、それを徐々に言語化していきました。

ミッション・ビジョン・バリューをつくったのもこのタイミングです。

快適さをコンセプトにしている創人ですが、お客様のほとんどは住宅のデザインを気に入って相談に来られます。事実、創人のデザイン性の高さは、国際的な権威のあるデザイン賞（A`Design Award）の金賞を受賞したことでも知られています。

しかし、当の足立さんはそこにあまり価値を感じていません。

その真意は、デザインがよいのは住宅に備わっていて当然のことであり、それは売り（価値）ではなく、自分たちがクリアすべきハードルと捉えているからです。足立さんはそれより、家を建てているプロセスが楽しめて、住み始めてからずっと快適なほうが大きな価値だと考えています。

実際、家づくりのプロセスを面倒だと感じる人が多いなか、創人では他社より打ち合わせの回数が多いのにもかかわらず、お客様は家づくりを楽しんでいます。その理由は進捗に合わせて要望を聴き、可能であればその都度変更したり追加していくなかで、お客様自身が家づくりに参加しているような気持ちになっていくからです。それにより一緒に家をつくっているという一体感が生まれ、完成した時の喜びもひとしおとなり、足立さん自身も毎回同じように感動しているのです。

創人のビジョンのなかに「図現暮一致」という言葉が出てきます。その意味は、図面（施工図）と現場、そして暮らしが完全に一致することで、快適で豊かな暮らしを営むことができるというものです。

図現暮一致は、施工図による正確な家づくりと仕事に対して妥協しない姿勢から生まれます。施工図による正確さは、図面通りに施工するという正直さの証。また、妥協しない姿勢は、誠実に家づくりに取り組むということ。それにより、図現暮が一致し、創人が掲げる「関わるすべての人に、快適な未来を」というミッションの実現につながっていくのです。

家づくりにおいてお客様が確認できるのはほんの一部分です。その他の大部分を委ねられている創人がお客様から信頼され、応援されているのは、正直かつ誠実なブランドだからではないでしょうか。

第6章のまとめ

- ☑ 応援されるには、目指すべき目的や目標に対して、挑戦している等身大の姿を見せる。
- ☑ 応援されるには、時に体温を感じるような〝弱さ〟も見せる。
- ☑ 応援されるには、お客様以外のステークホルダーも巻き込む。
- ☑ 応援されるには、自分たちの本気度を伝える。
- ☑ 応援されるには、「最初に相手を応援する」というギブの気持ちを持つ。
- ☑ 応援されるには、飾らずありのままを正直に話す。
- ☑ 応援されるには、買い手と売り手という立場ではないフラットな場と関係性を設計する。
- ☑ 応援されるには、不誠実な会社と同じ土俵に上がらない。

おわりに

「何によって憶えられたいか」

これは経営の神様、ピーター・F・ドラッカーが生涯をかけて導き出した7つの教訓のひとつです。

ドラッカーが13歳の時、宗教の授業で牧師にこう問われました。

「何によって憶えられたいかね」

そこにいた生徒は誰も答えられませんでした。さらに牧師は続けます。

「答えられると思って聞いたわけではない。でも、50になっても答えられなければ、人生を無駄に過ごしたことになるよ」

ドラッカーは当時のことを名著集『非営利組織の経営』（ダイヤモンド社）で次のように振り返っています。

「運のよい人は、牧師のような導き手に、若い頃そう問いかけられ、一生を通じて自ら問いかけ続けていくことになる」


改めて問いかけさせてください。

「あなたは何によって憶えられたいですか」

すぐに答えが出ない人も多いと思います。ただ少なくとも、ネガティブなイメージで憶えられたいとは思わなかったはず。なりたい自分やこう在りたいと思う自分、または家族が誇れる自分を思い描き、その部分でまわりの人の記憶に残りたい……。そう思われたのではないでしょうか？

以前、受講したある講座で「自分の墓石に刻まれる言葉（墓碑銘）を考える」というワークがありました。墓碑銘で有名なのが、鉄鋼王アンドリュー・カーネギーの言葉「己より優れた者に働いてもらう方法を知る男、ここに眠る」です。

「何によって憶えられたいか」も「墓碑銘を考えること」も、自身の人生のゴールを問われています。ちなみに私は「誠実な人の成長に関わり続けた男、ここに眠る」と書きました。ただいま絶賛取り組み中ですが、生涯かくありたいです。

誠実さとは、行動を言葉に合わせること。要は言行を一致させることです。

私はこれこそが「応援ブランディング」の本質だと思っています。

行動を言葉に合わせるためには、その言葉をあきらかにしておかなくてはいけません。それが、ミッションやビジョンであり、自社の旗（ブランド・アイデンティティ）なのです。

とはいえ、日々仕事をしていると、掲げたミッションや思い描いたビジョン通りにいかないことがあります。私は思い通りにいかないことのほうが多いです。

応援されるブランドへの道のりは一直線ではありません。外から見ているとスムーズに成長しているようなブランドも、その道のりは紆余曲折と試行錯誤の連続です。

私も、私のクライアントも、そして全国の応援されるブランドもそうだったように、どうやら「ブランドづくり」というのは、そういうもののようです。

ブランドづくりへの道を歩み出すと、ほぼ例外なくどこかで壁にぶつかります。それは、自分が掲げたミッションやビジョンを見失うことであり、抜け出せない真っ暗なトンネルのなかに入ってしまった感覚に囚われます。

「そもそも、こんなことを実現できるはずがなかったんだ……」。ブランドの意味を見失いそうになった時、引き返したくなる衝動にかられた時、本当の勝負はここから始まります。

もう一度その目で、ミッションやビジョンを捉え直せるか。
心折れながらもブランドの意味を再構築し、自社の旗を再び掲げられるか。
いまの自分を超えられるか。

その時、自分を見つめ直すための問いこそが「何によって憶えられたいか」です。

シンプルな問いですが、シンプルがゆえにこのような質問を投げかけてくれる人はまわりにはいません。したがって、自分で問いかけるのです。その問いに意識を向けるだけで、見失いかけたミッションやビジョン、ブランドの意味を捉え直すきっかけが生まれます。

むしろ、元の状態に戻りたくなった時こそ、ブランドを成長させる機会です。そんな時は改めて本書を開き、飛躍のきっかけにしていただければこれ以上の喜びはありません。

最後に、協会のブランディング・メソッドの掲載許可をくださった一般財団法人ブランド・マネージャー認定協会・代表理事の岩本俊幸さん、本書の企画段階からサポートしてくださった株式会社アイ・コミュニケーションの平野友朗さん、私が伝えたい思いを汲んだ編集をしてくださった同文舘出版株式会社の津川雅代さん、ブランド構築のイロハを教えてくださった株式会社オレンジフリーの吉田ともこ会長と蒲原くみ社長、前職で様々な挑戦をさせてくださった株式会社協和の上田義徳会長と上田耕司社長、第1章でブランディングの裏側まで書かせてくださった株式会社イエステージの和田靜佳さん、お忙しいなか取材に協力してくださった全国の応援されるブランドの皆様に心より感謝いたします。

そしていつも私を応援してくれる家族に、心からの感謝を込めて。

また、「応援ブランディング」を体系的にまとめられたのは、これまでご依頼いただいたクライアントの皆様のお陰です。本書はブランディングを日々実践されているクライアントとの共著と言っても過言ではありません。

本書をきっかけに、あなたのブランドが愛され、応援されることを切に願っています。

最後までお読みいただき、本当にありがとうございました。

2024年1月

渡部直樹

愛され続ける会社から学ぶ

応援ブランディング

書籍購入特典

全10社
143ページ
（非売品）

愛され続ける会社の
インタビュー冊子プレゼント！

本書に登場する愛され続ける会社の事例は、エイドデザインが1社1社、対面でインタビューした内容の一部を抜粋して掲載したものです。

紙面の都合上、ご紹介できなかった部分にも“応援されるためのエッセンス”がたくさん詰まっています。

本書を読み終えた後、こちらのインタビュー冊子（PDF）をご覧いただくことで、新たな気付きやヒントにつながると思います。

書籍をご購入いただいた方だけがダウンロードできる非売品の冊子ですので、ぜひご一読ください（1社ごとにダウンロードいただけます）。


特典はこちらのQRコードからお申し込みください。

※特典は予告なく終了する場合がございますので、お早めにお申し込みください。

【インタビュー記事・掲載ブランド（順不同・取材順）】プロ用雨合羽メーカー「尾崎産業」（和歌山県）／学習塾「りんご塾」（滋賀県）／複合型書店「ウィー東城店」（広島県）／漁師通販「弁慶丸」（鳥取県）／セレクトショップ「コスコジ（COSUCOJI）」（埼玉県）／靴下工場「創喜」（奈良県）／人形工房「ふらここ」（東京都）／ミシュラン一つ星レストラン「La Paix」（東京都）／果樹農家「藏光農園」（和歌山県）／一級建築士事務所「創人」（大阪府）

※本特典に関するお問い合わせは、エイドデザイン（info@aiddesign.jp）まで。

参考文献、資料

『戦略的ブランド・マネジメント　第3版』ケビン・レーン・ケラー 著／東急エージェンシー
『ケラーの戦略的ブランディング――戦略的ブランド・マネジメント　増補版』ケビン・レーン・ケラー 著／東急エージェンシー
『ブランド・エクイティ戦略――競争優位をつくりだす名前、シンボル、スローガン』デービッド・A・アーカー 著／ダイヤモンド社
『新版　社員をホンキにさせるブランド構築法』一般財団法人ブランド・マネージャー認定協会 著／同文舘出版
『インサイト――消費者が思わず動く　心のホット・ボタン』桶谷 功 著／ダイヤモンド社
『応援される会社――熱いファンがつく仕組みづくり』新井範子・山川 悟 著／光文社新書
『ファンベース――支持され、愛され、長く売れ続けるために』佐藤尚之 著／ちくま新書
『ザッポスの奇跡　改訂版――アマゾンが屈した史上最強の新経営戦略』石塚しのぶ 著／廣済堂出版
『こうやって言葉が組織を変えていく――全員自分から動き出す「すごい理念」の作り方』生岡直人 著／ダイヤモンド社
『新版　エルメスの道』竹宮惠子 著／中央公論新社
『7つの習慣』スティーブン・R・コヴィー 著／キングベアー出版
『ストーリーとしての競争戦略――優れた戦略の条件』楠木 建 著／東洋経済新報社
『1枚の「クレド」が組織を変える！』実島 誠 著／実務教育出版
『伝説の創業者が明かす　リッツ・カールトン　最高の組織をゼロからつくる方法』ホルスト・シュルツ 著／ダイヤモンド社
『GIVE & TAKE「与える人」こそ成功する時代』アダム・グラント 著／三笠書房
『はじめてのカスタマージャーニーマップワークショップ――「顧客視点」で考えるビジネスの課題と可能性』加藤希尊 著／翔泳社
『9割がバイトでも最高のスタッフに育つディズニーの教え方』福島文二郎 著／中経出版
『SDGsが生み出す未来のビジネス』水野雅弘・原 裕 著／インプレス
『非営利組織の経営』ピーター・F・ドラッカー 著／ダイヤモンド社
『ビジョナリー・カンパニー2――飛躍の法則』ジム・C・コリンズ 著／日経BP社

Special Thanks（掲載順）

株式会社イエステージ（和歌山県和歌山市和田）
https://yestage.jp

La Paix～ラペ～（東京都中央区日本橋）
https://lapaix-m.jp

ウィー東城店（広島県庄原市東城町）
https://www.instagram.com/wetojowe/?hl=ja

株式会社HERO（大阪府大阪市東住吉区湯里）
https://hero-handwork.jp

株式会社ふらここ（東京都中央区東日本橋）
https://www.furacoco.co.jp

株式会社原田教育研究所（大阪府大阪市中央区南本町）
https://harada-educate.jp

コスコジ～COSUCOJI～（埼玉県さいたま市浦和区北浦和）
https://www.cosucoji.com

和歌山バターサンド専門店101（和歌山県和歌山市黒田）
https://buttersand101.jp

藏光農園（和歌山県日高郡日高川町）
https://www.kuramitsu-farm.com

個別指導りんご塾（滋賀県彦根市小泉町）
https://ringo-juku.net

株式会社創喜～SOUKI～（奈良県北葛城郡広陵町）
https://www.souki-knit.jp

炭割烹新谷（和歌山県和歌山市太田）
https://www.yakitorishintarou.com

株式会社弁慶丸（鳥取県鳥取市賀露町）
https://benkeimaru.com

尾崎産業株式会社（和歌山県海南市野上中）
https://ozakisangyo.com

株式会社創人～sooto～（大阪府和泉市唐国町）
https://sooto.co.jp

一般財団法人ブランド・マネージャー認定協会（東京都新宿区新宿）
https://www.brand-mgr.org

著者略歴

渡部 直樹（わたなべ なおき）

エイドデザイン代表／中小企業の社外ブランド・マネージャー／講師

1974年、大阪生まれ和歌山育ち。奈良芸術短期大学を卒業後、グラフィックデザイナーとして総合印刷会社に入社。20年間で5000件以上の広告や多くの中小企業のブランディングに携わる。

2016年に立ち上げたクラウドファンディング・プロジェクトでの経験から「応援」と「ブランディング」の大切さを実感し、2017年、「まわりから応援される会社を創る」という思いのもと、エイドデザインを設立。ブランディングの専任者がいない中小企業に、社外ブランド・マネージャーとして関わり、ブランド構築からそのブランドを効果的に浸透させるクリエイティブを含めた全方位的なサポートを行なっている。

2022年、東京国際フォーラムで開催されたブランディング事例コンテストにて、エイドデザインがサポートしたクライアントの事例が「ブランディング準大賞」と「SDGs審査員特別賞」をダブル受賞するなど、中小企業のブランド構築には定評がある。

これまでブランディングに関するセミナーや企業研修など100回以上実施。日本で唯一ブランド・マネージャーを育成する専門機関、一般財団法人ブランド・マネージャー認定協会のミドルトレーナーとインターナルブランディングのコンサルタント資格を持つ。

エイドデザイン　https://aiddesign.jp

愛され続ける会社から学ぶ
応援ブランディング

2024年2月22日　初版発行

著　者 ―― 渡部　直樹

発行者 ―― 中島　豊彦

発行所 ―― 同文舘出版株式会社

東京都千代田区神田神保町1-41　〒101-0051
電話　営業 03（3294）1801　編集 03（3294）1802
振替 00100-8-42935　https://www.dobunkan.co.jp/

ISBN978-4-495-54155-2
印刷／製本：萩原印刷
Printed in Japan 2024